普通高等学校"十四五"规划复合型高层次公共管理人才培养新形态精品教材

MPA专业案例精选
（和美乡村篇）

主编　周均旭　史云贵　覃志敏

华中科技大学出版社
http://press.hust.edu.cn
中国·武汉

图书在版编目(CIP)数据

MPA专业案例精选.和美乡村篇/周均旭,史云贵,覃志敏主编.—武汉:华中科技大学出版社,2024.4

ISBN 978-7-5772-0792-6

Ⅰ.①M… Ⅱ.①周… ②史… ③覃… Ⅲ.①公共管理-中国-文集 Ⅳ.①D63-53

中国国家版本馆CIP数据核字(2024)第085010号

MPA专业案例精选(和美乡村篇)　　　　周均旭　史云贵　覃志敏　主编
MPA Zhuanye Anli Jingxuan (Hemei Xiangcun Pian)

策划编辑:周晓方　宋　焱　庹北麟
责任编辑:林珍珍
封面设计:廖亚萍
责任校对:张汇娟
责任监印:周治超

出版发行:华中科技大学出版社(中国·武汉)　　电话:(027)81321913
　　　　　武汉市东湖新技术开发区华工科技园　　邮编:430223

录　　排:华中科技大学出版社美编室
印　　刷:武汉市洪林印务有限公司
开　　本:787mm×1092mm　1/16
印　　张:14.25
字　　数:340千字
版　　次:2024年4月第1版第1次印刷
定　　价:68.00元

本书若有印装质量问题,请向出版社营销中心调换
全国免费服务热线:400-6679-118　竭诚为您服务
版权所有　侵权必究

普通高等学校"十四五"规划复合型高层次公共管理人才培养新形态精品教材

总主编

史云贵　教育部高等学校公共管理类专业教学指导委员会委员
　　　　广西大学公共管理学院教授

编　委（按姓氏笔画排序）

王碧艳　广西高等学校公共管理类教学指导委员会委员
　　　　广西中医药大学公共卫生学院教授

方盛举　云南大学公共管理学院教授

李　涛　广西高等学校公共管理类教学指导委员会委员
　　　　广西民族大学管理学院教授

周均旭　广西高等学校公共管理类教学指导委员会委员
　　　　广西大学公共管理学院教授

谢　舜　广西高等学校公共管理类教学指导委员会委员
　　　　广西大学公共管理学院教授

黎昌珍　广西高等学校公共管理类教学指导委员会委员
　　　　广西大学公共管理学院教授

主编简介

周均旭

广西大学公共管理学院教授、副院长，博士生导师。广西高校公共管理类教学指导委员会秘书长，中国公共部门人力资源管理论坛理事，广西大学公共组织研究所所长，长期致力于公共管理领域人力资源相关的研究，已主持完成国家社会科学基金重点项目1项、国家社会科学基金青年项目1项、中国博士后科学基金1项、广西社会科学规划办委托项目等。作为第一作者或通讯作者发表学术论文40余篇，出版专著3部，主编教材1部、参编教材3部，其中在科学出版社出版的《中国产业转移与劳动力供给结构的动态变化》获广西第十五次社会科学优秀成果奖著作三等奖，另获广西教学成果奖一等奖、二等奖、三等奖各1项。

史云贵

广西大学公共管理学院院长，教授、博士生导师；绿色发展与边疆治理研究院院长、应急管理与数字治理研究院院长。教育部高等学校公共管理类教学指导委员会委员，入选"教育部新世纪优秀人才"支持计划，教育部重大项目"县级政府绿色治理体系构建与质量测评"首席专家。长期致力于绿色治理、地方政府治理、边疆治理研究，主持教育部重大项目1项，主持国家社会科学基金重点项目1项、一般项目1项。出版个人专著、教材8部。在《政治学研究》《中国行政管理》《学术月刊》《中国人民大学学报》《武汉大学学报》《社会科学战线》等权威和CSSCI期刊发表学术论文80余篇，10余篇被新华文摘、人大复印报刊资料转载。教学科研成果获省部级一等奖1次，二等奖2次、三等奖4次。

覃志敏

社会学博士，广西大学公共管理学院副教授、硕士生导师、副院长，广西大学区域社会治理创新研究中心（省级重点研究基地A类）副主任。长期致力于基层治理、乡村振兴研究。主持完成或在研国家社会科学基金青年项目1项、广西社会科学基金2项、广西教育厅项目1项，横向项目10余项；出版著作8部（其中合著6部）；在《中国农业大学学报（社会科学版）》《农业经济问题》等重要期刊发表学术论文30余篇，1篇获人大复印资料全文转载。科研成果获省级社会科学优秀成果奖二等奖1次、三等奖1次。撰写的资政报告有5篇获得省部级领导批示或被省部级部门采纳。

总 序

公共管理是以政府为核心的公共部门运用管理学、政治学、法学、社会学、系统科学等多学科理论与方法对国家和公共组织进行有效治理的管理活动。

20世纪初，对公共管理的研究和教育在西方国家兴起，迄今已有一百多年的历史。中国作为一个拥有几千年文明历史的国家，在政府管理和公共管理领域有丰富的经验，对世界上很多国家产生过重要影响，因此，从这个意义上说，中国是公共管理理论与实践的发源地之一。但现代意义上的公共管理是源于西方国家的，中国从20世纪80年代开始恢复重建与借鉴公共管理理论。自此，中国的公共管理研究和教育得到了长足的发展。

公共管理是一个不断成长和发展的学科，公共管理实践依然在不断发展，因而公共管理教育仍然处在探索和发展阶段。

实践是理论发展的持续动力。由于公共管理实践需求的拉动，同时为了促进公共管理学科的发展，20世纪80年代之后，我国出版了一些公共管理领域的教材。这些教材在公共管理专业人才培养方面发挥了重要的作用，但这个时期的教材比较分散、不系统，未形成完整的知识体系，理论与实践结合得不够紧密。随着公共管理学科的不断发展，为满足公共管理的研究和教育对教材和教学参考资料的迫切需要，不断探索回应公共管理实践中的相关问题，反映国内外公共管理研究的最新成果，由国内一些985高校牵头的公共管理系列教材不断面世，极大地满足了我国对公共管理学科和专业的研究和教学需求，推动了公共管理学科的发展。

近年来，云南大学、广西大学等西部高校的公共管理研究和教育也迎来了历史机遇，得到了很好的发展。云南大学公共管理学院的公共事业管理专业，是该院的三张名片之一，学院设置了公共管理系，构建"本—硕—博"一体化的人才培养体系。在本科生培养方面，学院建有行政管理、公共事业管理等本科专业。2019年，公共事业管理入选国家"双万计划"一流建设专业，2020年，行政管理入选国家"双万计划"一流建设专业。在研究生培养方面，拥有公共管理学的一级学科博士学位授权点，主要招收和培养行政管理、教育经济与管理、社会保障、公共政策、城市管理及公共管理硕士（MPA）等专业的研究生。在博士后培养方面，学院设有省级公共管理一级学科博士后流动站。

为有力支撑科学研究、人才培养、社会服务等工作，学院先后建成多个高端平台。其中，云南大学边疆治理研究中心是该校"边疆治理与地缘政治"一流学科（群）建设中边疆治理方向的负责机构；中国陆地边疆治理协同创新中心是国内首个专门开展陆地边疆治理研究的协同创新中心；云南省公共政策研究院为云南省人民政府与云南大学合作建设的高校智库；云南大学民族政治研究院为云南省哲学社会科学规划办设立的专业智库；云南省机关运行保障研究院是云南省机关事务管理局委托学院运营管理的智库；云南大学MPA教育中心是该校承担MPA教育的专门机构；云南大学公共管理教学实验示范中心为省级实验中心。

广西大学公共管理学院依托广西大学的雄厚资源，围绕国家和广西经济社会高质量发展的重大需求，依据广西大学建设有区域特色的高水平研究型大学的发展定位，形成以"绿色""民族""边疆"为基本特征的研究特色和学科优势，人才培养质量、办学规模、社会影响力不断提升。学院拥有公共管理一级学科博士点、公共管理一级学科硕士点和公共管理硕士（MPA）学位授权点。公共管理一级学科博士点和一级学科硕士点下设行政管理、公共政策、公共组织与社会治理、土地资源管理、绿色发展与边疆治理、应急管理与数字治理等6个研究方向。自2023年以来，在史云贵院长的推动下，广西大学公共管理学院成立了绿色发展与边疆治理研究院、应急管理与数字治理研究院，为该院绿色发展与边疆治理、应急管理与数字管理的研究搭建了很好的平台，并将以绿色发展与边疆治理、应急管理与数字治理等相关研究推动公共管理其他二级学科的研究。

我国高等教育改革的进一步深化以及新技术和新媒体的不断发展，对高校教材提出了更高的要求。为了满足广大高校公共管理类专业在公共管理方面的教学需要，回应新时代高等教育新形态的召唤，满足国内高校公共管理一级学科下设的行政管理、公共事业管理、应急管理与数字治理、公共政策、土地资源管理、城市管理、社会保障等本科专业的教学需要，在华中科技大学出版社的推动与支持下，普通高等学校"十四五"规划公共管理类专业新形态精品教材即将陆续出版。我们编写的这套教材只是一个初步的探索和尝试，还望广大读者对这套教材提出批评建议，以便我们不断修订、完善。

丛书编委会
2023年7月6日

序

实践性是公共管理学科最为重要的基本特征之一。一百多年前，行政学的创始人之一弗兰克·约翰逊·古德诺在《政治与行政：一个对政府的研究》（Politics and Administration: A Study in Government）中指出：政治是民意的表现，亦是政策的制定，行政是民意的执行，即政策执行。自20世纪90年代末开始，为适应我国改革开放和社会主义现代化建设的迫切需要，公共管理学科正式被列为管理学门类下的一级学科，公共管理学科专业以新的学科体系迎来新的发展机遇。1998年7月，教育部颁布的专业目录开始在本科教育中增设公共事业管理专业。1999年5月，以公共管理实践为导向、以职业需求为目标、以公共管理实践能力提升为重点的专业学位教育——公共管理专业硕士（Master of Public Administration，MPA）项目开始试点，第一批MPA于2000年10月招生。2001年3月，第一批学生正式入学。发展到今天，我国的公共管理学科呈现学科规模不断扩大、学科体系不断优化的特点。20多年来，公共管理学科为指导我国公共管理工作实践、提升我国公共管理科学化水平和专业化水平、优化我国公共部门运行机制，进而推进国家治理体系和治理能力现代化做出了重要贡献。

随着我国公共管理专业的发展，学科与专业建设经历了学习、借鉴和吸收西方理论的过程，其学科体系和知识体系带有浓厚的西方色彩。受此影响，学界在研究中国问题时，常常会出现削足适履的现象，或是用西方理论来评判中国现象，或是在研究中国现象时直接套用西方的模式，出现理论和实践龃龉不合的状态。这种不适应不仅表现为学术研究中常常出现的理论与实践"两张皮"的现象，也表现为实务界无法用理论有效解决现实问题的现象。

中国改革开放的伟大实践是一项前无古人的宏大创举。中国之治走向何方？中华文明何以自觉？离开了理论观照，我们便难以前行。恩格斯说过，理论是灰色的，而实践之树常青。史诗般的实践呼唤史诗般的理论。2016年，习近平总书记在哲学社会科学工作座谈会上指出，"要按照立足中国、借鉴国外，挖掘历史、把握当代，关怀人类、面向未来的思路，着力构建中国特色哲学社会科学，在指导思想、学科体系、学术体系、话语体系等方面充分体现中国特色、中国风格、中国气派"。

公共管理作为一门实践性很强的学科，其理论理应来源于实践。公共管理理论具有很强的情境依赖性，这种特性使其成为特定时空场域实践的一部分。我国的公共管理理论所研究的，应该是从发生在我国尤其是新中国成立以来有关国家治理和社会主义现代化建设的具体实践活动中抽象出来的本质规律、形成的学术问题，其具体情境是由我国所处历史阶段的时代背景、政治经济制度和科学技术基础等复杂因素相互交织而形成的。新中国成立以来，尤其是改革开放以来，我国在经济和政治上都取得了巨大的成就，这期间丰富的治理故事为我国公共管理学科提供了充足的案例研究样本。

公共管理专业的培养目标是为国家培养高素质复合型应用型人才，专业学位教育要突出培养的应用性，凸显公共管理学科的实践性。在这一理念的指导下，公共管理培养模式也由前期简单的理论灌输，向注重培养学生在具体实践场景中应用所学知识和技能的能力转变。案例能够通过情景再现的方式培养和提升学习者对现实社会问题的洞察力和分析力，因此在公共管理类专业教学中被广泛地开发利用。为推动案例教学建设，2016年，全国公共管理专业学位研究生教育指导委员会开始举办中国研究生公共管理案例大赛。到2023年，已经连续成功举办7届，累计参赛团队七千多支，参赛师生四万多名。中国研究生公共管理案例大赛一方面为MPA学生掌握公共管理相关理论、运用理论分析问题和解决问题提供了重要的演练场景，为其专业化发展提供了适应性帮助，另一方面激发了MPA教师进行案例开发和教学的热情，各地的MPA高校纷纷探索自主开发案例课程、编写教材，这进一步推动了公共管理学科的发展。

显然，我国公共管理学科的学术创新和学位培养离不开案例研究的推进。2020年，习近平总书记在经济社会领域专家座谈会上的重要讲话强调，新时代改革开放和社会主义现代化建设的丰富实践是理论和政策研究的"富矿"。案例研究正是挖掘这些"富矿"的基本方法。案例研究是理论联系实际开展质性研究的重要形式，其核心目标是通过选择和分析案例来验证假说，是将理论应用于现实场景并运用理论分析现实问题、解决现实问题的有效方法，它长于发现具体现象背后的意义，并辨识现象之间的内在因果机制，因此案例既是提出新问题的灵感，也是验证假说的经验证据。为促进案例研究范式的规范化发展，2019年，全国公共管理专业学位研究生教育指导委员会组织专家编写了《MPA学位论文类型与撰写指导性意见（试行）》。对此，期刊界迅速做出响应。2021年3月，教育部学位与研究生教育发展中心与《管理科学》《公共管理评论》《中国行政管理》《公共管理学报》等26家管理、经济领域核心期刊，联合成立了中国案例研究期刊联盟。该联盟致力于开设案例研究专栏、组织案例研究高端研讨会、开展优秀案例评选等工作，携手搭建中国特色社会主义实践创新成果的宣传阵地，推进中国哲学社会科学研究范式变革，推动形成中国案例研究的浓厚氛围。2021年11月，教育部学位与研究生教育发展中心研究制定了《中国专业学位精品案例库建设方案》，提出要立足中国原创实践，提炼原创观点，构建原创理论，编写原创案例，进一步加强中国特色精品案例建设，推动形成中国特色案例建设新模式，带动提升我国案例研究与教学水平，服务立德树人根本任务，服务高水平复合型人才培养，服务新时代专业学位发展需求。

广西大学作为我国西南地区尤其是民族地区有代表性的院校，在学科建设和学术研究方面稳步推进。广西大学公共管理学院作为广西壮族自治区唯一一个拥有公共管理博士点的学院，近年来在学科发展、特色领域努力探索，形成了颇具广西地方特色的乡村振兴、非营利组织、生态文明治理、区域社会治理创新、绿色发展与边疆治理领域的研究成果。广西大学公共管理学院在培养人才方面也卓有成效，其围绕国家和广西经济社会高质量发展的重大需求，关注现实治理问题，形成了颇具广西地方特色的 MPA 培养模式。与国家层面的重视案例研究和教学相适应，学院积极组织学生参加中国研究生公共管理案例大赛，并取得了优异的成绩。在公共管理学科建设中，组织学生参加案例大赛是很好的手段，它一方面锻炼了师资、培养了人才，另一方面积累了很多宝贵的素材、文本和方法。这些都为学科进一步发展奠定了基础。

广西壮族自治区是我国少数民族人口最多的省份，也是我国唯一一个既临海又沿边的民族自治地区，实施乡村振兴宏大战略对于广西壮族自治区具有重要的意义。首先，广西农村多、农村人口多，截至 2022 年底，广西有 15000 多个村，农村常住人口 2238 万人，占地区总人口的比重为 44.37%（全国平均为 35%）；其次，广西第一产业占比较高，2022 年广西第一产业增加值达到 4269.81 亿元，占地区生产总值的比重为 16.2%（全国平均为 7.3%）。基于特殊的区情，广西大学公共管理学院的 MPA 团队极具战略眼光，扎根八桂大地，根据中国研究生公共管理案例大赛形成的丰富案例素材，组织编纂了这本《MPA 专业案例精选（和美乡村篇）》。全书分为四大部分，即"宜居乡村篇""宜业乡村篇""美丽乡村篇""和谐乡村篇"，从人居环境整治提升、乡村产业振兴、生态环境改善、乡村有效治理四个方面精选八个案例。所选案例均为 2021—2023 年参赛的优秀案例，均严格按照案例写作要求撰写，内容包括案例故事、案例分析和案例点评等，结构完整。案例故事刻画细致，标题凝练有趣，仿佛一个个绝妙的章回体小说，内容都是发生在八桂大地上的真实故事；案例分析严谨、规范，可以从中窥见撰写者的理论功底和抽象能力；案例点评虽概括简洁却是案例验证理论和政策的点睛之笔。

由于本书是广西大学公共管理学院的初次尝试，在具体的案例撰写方面，所选用的仍然是一些常见的宏大理论，案例撰写体现了范式有余而创新不足的特点。广西的乡村治理实践在许多方面走在全国前沿，有许多独具特色的新思路和新举措，这一点在本书中体现得尚显不足。因此，案例研究推动广西大学公共管理学科创新发展，还需要在理论创新和地方特色挖掘方面下更多的功夫。但正所谓"始生之物，其形必丑"，广西大学公共管理学院勇于开拓的精神是值得褒奖的，其后，学院还会陆续推出案例研究其他篇章。在之后的篇章中，我们乐见其在理论抽象方面的创新，也期待其给予我们更多的惊喜。

广西不仅有甲天下的山水，还有公共管理领域的生动故事。新时代的蓝图已经擘画，绘就还需实功。广西这片沃土的生动故事需要不断开垦。我们期待全国有更多这样记载当地生动实践的案例书籍出现。它们会是公共管理学科立足我国本土实践、实现学科转向、建立自主话语体系和知识体系的重要源泉，也终将汇成时代的滔滔江河，在中国乃至全世界范围内产生积极影响。

李俊清
2023 年 12 月 15 日

前 言

案例能够通过情景再现的方式培养和训练学习者对于现实社会问题的洞察力和分析力，因此其在管理类专业教学中得到了广泛的开发和运用。公共管理是为适应社会公共管理现代化、科学化和专业化的要求而诞生的管理类新兴学科，而公共管理硕士作为以公共管理学科及其他相关学科为基础的研究生教育项目，承担着为政府部门及公共机构培养德才兼备、适应社会主义现代化建设需要的高层次、应用型、复合型管理人才的使命。中国公共管理人才的培养一定要基于中国的实际情境，用先进的分析方法及技术分析本土化的具体公共管理或政策领域。为此，全国公共管理专业学位教育指导委员会举办了中国研究生公共管理案例大赛，这也是"中国研究生创新实践系列大赛"主题赛事之一，对引导相关学科研究生关注我国公共管理实际问题，提高其运用公共管理理论和公共政策分析方法解决实际问题的能力，使MPA教育与公共管理实践、与国家发展大局更加紧密地结合，发挥了积极的作用。

广西大学公共管理学院成立于2005年9月，是广西大学的骨干支撑学院。学院目前下设行政管理、公共政策（公共事业管理）、劳动与社会保障、土地资源管理四个系，拥有广西重点研究基地"区域社会管理创新研究中心"，另有绿色发展与边疆治理研究院、应急管理与数字治理研究院、东盟社会组织与公共管理研究中心、广西实验教学示范中心公共管理教学实验室、广西大学国土资源管理与公共政策研究中心、广西大学社会调查研究中心、广西大学公共组织人力资源研究所等研究机构。学院拥有公共管理一级学科博士点、公共管理一级学科硕士点和公共管理专业硕士（MPA）学位授权点。2002年设立的公共事业管理专业，是广西高等学校特色专业，于2019年入选首批国家一流本科专业建设点。公共管理学科是广西壮族自治区的重点学科，是广西大学"211工程"和"中西部高校综合实力提升工程"重点建设的学科。依托广西大学建设区域特色的高水平研究型大学的发展定位，广西大学公共管理学院已经在乡村振兴、非营利组织、生态文明治理、区域社会治理创新、绿色发展与边疆治理等领域形成了一定的办学特色，正在围绕"绿色""民族""边疆"打造广西大学公共管理学科品牌。

广西大学 MPA 教育中心作为全国第三批公共管理专业硕士学位研究生培养单位，依托广西大学及其公共管理学院的雄厚资源，围绕国家和广西经济社会高质量发展的重大需求，关注现实治理问题，充分利用本地办学资源的优势，聚焦公共管理本土人才的培养，使得人才培养质量、办学规模、社会影响力不断提升。在长期的教学科研实践中，广西大学公共管理学院产出了一批高质量的案例成果，特别是近些年来，学院积极组织动员广大师生参加中国研究生公共管理案例大赛，并制定了相关奖励制度。学院教师重视案例的编撰与运用，每年都会动员入学新生准备相关素材，鼓励学生挖掘实践中的热点问题，并带领学生开展实地调研，还多次邀请国内相关专家开展案例专题讲座。在学院师生的共同努力下，学院连续三年获得最佳组织奖，十余篇案例入选全国百强，也让我们由此萌发了将案例成果结集出版的愿望，这既是对以往工作成绩的及时总结，也可以为学院的未来发展提供启示。

2024 年 1 月 20 日

目录 contents

宜居乡村篇　人居环境整治提升

第一章　从"要我分"到"我要分"
　　——贺州市赖村村民参与农村生活垃圾分类治理的反转之路　　…2

第二章　"小财政"何以解决环境治理大问题？
　　——以广西壮族自治区玉林市福绵区河流污染治理为例　　…25

宜业乡村篇　乡村产业振兴

第三章　外扶内生终造血　荒地变成聚宝盆
　　——乡村振兴背景下南宁市武鸣区汉安村集体经济发展案例　　…44

第四章　当"致富鱼"遇上"环保网"，乡村产业振兴之路何去何从？
　　——以广西岑溪市饮用水水源保护区内网箱养殖治理问题为例　　…74

美丽乡村篇　生态环境改善

第五章　从"污水南流"到"粪涌钱进"
　　——玉林市福绵区南流江的治理之路　　…100

第六章　从"酸雨之都"到"宜居花城"的绿色蜕变
　　——柳州市探索环境治理和经济建设新发展之路的政策体系分析　　…125

和谐乡村篇　乡村有效治理

第七章　问水那得清如许
　　——如何以多方之"桨"划动万峰湖之"舟" … 150
第八章　昔日"乔老"惹人嫌，十年共治换新颜
　　——公共池塘资源治理的一核多元协同治理探索之路 … 177

参考文献 … 206

后记 … 210

宜居乡村篇

人居环境整治提升

第一章 从"要我分"到"我要分"
——贺州市赖村村民参与农村生活垃圾分类治理的反转之路[①]

 案例导入

做好农村生活垃圾分类是实现乡村生态宜居的重要途径,被誉为"乡村生活的新时尚"。但是,如何让村民主动参与生活垃圾分类治理行动,是一个亟待解决的难题。自2019年以来,贺州市全力探索农村生活垃圾分类治理模式,最终通过自我摸索、借鉴学习和吸收创造,打造了一套契合村民行动规律的生活垃圾分类规则,形成了该地区村民主动参与生活垃圾分类治理的实践。本案例通过描述贺州市赖村村民在参与生活垃圾分类时所经历的从"要我分""我不会分"到"我要分""我会分"的曲折过程,呈现了制度结构中集体选择规则与操作规则之间的互动对村民主动参与生活垃圾分类的影响,进而从嵌套性规则的角度总结了促进人们主动参与公共事务的制度路径。

第一节 案例故事

一 垃圾分类新时尚,"二次四分"进农家

2019年6月,贺州市赖村年度第二次村民代表大会如期召开。本次会议除了日常事项,还多了一项足以载入村级发展史册的新议程。参加会议的人员,除了赖村的村干部与村民,还多了市、区、镇的政府工作人员,他们共同见证这历史性的时刻。

赖村姚支书先说道:"上级领导百里挑一,选了两个村,其中一个就是我们赖村。选我们村做什么呢?那就是当下流行的新时尚——生活垃圾分类。今年3月,我们的钟副市

[①] 案例团队:自力更生队。指导教师:苏毅清;团队成员:孟琪、陆莉萍、莫斯婷、刘秋灵、袁嘉壕。

长带队到浙江金华考察学习，发现那边的农村干净又漂亮。经过调研发现，是他们的生活垃圾分类搞得特别好，所以才有这般喜人的成效。现在我们市也不甘落后，领导把好经验学回来，决定在我们这里搞试点，也试试看！"【HL20211027021】

姚支书话音未落，在座村民的质疑、讨论声四起。有人直接站起来发表意见，有人交头接耳、窃窃私语，有人警惕地打量着台上那些陌生的面孔。

村民赵大叔首先提出了自己的质疑："在我们这里搞试点，没搞错吧？这种搞试点，我见多了，前期政府是天天下村来动员宣传，横幅拉得满村都是，宣传手册也每家一份，垃圾桶也都分配了喔！可是，你往那垃圾桶一看啊，保证什么垃圾都有！所以，垃圾分类就是做做样子，实际上有多少村民能真正做到分类呢？"【HL2021102711】

村民王婶听到赵大叔这番话，也开始说道："开玩笑，我听说垃圾分类在市里都做不好，我们农村又怎么能做好呢？而且，我听说其他市的农村前不久也想搞垃圾分类，但问题是，道理大家都懂，就是没人愿意做啊！那垃圾还不是照样全都乱扔咯！所以我看你们政府啊，就是喜欢搞这事折腾人。"【HL2021102710】

其他村民见此也纷纷你一言我一语地议论起来了，会场顿时像炸开了的锅。

> 浙江的试点村做得不错，但全国多的是做不好的村，只不过没报道出来。难道我们村就能做得好？【HL2021102721】

> 垃圾还要分类？搞那么麻烦。我不随地乱扔就不错了，还要求那么多！再说了，我们没读过什么书，没文化，不懂得怎么分！【HL2021102722】

> ……

镇乡村办何副主任见状站了起来，试图安抚村民激动的情绪。

> 市里头做这个决定的时候，我们也觉得任重道远，一开始听说生活垃圾要分类，我们自己都开玩笑说，干部都还不知道怎么分，要村民们怎么做哦！后来，我们也认识到，要想取得新进步，就得勇敢地尝试，不会做就去学，学会再开始做。选村搞试点不容易，毕竟试点要做出效果给大家看。我们开会决定把试点放在赖村，是因为赖村毕竟是远近闻名的模范村，民风淳朴、村民团结、村干部负责、理事会得力。今天进村来看过之后，更是坚定了我们的选择，因为我们看到，赖村的村庄基础规划是越来越好了，咱们的群众也特别有想法、求进步。【HXCB2021102601】

何副主任一番共情的话语，把村民们激动的情绪安抚下来了。村民眼里现出一些兴趣和希望，他们有耐心地继续听何副主任介绍。

> （生活）垃圾分类是好事情，现在选中你们村做试点，政府是有政策扶持的，免费发（垃圾）分类桶给大家，每家每户都有。这个分类桶是两箱式的，分类也简单，分开扔就行啦！用我们这里的土话说，能沤烂的（垃圾）扔一边，沤不烂的（垃圾）扔另一边。大家在村里生活那么多年，哪些（垃圾）沤得烂，哪些（垃圾）沤不烂，比我们还清楚哩！然后，我们还打算在村里建个阳光堆肥房，把沤得烂的垃圾都放到堆肥房里，加点生物发酵粉进去，过段时间就形成了有机

肥，到时候这些肥你们谁想用就可以拉去放到田里。那些沤不烂的垃圾我们统一回收，拉到市里面的高能发电厂统一处理。那里技术先进多了，垃圾焚烧发电污染小。大家放心，要是到最后还不会分，我们每个干部都会教大家。等大家做好了，到时候别的村、别的市都过来学习，你们都是老师，到时候还得请你们讲课教人哦！【HXCB2021102601】

几句玩笑话把在场人都逗笑了，大家紧绷的神经松弛了下来。大家听完何副主任介绍，感觉生活垃圾分类确实比平时随意扔、混着扔麻烦了些，但也没添太多麻烦，而且垃圾分成两类投放，也方便村里的垃圾清运员处理。平时的垃圾清运车混杂着各种垃圾散发的臭味，车下还滴答滴答流出垃圾发酵的废水，车过之处，必留下垃圾污染的痕迹，大家都避而远之、掩鼻而去。而且，一直以来，村干部和村民都对垃圾处理问题很是头疼。之前村口很大一块土地都用来堆放垃圾，垃圾多得堆不下了，就浇上些柴油，一把火烧了，而实在烧不掉的垃圾，就在旁边挖坑填埋。那个场面真可以说是乌烟瘴气、寸草不生！随着村民生活质量、健康意识、环保意识的提高，村民对这种落后的垃圾处理方式越发不满，这也就为大家接受生活垃圾分类这个新事物打下了很好的基础。

在这次会议上，试点正式定下来了，各级领导认真宣传，村支书发话动员。散会后，市、区、镇的政府工作人员和村干部继续讨论如何开展后续工作，各个片区的小组长领取了自己辖区的垃圾桶，积极走街串巷、挨家挨户给村民们发送。

二 分类投放难推进，村干村民皆烦恼

生活垃圾分类这个"新时尚"进村后，姚支书与其他村干部丝毫不敢马虎。毕竟是新事物，村民接受它还需要一个过程。何况赖村是个大村，想要一步到位地整村推进肯定有难度。村委陈副主任——三门寨的包片干部，眉头紧皱，陷入了沉思。

> 现在村里面啊，年轻人都出去打工了，就剩些老人在家。他们都七八十岁了，怎么懂得分（类）？说得难听点，他们对垃圾的概念都不清楚。说实话，我自己都不大相信垃圾分类这个事能在农村搞得下去……【HL2021102703】

不管怎样，姚支书和陈副主任等人意识到，垃圾分类试点要出成效，难做易做都要做，而且要当成政治任务做，必须推着向前走。商量之后，他们决定先在赖村的三门寨进行试点。三门寨村民基础好，理事会工作认真负责，村民居住得相对集中，便于指导和监督，或许能够闯出点路子来。

分类工作做得好，大力宣传少不了。在市、区配套资金支持下，三门寨进出路口、寨党群活动中心周边拉起很多宣传横幅。宣传标语打前阵，广播喇叭接着播放，垃圾分类的"新风"就通过各种媒介吹进了各家各户，深入民心，接下来的工作或许就没那么难以推进了。

数字资源 1-1
赖村生活垃圾
分类宣传栏

可是连续宣传几天之后，村干部看到村民生活垃圾的积极性并不高，反应较冷漠。垃圾清运员陈叔反映："村里有些老人啊，对于什么是可腐

烂垃圾、什么是不可腐烂垃圾都不懂。我收垃圾的时候看到他们把烂茄瓜、烂菜叶和废弃的塑料袋、玻璃瓶扔一起。你跟他讲道理，难哦！"【HL2021102709】

数字资源1-2
赖村生活垃圾
分类清运车
和清运员

姚支书也回忆道："我们在一开始时，上不敢违背政府领导的指示安排，下不能强迫村民进行垃圾分类，而且强迫来的效果也不会好，真是挺难搞！"【HL2021102702】

由于工作推进受阻，村干部又凑在一起开会。他们集思广益，商量对策。这时，陈副主任说道："不少村民群众对我们村干部可能还心存芥蒂，总认为我们领了政府的工资津贴，自己收了好处，然后给他们找麻烦事做。所以，我觉得垃圾分类这个事应该找村里热心、贤德的人士来劝导和动员群众参与。"【HL2021102703】

陈副主任这番话，让大家想起了三门寨理事会会长老李。老李会长在村里的威望比村干部都要高。老李家承包了几十亩土地发展产业并在村里办了加工厂，好多村民都搭上老李家产业的"快车"，改善了家庭生活条件，提高了经济收入，因此村民们对老李充满了爱戴和感激之情。

于是，村干部特意做了一番准备，欲找老李会长好好说道说道，让他带动理事会成员与村委班子共同推进三门寨的垃圾分类工作。凑巧的是，村干部刚走出村委，就碰到老李会长，他手里还拿着写满想法的笔记本。大家一阵寒暄后发现，老李会长到村委正是商讨村里生活垃圾分类的事情。

三门寨理事会是村民自发筹建的，理事会会长和成员也是村民自主投票选出来的，而且理事会都是做公益好事的，不和利益挂钩，因此得到了村民群众的一致信服。理事会成员也觉得当下村里的垃圾集聚占用土地，垃圾填埋又污染土地、地下水，大量垃圾焚烧还污染空气，危及村民的身心健康。于是，理事会成员下定决心动员广大村民共同参与垃圾分类治理行动。生活垃圾分类可以促进村庄人居环境建设，而公共环境如果保护得好，全村上下全都受益。可以说，公共环境是再公平不过的公共物品了。

由此，赖村村委和三门寨理事会成员达成共识，他们以身垂范，把自家的生活垃圾分类做好，以点带面，用实际行动带动周围村民参与分类行动。理事会还通过村规民约，在日常生活中有意无意地劝导村民，给村民讲生活垃圾分类的好处，教村民正确分类的方法，并到村民家里督促落实生活垃圾分类，帮助村民逐渐改变不良的生活习惯，形成讲卫生、搞分类的健康生活方式。

三 "两筹两补"促分类，积分超市兑物品

三门寨垃圾分类试点建设大半年过去了，村干部、党员、理事会成员积极性不减，他们带动家人做好生活垃圾分类。在配套资金的支持下，村干部召集村民一起出力建设阳光堆肥房，并给予村民较高的劳动报酬，一时呈现热火朝天的修建景象，加上村里大喇叭天天宣传动员，这回大家都知道"生活垃圾分类"这个"新时尚"了，初步实现了示范村建设"高知晓率"的目标。

但从村民内心来讲，生活垃圾分类始终还是一件无关痛痒的事情，如果不能让村民看到一些实质性的收益，他们参与垃圾分类的主动性、参与度很难提高，如此一来，上级下达的示范点建设"100%参与率"的标准也就很难达到。市乡村振兴办公室（以下简称乡村办）也意识到了村民参与分类治理的主动性、积极性不够的问题。镇乡村办蒙副主任到村检查工作，发出了这样的感慨："到村里检查，给我们的感觉是，村民想分（类）也行，不想分（类）也行。目前还没有什么约束机制去规范，也没有什么激励机制去促动（村民参与）。"【HXCB2021102601】

三门寨理事会老李会长看到三门寨生活垃圾分类的推进现状，也非常惆怅。此前，无论是村庄规划建设、村务工作出人出力，还是邻里之间互帮互助做红白事，在理事会的组织、指导与协调下，大家都挺积极主动的，可为什么遇到生活垃圾分类这件事，就那么难推进呢？

乡村办、财政局、审计局多部门联合，经过深入调研和充分论证，决定将美丽乡村建设"两筹两补"资金注入农村生活垃圾分类试点建设。"两筹"是指群众自筹的乡村保洁经费和生态乡村建设公益项目经费；"两补"是指城区财政对"两筹"经费进行等额补贴，即群众自筹多少钱，财政便补多少，然后共同回拨乡镇政府账户，供村里专款专用。"两筹两补"政策如同强心剂，让赖村三门寨的村民对于推进生活垃圾分类充满了动力，也给生活垃圾分类工作以强大的资金支持。现在的问题是，如何将"两筹两补"资金用到实处、充分调动村民垃圾分类的积极性呢？是直接将钱发到村民手上作为一次性奖励，还是通过一套激励机制的运作来引导村民长期参与？为此，村委和理事会成员又开了一次讨论会，最后大家一致同意采取姚支书的建议，即学习借鉴其他地方的经验——办积分超市，对每家每户生活垃圾分类的实际成效进行打分，村民可用每月积分到积分超市兑换生活物品。这样，村民感受到实实在在的垃圾分类的好处，就拥有了长期坚持生活垃圾分类的动力了。

说干就干！在乡村办的指导下，三门寨从党群活动中心腾出一个活动室，办起了积分超市。在村委和理事会的组织、号召下，村里的泥水工、装修工暂时放下进城务工的"高薪"，"众人拾柴火焰高"，很快，村里的积分超市就装修完毕，还添置了很多生活物品和一台计算机，这样积分超市就能使用区里专门开发的垃圾分类"互联网+"管理系统，实现赖村生活垃圾分类的智能化管理。

在积分超市门口，老李会长对出于好奇前来参观的村民们说道："积分超市初具规模，很多村民以为它和村里其他的小卖部无异。其实不然。这里的东西不用花钱买，一分钱都不用自己掏。需要什么东西，用积分来换就行了。"【HL2021102705】

好消息一传十，十传百。老李会长的手机不断有新消息提醒："李会长，听说村里开了个积分超市，用积分免费兑换物品，是不是真的？""我去超市看了看，里面进了好多生活用品，都是牌子货，不是假货哦！""这个分数怎么得呢？要多少分才能换东西，难不难啊？"……而此时的老李会长和其他理事会成员，还在安排人手进行积分超市装修的收尾工作和开业的筹备事宜，无暇顾及村民们在微信群里的讨论。

见群里不回复，心急的村民老何直接打电话给老李会长："老李哥呀，我何建民，问

数字资源 1-3
赖村生活垃圾
分类积分超市

问您,村里积分超市的积分怎么得咧?我们都想得积分换东西哩!正好家里的洗衣液、纸巾都快用完了,积分能换的话以后都不用花钱买咯!"【HL2021102712】此时,老李会长正同工人一起把施工架抬走,手机铃响,只好腾出一只手拿着电话回应道:"是建民老弟啊,我正准备忙完召集大家开会,说说积分超市的事情。你就帮我在村民群通知一下,今晚有空的(村民)都到(党群)活动中心来开会。"【HL2021102705】

晚上,党群活动中心挤满了人。听到村里有免费东西发,不光是村民代表,各家各户的男女老少也都来凑热闹了。老李会长看到此番场景,更加确信搞积分超市是十分正确的选择,因此说话更有底气了。

  今晚来了这么多人,看来大家对积分超市都很感兴趣的嘛!那我就直奔主题,和大家说说积分超市的规则。在政府支持下,加上村委和我们理事会的共同努力,我们在三门寨党群活动中心开了个积分超市。这里边的物品需要大家用垃圾分类的积分来换。这个积分很容易得,老老小小都可以做。大家每天把家里的垃圾分成两类——沤得烂的(垃圾)和沤不烂的(垃圾),分别放到分类桶里,等清运员上门收。此外,我们还打算在每家垃圾桶旁都钉一个二维码,清运员扫你们家二维码,拍一张你们家分类桶内的照片、一张房前屋后干净整洁的照片,然后上传到我们垃圾分类"互联网+"管理系统,后台工作人员会检查。如果你们家垃圾没有分错,并且房前屋后都是干净整洁的,你们家就得2分。然后每天都有人去检查,所以一个月下来你们家就能得60分,这样一瓶蓝月亮洗衣液就到手咯!除了清运员每天上门给大家拍照,村里还会安排巡查员不定时入户检查,检查合格的话,又可以给你们家加2分。此外,镇政府工作人员、区领导来视察,抽到你们家,如果垃圾分得好,可以再加2分。所以每天每户最多可以得8分,这样算下来,一个月的积分可不得了,可以换各种生活用品回家。所以做好垃圾分类,把村里卫生搞好的同时,还能换取物品,稳赚不赔!还有,我们这次引进了新技术,通过电脑可以进系统查看,哪家哪户做得怎样都有照片佐证,获得多少积分也有记录,户与户之间还有排名,哪户做得好、哪户做得不好,一目了然,看看哪些家庭是先进标兵、哪些家庭在拖村子后腿,完全公平、公正、公开。你们通过微信小程序也可以进系统查看积分和排名。而且,年底评选为文明先进户的家庭还有更大的奖品哩!【HL2021102705】

听了老李会长介绍,村民们确实心动了,全都跃跃欲试。而且,这回是认真的了,有系统看排名,做得好受表扬,做得不好在村里可是会被指指点点的。村民们在村庄这个熟人社会生活,多少还是好面子的,很重视他人对自己和自己家的评价。仔细想想,自己家的垃圾终究也是要清理的,分成两类并不难,沤得烂(可腐烂)的垃圾其实也少,自家鸡鸭鹅都消耗得差不多了,要是量多,就让清运员拉到阳光堆肥房集中沤成有机肥再还田。剩下沤不烂(腐烂不了)的垃圾,可以把能卖钱的烂铜烂铁、塑料瓶和易拉罐拣出来先攒着,等废品站的人来收,其余沤不烂的垃圾就扔进分类桶,等清运员上门收,还能攒积分换物品。

数字资源1-4
农户生活垃圾
分类二维码与
垃圾分类
"互联网+"
管理系统

四 "三员"管理多保障，助力分类见成效

村里积分超市的运行不仅需要资金保障、技术支持，还需要人员配备。赖村垃圾分类工作小组确立了积分超市"三员"管理制度，"三员"分别是清运员、巡查员、超市管理员，他们各司其职、各尽其责。清运员负责给村民垃圾分类情况打分，指导村民学会使用正确的分类方法；巡查员不定期检查或抽查村民分类情况、房前屋后的卫生情况；超市管理员负责超市物品的库存管理及村民积分兑换，定时上报数据到乡村办。

说到"三员"，就不得不提及"三员"的竞聘过程，其激烈角逐程度着实出乎村委、理事会成员的意料。听说积分超市在招人，且工作不算辛苦，报酬还不错，短短两天时间内，竟然有近二十位村民报名了。年轻的三十多岁，年长的七十岁。一时之间，村委不知如何抉择。姚支书提出，要通过面试和演讲来挑选能胜任生活垃圾分类工作且有责任心的人员。让姚支书印象深刻的是七十岁的岑阿婆和王阿婆来面试，大家都觉得她们年纪大了，干不了，但他们的现场表现让人刮目相看。岑阿婆特别自信地说道："清运员我能干，我不怕脏，也学会了垃圾分类，沤得烂和沤不烂的垃圾我都能分得清楚，还会使用手机拍照进系统。要是不相信，我可以现场操作给大家看看。"王阿婆也说："我也想试试，我身子骨还算硬朗，现在有空了，想为村里多做点事，每天走走看看，分分村里的垃圾，搞搞卫生，监督大家把垃圾分类做好，也算是做了件行善积德的大好事。钱多钱少无所谓的，我都愿意做！"

由于竞聘规则为"价低者得"，她们索要最少的工资，村委和其他竞聘者都被她俩打动了，就这样，她俩成为赖村清运员，每天到各家各户看分类、做指导、上积分。遇到不会分、不愿分的村民，她们就像指导自家孩子一样循循善诱："我这么老了都会分，你这么年轻肯定分得更好！垃圾分类要做的，做好了环境才能好，以后子子孙孙才能过得更好。这次，我先给你家记1分鼓励一下，明天我再来看，做好了给2分，给我老太婆一点面子哦！"

村里的积分超市运行一段时间后，老李会长明显感受到了村民在思想和行动上的转变——家家户户都把门前屋后收拾整齐了，垃圾分类桶摆在各自门前，随意打开一个，就会发现里面的垃圾基本都按标准投放了。

现在除了镇上的赶圩日，每个月多了两个大家都期待到来的日子——14日和28日，那是积分超市开放日，大家可以在这两天用积分兑换物品带回家。

张妹是积分超市管理员。和两位阿婆一样，她也是竞聘上岗。相较于其他竞聘者，张妹更熟悉电脑操作。

每月只有两个开放日需要接待村民兑换物品，平时在家用手机或电脑便可以操作系统、管理库存、整理上报数据，工作时间较自由，我既可以照顾家庭，又可以为家庭增添一份收入。

数字资源 1-5
积分超市开放日
村民兑换物品场景

岁月不居，月末又至。姚支书和老李会长无论多忙，每月14日和28日必定和积分超市管理员张妹一样，准时出现在积分超市。他们一边帮张妹维持现场秩序，一边趁机和村民们进行交流，倾听民声。看到超市里人头攒动的场景，他们都深感欣慰。来积分超市兑换的多是老人，有的老人怕错过机会，背着哭闹的孙子、牵着淘气的孙女就赶过来了。一时间，超市里的说话声、笑声、哭闹声、跑跳声都有了，好不热闹。老李会长也凑着热闹挤进兑换人群，来到货架前瞅了瞅，嘴里嘀咕着："有毛巾、洁厕灵、牙膏、湿巾、洗衣液……还不错的嘛，明码标'分'、按需供应，一应俱全啦！"张妹在电脑前帮村民们挨个查询积分情况并办理兑换手续。兑换到物品的村民眉开眼笑，也不急着回家，通常坐在党群活动中心的石凳上交流讨论，比比各家的积分和排名，规划下月要兑换的物品。姚支书和老李会长也总是被村民们唤过去，听村民们争先恐后地分享兑换物品的喜悦，他们对村民们也毫不吝啬认可和赞扬，鼓励村民们继续做好生活垃圾分类。

数字资源1-6
超市管理员
查询积分、
办理兑换手续

五　物质激励影响大，别寨群众"也要分"

积分超市和垃圾分类"互联网+"管理系统运行半年以来，三门寨村民参与生活垃圾分类的热情持续上涨，并形成辐射效应。这是大家都喜闻乐见的事情，但也曾出现让村委为难的小插曲。6月28日，依旧是积分超市开放日，姚支书还是站在积分超市门口和来往的村民交流。"支书，支书，我们要和你谈谈！"未见其人，先闻其声。等姚支书认出这些都是隔壁高洞寨的人时皱了皱眉："你们寨（的人）怎么来了？"这时，高洞寨村民七嘴八舌地说道："支书，你们村委不公平啊，都是一个村的，为什么他们三门寨可以搞生活垃圾分类，用积分兑换物品，每个月都兑换那么多东西，我们却什么都没有？这不公平！""我们这十几户也要参加！""对，今天不给我们一个满意答复，我们就不回去！"……姚支书搞清楚情况之后，请高洞寨村民前往党群活动中心的二楼会议室。老李会长见状也跟着到了会议室。

老李会长先解释道："隔壁寨的兄弟，大家好！我是三门寨理事会会长老李。我想先说几句，大家误会姚支书了！生活垃圾分类是政府在我们这里搞试点建设，摸着石头过河，先试先行，总结出好的经验后再向所有村寨推广。反正挨得近，你们要是真想参与进来，我们三门寨热烈欢迎！"【HL2021102705】

带头的高洞寨村民又激动地从座位上站起来，说道："支书，您看看，他们会长也支持，您这边怎么看啊？"姚支书略显为难，然后说道："这不是我能决定的，垃圾分类有管理系统，要看上级政府的指示。我立即打电话问问镇乡村办。"【HL2021102702】镇乡村办也未处理过类似情况，可时间紧急，村民情绪还在发酵，于是工作人员把何副主任的电话号码给了姚支书，让姚支书直接请示何副主任。何副主任看到陌生来电有点疑惑，但铃声一直在响，还是接了。因为经常到赖村检查工作，何副主任一下子就听出了姚支书的声音。姚支书急促地说道："何副主任好，我是赖村支书老姚，不好意思哦，电话直接打给您了,实在没办法了,村里垃圾分类有个紧急情况要向您请示一下。今天三门寨隔壁的高洞寨十几户人家跑到三门寨积分超市,闹嚷嚷地喊着他们也要搞垃圾分类,要用积分换物品,现在还在三门寨等我们答复呢,这可怎么办啊?"【HL2021102702】何副主任对此给出了明确答复:"姚支书,我听明白了,群众想搞垃圾分类是好事啊,我们政府应该大力支持才对。既然他们积极性那么高,又离得近,把他们也纳入试点户,给他们发垃圾分类桶和二维码,和三门寨群众一起认认真真搞分类、建试点!"【HXCB2021102601】姚支书听到何副主任的这番话长舒了口气,表示感谢后挂了电话。在场等答复的高洞寨村民也着急,看到姚支书放下手机,便追问道:"支书,领导怎么说咧?快告诉我们!"【HL2021102713】姚支书笑着说:"领导同意了,你们也纳入试点户,和三门寨村民一起搞垃圾分类,维护村庄卫生,保护公共环境,攒够积分也能过来换物品。"【HL2021102702】听到这番话,高洞寨村民也笑了,拿上村委发的垃圾分类桶,心满意足地回家了。

短短半年,村民的变化真大呀!村民们实现了从"要我分"到"我要分"的根本转变!三门寨生活垃圾分类进入常态化、自主运行阶段,姚支书等人也得以抽身,专注于其他村务的管理与建设。

六 村民齐心定风波,示范典型焕生机

现在,老李会长每每看到寨子里整洁、有序的生活画面,积分超市人头攒动、积极参与的场景,嘴角都不禁上扬,"阳光总在风雨后",抬头远眺,也忆起曾经的风雨。

一年岁末,寨子里又要收保洁费了。老李会长召集了理事会成员、各村民小组长到寨子里开会,商定保洁费征收方案。由于积分超市、"三员"管理制度的运行需要资金保障,原有的征收方案难以满足现行治理需求,因此,理事会决定做出一些调整,仍是按户人口数征收,但每人的保洁费从每月1元提高到每月2元。

会后,各小组长将征收方案和缴费方式发到村民群,原本寂静的微信群瞬间沸腾了:"为什么要涨保洁费?整整涨了一倍,多了好多钱!"【HL2021102716】"两块钱一个月也不多,一年百来块能把垃圾处理好也值得。大家都一样,你交我也交。"【HL2021102717】"要那么多钱?我不交!"【HL2021102718】……

村民们虽然都表达了不满,但基本上还是愿意按照既定方案立即缴纳保洁费,只有大强家提出了强烈的反对意见。他们一家的反应也在老李会长和小组长的意料之中,毕竟他们是寨子里典型的"钉子户",夫妻俩平时早出晚归到镇上务工,常缺席村里各种活动,对于村里的活动不积极、不配合,有时甚至故意唱反调。李会长扶了扶眼镜,说道:"择日不如撞日,我们马上去大强家看看!"

李会长推开半掩的院门,亮了亮嗓子喊道:"大强,大强,在家吗?"

"我在啊,谁叫我啊?"只闻其声,不见其人。

李会长继续往屋里走,说道:"是我,你李叔。"

"李叔啊!快快快,您快进来坐啊,别在外面站着呀!"大强急切地说着,并放下手里的活,快步上前把李会长、小组长等人请进了屋。李会长一行人坐了下来,朝大强摆摆

手,说:"大强,你也别忙了,坐下来,我们聊聊。"听到这里,大强眼珠子转了转,拎了把椅子过来坐在李会长的对面。

李会长问:"大侄子,最近生活怎样啊?家里其他人都去哪儿啦?"

大强回答道:"我老婆还没回来呢!小孩都去上学了,有的读中学,有的都读大学咯!"

"哇,大强有本事哦,人还那么年轻,孩子马上就要毕业工作了,生活越过越好了,再过两年就可以抱孙子咯!"李会长笑道。在场的人也都笑了。大强脸上抑制不住的自豪与欣慰。

李会长接着说:"大强啊,你在群里说,明年你家保洁费不打算交啊?这方面你可是有点落后了哦!"

大强面色一沉,说道:"我们家虽然人多,但白天都出去做工,就两位老人在家,垃圾也不多,一年要我们交那么多钱,这不公平,我们不想交。村里发的分类桶,我们也不需要,忙着做工,没工夫搞什么分类。平时我们的垃圾能装成一袋一袋放在门口等人来收,没扔到竹林、桥头和河边已经很不错了!"【HL2021102715】

李会长叹了口气,拍了拍大强的肩膀,说:"你先别激动。听我说,保洁费是全体村民的共同支出,家家户户都要出钱,这是谁出钱谁受益的好事。把垃圾分类做好,村里环境更卫生、更整洁,对大家都有好处哩!要是你真的不愿交、不愿做,我们也不勉强,那从明天起,你们家垃圾就自己处理了!你好好考虑下,要是想交了,直接和我或者小组长说都可以。"【HL2021102705】

"那行,李叔,我再考虑考虑吧!"大强略显敷衍地回答。

"那我们也不打扰你了,有问题随时找我们,我们就先回去了!"李会长、小组长起身离开。走到门口看到门外好奇张望的村民,李会长说:"没事没事,都散了吧!"

通过微信群,周围村民也了解到只有大强家没缴纳保洁费了,纷纷私下议论着。熟人社会的村庄,"好事不出门,坏事传千里"。很快,全寨上下都知道了大强家不愿缴纳保洁费,不搞垃圾分类。第二天早上,大强家门口堆放的袋装垃圾就没有清运员来收了,第三天垃圾依旧在那里……垃圾逐渐多起来,并发出异味。下班回来的大强准备把垃圾扔到村口的集中垃圾堆放点。其他村民看到后立即迎上去,不满地说道:"你都没交保洁费,不能扔这里!"【HL2021102716】"你家的垃圾也不分类,又脏又臭,这是公共垃圾分类桶,不能乱扔!"【HL2021102717】"我们都交了保洁费,凭什么你不交?以后有什么好事坏事我们都不告诉你,村里有什么活动你们家也没资格参加。"【HL2021102718】

数字资源 1-7
赖村生活垃圾
分类集中投放点

被村民们训斥了一顿,大强也不敢再扔垃圾,拎着几袋垃圾放回自家院子,不知如何是好。大强一家逐渐感受到村里人的舆情压力,开始反思自己言行和态度。弟弟小强也被李会长叫来做大强的思想动员工作。小强还打电话给远在外省读书的侄子,让接受过高等教育的青年劝大强配合村里工作,把垃圾问题处理好。缴纳保洁费确实是村民的责任与义务,做好垃圾分类是造福子孙后代的好事,环境搞好了大家共同受益,舒适良好的人居环境是最公平的公共物品;反之,如果垃圾处理不好,污染了空气、土地及江河,会是一损俱损的事情。

经过大家几天的思想动员与舆论施压，大强也不闹腾了。下班回到村里，第一件事就是找到小组长缴纳了保洁费。至此，全村保洁费如数收齐。看到周围邻居笑嘻嘻地从村里积分超市兑换回洗衣液、毛巾、拖把等生活用品，有人嘴里还嘀咕着："照这样下去，一年积分可以（兑）换很多东西，一百多的保洁费早就回本了，稳赚不赔，哈哈哈……"【HL2021102718】大强心生羡慕，觉得别人能做好的事情，自己也一定可以做好，也许还可以比别人做得更好。他回家找出村里发的分类垃圾桶，看桶上写着"可腐烂垃圾"和"不可腐烂垃圾"，发现分类其实也很简单。大强教家人，"能沤肥"的垃圾放左边蓝箱子，"不能沤肥"的垃圾放右边灰箱子。一家人很快都明白了分法，大强家也开始进行生活垃圾分类了。

早上出门前，大强把分类垃圾桶拿到门口等清运员来，想知道自己分对了没有。清运员陈叔吃了一惊，以往大强家不愿做垃圾分类，每次都是他帮忙把垃圾进行分拣再清运，现在他们居然自己分好了！陈叔翻了翻分类桶，基本都分对了，只有个别烟头不小心扔进了可腐烂垃圾桶。陈叔立即告诉大强，并当场指导他，最后掏出手机给他扫码拍照，并上传了其房前屋后以及分类桶中正确分类垃圾的照片，在管理系统中给大强家积上 2 分。村里巡查员听小组长和清运员反映了大强家的变化，特意到大强家抽查了垃圾分类情况，发现他们果然分得很认真，烟头也没扔错，院子里打扫得干干净净。巡查员拿起手机拍照并登进系统，又给大强家加了 2 分。一个月下来，大强家积了 80 多分，排名从末位跃居前列。到了积分超市开放日，大强的母亲去积分超市兑换了一大包洗衣液，别提有多高兴了！

数字资源 1-8
赖村村民家用
生活垃圾分类桶

全家老少搞分类，认认真真攒积分。大强家实现了从不愿配合的"钉子户"到三门寨的"先进文明户"的转变，老李会长及其他理事会成员每每接待政府机要、研学团队到三门寨参观学习时，都要"旧事重提"。这是三门寨推进垃圾分类时的一个小风波，但是全村上下齐心"定风波"。垃圾分类一户都不能少，少了一户都做不好。如今，老李会长每次介绍村里生活垃圾分类成效时，都很自豪地说："现在村民们的积极性都很高，也非常愿意进行垃圾分类，不像刚开始实施的时候还需要理事会监督提醒。现在大家基本都形成了习惯，自觉把垃圾分好类。"【HL2021102705】

通过大家的共同努力，赖村现在的村容村貌、基层治理发生了翻天覆地的变化。原先村里的垃圾场臭气熏天、污水横流、垃圾遍地，村民们怨声载道又不知所措，现在生活垃圾分类吹响了村庄人居环境整治和乡村基础设施建设的号角。在"二次四分"分类机制的运行支持下，赖村的道路更宽阔、干净了，道旁的外墙涂上了很多乡土风情画。赖村的河水更清澈了，陈副主任指着河的方向，畅谈着赖村的未来规划：在河边种一些水果，发展果业经济；再添置一些游船，发展乡村旅游业。而他身旁的何副主任也在思考着：要想将赖村生活垃圾分类治理模式推广到其他村庄甚至

数字资源 1-9
赖村生活垃圾
分类后的村容
村貌

其他市区，支持积分超市的运行是关键；目前，主要从"两筹两补"政策入手，推行积分超市运作，促进村民主动、持续参与，今后，随着治理实践的深入，还可以从更多方面进行人居环境整治提升的探索。

第二节 案例分析

一 引言

"改善农村人居环境，建设美丽宜居乡村"是实施乡村振兴战略的一项重要任务。只有农村人居环境得到改善，农民幸福指数有效提升，乡村振兴战略才能真正深入推进。2022年中央一号文件指出，"接续实施农村人居环境整治提升五年行动"，"推进生活垃圾源头分类减量，加强村庄有机废弃物综合处置利用设施建设，推进就地利用处理"。目前，"绿水青山就是金山银山"的环境保护理念已经深入人心，村民普遍认为自身的环境保护行为有利于农村的生态环境建设。但是，农村生活垃圾分类治理的实施或操作过程，面临"高认知度、低践行度"困境。同时，我国农村生活垃圾分布呈现量少、点散、污染面广等特点，这使得农村人居环境治理面临更大的挑战。2016年12月21日，习近平总书记在主持召开中央财经领导小组第十四次会议时指出：普遍推行垃圾分类制度，关系13亿多人生活环境改善，关系垃圾能不能减量化、资源化、无害化处理。要加快建立分类投放、分类收集、分类运输、分类处理的垃圾处理系统，形成以法治为基础、政府推动、全民参与、城乡统筹、因地制宜的垃圾分类制度，努力提高垃圾分类制度覆盖范围。2021年印发的《关于加快农房和村庄建设现代化的指导意见》《农村人居环境整治提升五年行动方案（2021—2025年）》等文件，持续完善了对农村垃圾治理的制度设计，突出了中央对农村人居环境整治的重视，也体现了农村垃圾治理的急迫性、必要性和重要性。

二 问题的提出

生活垃圾造成的环境污染，从理论上看，是公共池塘资源被过度消耗所致，因此属于典型的"公地悲剧"问题。公共池塘资源同时具有非排他性和竞争性，这使得公共池塘资源无法低成本地将潜在用户排除在外，也由此使得人们无法控制用户对资源价值的消耗。在公共池塘资源系统中，理性"经济人"会为了个人利益，无限度地消耗公共资源，忽视公共利益和可持续发展，使得个人利益与公共利益产生矛盾，由此便极易引发公共资源过度使用的"公地悲剧"问题。在本案例中，农村人居环境作为一个可以开放获取的公共池塘资源，无法低成本地将任何一个生活在农村的人排除在对环境资源的使用之外，由此村民们也无法低成本地控制或监督其他村民随意处理垃圾的行为。因此，农村生活垃圾对农村人居环境的污染属于典型的"公地悲剧"问题。

以农村人居环境恶化为代表的"公地悲剧"问题是一个世界性难题。面对这一世界性难题，赖村的治理为什么会取得成功？对这一问题进行探究与回答，不仅有望为我国实现农村人居环境治理的持续改善提供参考，还能基于中国的情境和案例，为"公地悲剧"治理理论的进一步完善贡献新的认知。

三 理论基础

（一）公共事物（commons）治理理论

公共事物具有如下特征：资源系统无比庞大，使得任何人想要将他人排除在系统之外都需要付出极高的成本，但其资源单位的数量会随着进入者的不断增加而急剧减少。公共事物的低排他性与高竞争性使得资源使用者在有限的公共资源中追求个人正效用的最大化，而将负效应交由集体和社会承担，最终会使集体行动陷入困境，导致公共资源被滥用或闲置。

公共事物治理理论正是针对以"公地悲剧"为代表的个体理性与集体理性相背离的集体行动困境问题提出的。该理论认为，可以通过构建合适的制度体系，引导人们在公共事物治理过程中形成有效的集体行动，从而避免"公地悲剧"的发生。

（二）制度的构建：嵌套性规则体系

Ostrom（2005）提出的嵌套性规则体系为人们探究如何构建系统性的制度以解决"公地悲剧"问题提供了基础逻辑。嵌套性规则体系（见图1-1）具体包括三个不同层次的规则，即宪制规则、集体选择规则和操作规则。各主体行为分别发生在三个层次中，同时不同层次的规则体系又具有一定的嵌套性，即一个层次行动规则的变动受制于更高层次的规则，所有规则层次一起构成了嵌套性规则体系。

在嵌套性规则体系中，宪制规则决定谁有资格成为参与者以及在制定一套集体选择规则时所使用的规则；集体选择规则说明了操作权利和特定行为者的责任，并界定和约束行为者在操作层次活动的规则；操作规则是行为者影响物理世界变量的具体规则。一般而言，每一层次的决策者不仅制约着下一层次的规则制定，而且通过评估下一层次行动规则的实践效果，对本层次规则体系做出调整，进而开启新一轮的互动，如此周而复始。因此，嵌套性规则体系既保证了宪制规则的权威性，又考虑了行为主体的能动性，从根本上实现了操作规则的灵活性和多样性。

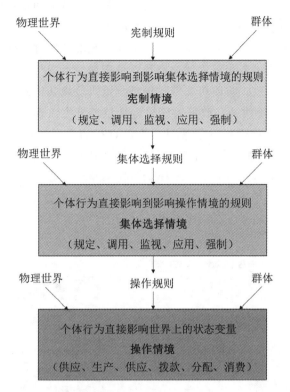

图 1-1 嵌套性规则体系（图片来源：Ostrom，2005）

四 案例分析

赖村实现了生活垃圾分类治理，实际上就是通过形成一套运行良好的制度体系来解决"公地悲剧"问题。在赖村所形成的制度体系中，不同层级的制度规则相互嵌套、相互支持、彼此互动，保障了充分的集体选择规则与高效多样的操作规则合力作用于村民生活垃圾分类实践，由此解决了村民基于个人理性将生活垃圾无序投放到自然环境的"公地悲剧"问题。

（一）赖村垃圾分类制度的运行模式

贺州市农村生活垃圾分类政策以试点寻经验、塑典型、做示范，再逐步扩大推广。第一批试点选取了贺州市两个集体行动能力较强、乡村基础设施较完善的村庄，赖村便是其中之一。赖村通过先试先行农村生活垃圾"二次四分法"，并以"两筹两补"盘活资金，"摸着石头过河"，为全市其他村庄开展分类工作提供了有益经验。在垃圾分类政策试行过程中，贺州市政府并未"一刀切"地执行强制分类政策，试点村可根据自身实际情况，凸显村庄特色，采取弹性化、人性化方案进行灵活治理、有力推进。

在试点初期，政府出资、赖村村委出力、村庄理事会动员，将分类垃圾桶免费分发到各村民家庭，村民每天将自家产生的生活垃圾分为可腐烂垃圾和不可腐烂垃圾两类，分别投放在对应的桶内，实现农户"初次两分"。每天村里清运员到各家和村口收运垃圾，检查村民的垃圾分类情况并评分，将可腐烂垃圾运往阳光堆肥房进行沤肥处理，然后将不可腐烂垃圾进行第二次分类，分出可卖钱垃圾和不可卖钱垃圾，将可卖钱垃圾运至废旧物品堆放房暂时储存，等待回收；将不可卖钱垃圾运至镇级垃圾转运站，而后转运到市高能发电厂集中焚烧发电。"两筹两补"政策为赖村生活垃圾分类治理提供了坚实的物质基础和完善的组织保障，进一步巩固提升了赖村作为试点村的生活垃圾分类治理成效。赖村在"两筹两补"资金支持下创办积分超市、"三员"管理制度以及垃圾分类"互联网+"管理系统，以奖代补、多重监督，以物质奖励驱动村民参与垃圾分类实践，以积分排名激发村民的竞争意识，营造舆论压力，同时以技术手段保障激励和监督手段的及时性和有效性。赖村生活垃圾分类机制运行模式如图1-2所示。

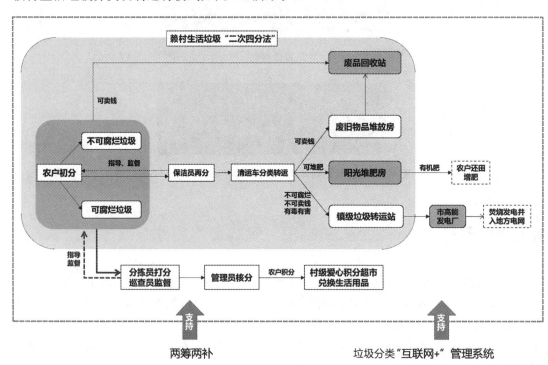

图1-2　赖村生活垃圾分类机制运行模式

（二）赖村生活垃圾分类的制度体系

1. 宪制规则对赖村村民生活垃圾分类行为的影响

宪制规则设计处于制度体系的最顶层，这一层次涉及的参与者主要有党中央、国务院部门人员、参谋工作人员，各个高校、科研机构的智库学者以及涉及相关利益的群众代表。他们在宪法和其他法律规章的指导下，通过实地调研获得一手资料，再通过实验室实验、科学理论和方法论证、集体讨论等方式，得出多条垃圾治理的意见和建议并附上论证分析报告，供党中央、国务院参考并做出决策。党中央、国务院主要决策者在民主、科学的基础上明确选定全国性的垃圾治理宪制设计，比如《生活垃圾分类制度实施方案》《关于加快农房和村庄建设现代化的指导意见》《农村人居环境整治提升五年行动方案（2021—2025年）》等。

以上这些方案或意见都是原则性的制度规则，并未提出具体的城市或农村生活垃圾分类方式或模式。这就要求实施生活垃圾分类的城市或农村结合本地实际出台具体的办法来推进垃圾分类工作取得成效。因此，宪制规则层面的政策一经出台，便成为社会热议、群众关切的话题。对于赖村村民而言，宪制规则的形成，让他们感受到国家治理"垃圾围村、堵村"问题的决心，促使他们意识到垃圾污染的严重性、生态环境破坏的危害性，使得他们逐渐增强对公共环境的关注和对环保政策的认同，并开始主动尝试和有选择性地学习环保政策，了解生活垃圾分类标准。如此一来，村民在注重自家卫生保洁的同时，也开始有意识地维护公共卫生，尝试在公共利益需求和个人理性决策之间达到自我舒适的平衡。

2. 集体选择规则对赖村村民生活垃圾分类行为的影响

在嵌套性规则体系中，不同村庄的集体选择过程存在一定的差异，这影响了农村生活垃圾分类政策的执行，进而影响了村民生活垃圾分类的行为。在赖村，生活垃圾分类在推进初期，面临村民参与积极性不高、"搭便车"思想严重、缺乏激励约束机制等问题。为此，村、镇、区多层领导共商方案，乡村办、住建局、财政局等多部门整合资源，强化资金保障，通过"两筹两补"政策支持创办积分超市和垃圾分类"互联网＋"管理系统，建立集宣传、监督、管理、激励于一体的生活垃圾分类新方案。村民用生活垃圾分类得到的积分免费兑换生活物品，这在满足其基本生活需求的同时，极大地提升了农村"386199"主力群体（妇女、孩童、老年人）对生活垃圾分类的积极性和参与度。同时，政府基于"两筹两补"政策对赖村进行资源倾斜，筹集了更多乡村建设专项资金，将赖村之前的垃圾池改造为村民活动中心和休闲广场，使其恢复了优美的自然生态环境，打造了村民宜居的舒适家园，增强了村民对政策的认同感和对村集体的归属感，强化了村民参与治理的意愿，促使其更加主动地开展生活垃圾分类行为。

3. 操作规则对赖村村民生活垃圾分类行为的影响

相较于宪制规则和集体选择规则，操作规则多内生于村庄，为广大村民群众所创造，贴近村民生产生活，易被村民认可、执行，可直接作用、影响村民的分类行为，并通过有效监督和激励对村民个体所产生的大量生活垃圾进行有效规制，引导垃圾有序进入自然环境，从而避免"公地悲剧"的无限演化。赖村对与垃圾分类操作规则的建设具体表现为以下三个方面。

首先，构建垃圾分类双向监督渠道。政策推行初期，除了村委开会宣传、理事会动员、入户指导、监督外，村干部还注重加强对于清运员、保洁员的分类技能培训，使之在进行村庄垃圾清运和保洁工作的同时，加强对村民分类投放垃圾的指导和监督。同时，村民对保洁员、清运员也形成日常监督，村民对于他们做得不好的地方可向村委反映，要求整改。赖村公益岗位采用"能者居上"、自由流动的模式，这唤醒了村民们的主人翁意识，形成了生活垃圾分类的双向监督机制。

其次，严格依照集体选择规则的程序推进操作规则的实施。受"两筹两补"政策的扶持与激励，赖村公益岗位的待遇大幅提升，村民竞相成为垃圾分类管理的"三员"。赖村村委秉持"公正、公平、公开"原则，以竞选演讲结合实操的方式，确定了清运员、巡查员以及超市管理员名单，构建垃圾分类"互联网＋"管理系统，实现"线上督导＋线下指导"的科学化管理。在积分超市管理上，物品兑换的台账公开透明，签领记录完整、随到随查，并附有垃圾分类照片佐证，规避以权谋私、权力寻租等腐败行为，维护积分兑换物品的公平性和激励性。同时，"两筹两补"政策也对村民形成了必要的约束，每年村民都要按时缴纳足额保洁费才能顺利享受政府财政的等额补贴。这种收取适量保洁费的方式，强化了村民对环境的关心，提升了村民的集体行动能力，增强了村民生活垃圾分类的意识。而且，从理性人角度看，村民付出治理成本后，必然会进行成本-收益分析，当他们发现当下的成本大于收益且成本不可避免时，就会积极参与生活垃圾分类赢得积分，通过积分兑换生活物品以增加自身收益，弥补保洁费的支出损失。

最后，以村民喜闻乐见的方式促进其对操作规则的理解。一方面，赖村将晦涩难懂的分类政策转化成通俗易懂的本地话，以顺口溜、歌谣等村民喜闻乐见的方式宣传垃圾分类要求，寓教于乐。另一方面，通过广场舞、棋牌社等趣缘群体的活动交流与分享，结合传统佳节、宗祠活动等组织村民共同学习生活垃圾分类知识，辅之以"小手拉大手""有奖竞猜"等活动传递环保知识和意义。在自我意识偏差的影响下，村民总是认为自己的垃圾分类意愿比他人更强，垃圾分类行为比他人更好，进而实现从"要我分"到"我要分"的转变。

赖村生活垃圾分类的制度体系如图1-3所示。

（三）赖村生活垃圾分类制度体系的形成过程

赖村生活垃圾分类在摸索中前进，其操作规则多在实践中形成并完善。总结调研到的具体情况，我们将赖村生活垃圾分类制度体系的形成过程总结归纳为四个阶段。对赖村生活垃圾分类制度体系的各个阶段进行分析，能够为我们总结赖村生活垃圾分类治理获得成功的原因提供线索与支持。

1. 自然状态阶段

2013年以前，囿于有限的发展能力，赖村村集体无力供给更为先进的垃圾处理服务，只能由村民自行处理生活垃圾。每个村民在选择生活垃圾处理方式时都会尽可能降低自己的成本，而村委也默认了村民在村口或荒废的集体空地上集中焚烧垃圾的行为，焚烧后的灰烬或无法焚烧的垃圾就填埋在附近的沟壑里。因此，赖村村民长年基于利己主义原则焚烧处理垃圾，使得焚烧后的土地彻底硬化黑化，散发出刺鼻的恶臭气味。未能充分燃烧的

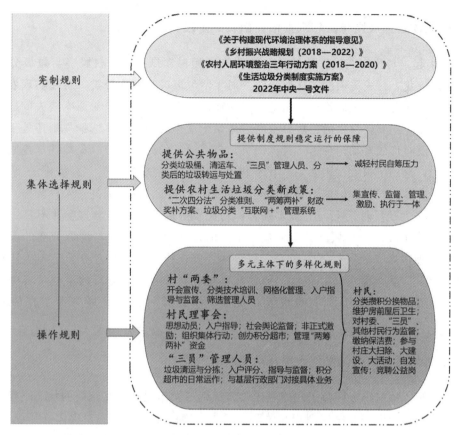

图 1-3 赖村生活垃圾分类的制度体系

垃圾流出浑浊的液体，产生严重的邻避效应，对附近村民的生产、生活及身心健康带来极大的威胁和挑战。

2. 有集体选择规则但无操作规则的阶段

党的十八大以来，党中央、国务院将对农村现代化、农村生态环境治理与保护的政治关注提升至前所未有的高度。2013—2019 年，"美丽乡村"建设项目在我国农村如火如荼地开展，推动"三农"工作迈上新台阶。在这一时期，贺州市政府积极贯彻"绿水青山就是金山银山"理念，强化环境监管治理，扩大宣传教育，增强群众环保意识，鼓励绿色生产、生活方式。在生活垃圾的处理问题上，贺州市政府采用政府供给模式，由财政出资在各个乡镇修建了垃圾处理中心和集中焚烧炉。赖村开始制止村民自行焚烧、随意丢弃垃圾等破坏自然生态的无序行为，定期组织一些清洁人员将生活垃圾运往乡镇垃圾处理中心，这改善了村庄内部的公共环境卫生状况，提高了村民对环保政策的认同感和满意度。

但是，在在这个阶段，垃圾处理的工作大多由供给操作规则的上级政府和单位来完成，村民的积极性未得到充分调动。也就是说，村民通过上级部门的宣传和理念引导，知晓了可以选择对生活垃圾进行分类，但是没有具体能够激励和促进他们参与生活垃圾分类的规则，最终导致赖村在生活垃圾分类早期面临"高认知度、低践行度"的困境。

3. 集体选择规则与操作规则相互割裂的阶段

2019年起，贺州市农村生活垃圾分类政策在赖村先试先行，村民参与垃圾分类的操作规则得以优化，村民采用"二次四分法"对生活垃圾进行源头分类，旨在实现农村生活垃圾减量化、无害化处理的目标。由此，赖村在制度系统上实现了对原本缺失的操作规则的补充。然而，此时赖村生活垃圾分类制度体系中操作规则与集体选择规则还处于相互割裂的状态，没有形成互动与合力。具体而言，自上而下的分类政策（集体选择规则）在赖村推行之初，遇到了很大的阻力，村民积极性不高。乡镇政府人员、村委班子、村（寨）理事会多元主体共同发力，他们通过媒介宣传、口头呼吁、以身垂范、入户督查、思想教育等方式，努力动员村民参与分类实践，但村民实际的垃圾分类参与度并不高。与此同时，村民的分类投放行为依然完全依赖于个人的理性决策，不参与垃圾分类的村民无须承担任何治理成本，就可以搭上政府、村集体、其他村民等参与者分类治理生活垃圾的"便车"。因此，虽然集体选择规则与操作规则都存在于赖村该阶段的生活垃圾分类治理实践中，但是两种规则并没有形成互动关联，所以赖村生活垃圾分类工作依然难见成效。

4. 集体选择规则与操作规则互动关联的阶段

在该阶段，赖村积极调整了之前集体选择规则与操作规则相互割裂的状态，探索出一套实现集体选择规则与操作规则相互关联、形成合力的制度体系。在集体选择规则层面，为了提升村民生活垃圾分类的积极性、精确性，制止垃圾乱扔和其他破坏自然生态的行为，多部门（党委/政府办、乡村办、财政局、住建局）、多层级（市、区、镇、村）人员协同发力，正式将农村生活垃圾分类工作纳入"两筹两补"财政奖补政策范围。充分的奖补政策激发了赖村的治理动力。赖村盘活垃圾整治资金，定期收齐村民的保洁费，避免村民"搭便车"现象，同时对破坏环境的行为严加监管和制裁，对于屡教不改的村民进行罚款。

在操作规则层面，利用村集体和财政资金，赖村开设积分超市。村民通过准确的垃圾分类投放积攒积分，然后凭累计积分免费兑换相应的生活用品，满足基本生活需求，以奖促分。同时，在"两筹两补"政策支持下，构建生活垃圾分类"互联网+"管理系统，招聘"三员"进行日常管理，线上系统实时呈现赖村生活垃圾分类绩效，线下由村委、理事会、管理人员、党员干部等构成严密的社会网络，通过发挥村里的资本存量，"诱之以利、动之以情、晓之以理、胁之以威"，在村民之间形成具有约束力的互惠规范，促使村民实现从"强制分类"到"主动分类"的转变。

可以看到，赖村在该阶段通过运行积分超市在操作规则层面对村民的参与行为进行激励，而在集体选择规则层面以"两筹两补"的政策为积分超市的运行提供充分的保障，再辅以相应的监督和制裁规则，就形成了集体选择规则与操作规则的上下联动，最终促进了村民对于生活垃圾分类的持续参与。

赖村垃圾分类制度体系的形成过程如图1-4所示。

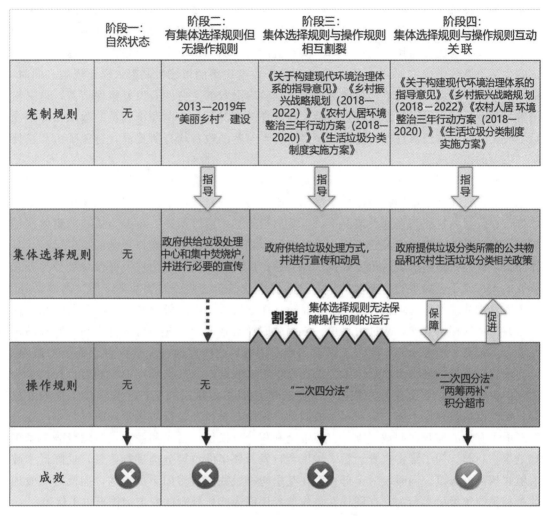

图 1-4　赖村垃圾分类制度体系的形成过程

（四）赖村生活垃圾分类成功的原因

治理农村生活垃圾分类的问题，实际上就是为了解决环境污染这一"公地悲剧"而设计各项制度体系，以相关制度规范人们的垃圾处理行为，实现对生态环境这个公共池塘资源的有效治理。因此，赖村生活垃圾分类之所以能够获得成功，根本上讲就在于其建立了完整的生活垃圾分类制度体系。这套体系既解决了村民参与意愿高但执行度低的问题，又保障了规则的持续稳定运行。

首先，基于市场机制的操作规则为个体行为提供了激励。集体行动困境的存在导致生活垃圾分类制度在执行上的失效，使得村民在缺乏激励的情况下缺乏参与垃圾分类的动力。而赖村生活垃圾分类制度形成了以市场机制为核心的操作规则，为村民自发进行生活垃圾分类提供了有效的激励。对村民们来说，是否参与生活垃圾分类是一个复杂的理性决策过程，这个决策过程受多方因素的影响，最终村民们根据生活垃圾分类的成本-收益分析做出理性决策。也就是说，只有当生活垃圾分类的收益高于成本时，村民最终才会为了降低个人成本、提高收益，主动参与生活垃圾分类。基于此，赖村在操作规则层面通过积分超市提供了村民参与垃圾治理的第一次利益激励。积分超市实际上是为村民提供了可视化的生活垃圾分类成本-收益分析，把基于成本-收益决策的市场机制引入操作规则。同时，在"两筹两补"政策支持下，村民会为了得到政府财政的支持而自发筹集保洁费，这对村民参与垃圾治理提供了第二次利益激励。在这样的情况下，两次经济利益的激励很好地满足了村民维持个体经济理性的需要，使得所有参与者的收益均有所提高，避免了由"搭便车"引发的占有问题。

其次，以政府供给和"两筹两补"政策为核心的集体选择规则，保障了操作规则的持续稳定运行。在基于市场机制建立了操作规则之后，赖村垃圾治理随即面临操作规则如何才能行稳致远的挑战。在这种情况下，以政府供给和"两筹两补"政策为核心的集体选择规则，有效避免了市场失灵的出现，保障了以市场机制为核心的操作规则的稳定运行。具体而言，从公共物品的供给角度来说，积分超市以及"三员"等为村民提供垃圾分类处理服务的人都属于公共事物。理性的个人是无法有效供给这些公共物品的，而"两筹两补"这个财政奖补政策作为垃圾分类的资金保障，能够有效供给垃圾分类所需的公共物品。这种公共治理的集资方式，从过去的单一依赖政府经费转变为现在的村民自筹和政府补贴两种途径，拓宽了资金来源，缓解了财政压力。因此，"两筹两补"这种自上而下的政策，一方面在集体选择规则层面解决了公共物品供给的问题，为操作规则的顺利运行提供了制度化的保障；另一方面在公共物品的维护方面，如积分超市的维护、管理员工资的发放等，可能面临被理性个体"搭便车"的问题。因此，赖村在进行垃圾治理的过程中，还自发形成了有效的监督和制裁规则。自筹资金和积分兑换使得村民利益和生活垃圾分类紧密地结合在一起。为了维护自身利益，村民会自发对邻里的垃圾分类进行监督，这降低了政府监督执行的难度。同时，村干部作为在基层与村民往来最多的干部群体，能及时有效地监督村民的垃圾分类行为，这同样在集体选择层面为操作规则的稳定运作提供了保障。

（五）启示和政策建议

1. 启示

（1）重视市场规则在公共治理中的作用

现代社会的公共治理越来越依赖于国家的纵向治理与社会的横向治理之间的协作。对于复杂问题的治理往往需要打破原有的纵向治理架构，这样才能实现公共治理的目标。在现代市场经济中，社会的横向治理大部分需要依赖市场规则，因此将市场规则应用于公共治理，不但可以在很大程度上分担政府的治理成本，还有可能实现"扭亏为盈"的优化效果。因此，在现代市场经济社会的公共治理中，应当充分重视市场规则在公共治理中的作用。

（2）因地制宜的制度设计是提升公共治理效能的重要手段

面对日益复杂且棘手的重大治理问题，提升治理效能的关键在于创建因地制宜的治理机制。目前我国公共治理面临生态环境保护与经济发展之间的矛盾，使得河流污染、生态破坏和乡村衰败等公共问题在我国多地频繁出现。不同地方的相同问题，可能面临不同的治理情境，需要不同的制度供给才能在"双向互动"中实现更好的治理效能。因此，为了更好地提升公共治理效能，应当根据地方实践，采取因地制宜的制度设计。

2. 政策建议

针对以上启示和赖村生活垃圾分类的成功经验，我们提出如下政策建议，以期为其他地区落实人居环境整治相关政策提供借鉴与参考。

（1）加强激励与监督，完善操作规则

操作规则的完善程度，直接决定了行为者的选择。赖村在推行生活垃圾分类之初虽然设置了操作规则，但并不涉及对村民生活垃圾分类行为的激励与乱扔垃圾行为的约束，导致操作规则形同虚设。但在积分超市及相关积分获取规则出台后，村民的生活垃圾分类行为与物质奖励直接挂钩，这在极大程度上影响了村民是否进行生活垃圾分类的选择，使得绝大多数村民积极主动地对生活垃圾进行分类。而积分获取规则在赋予巡查员监督村民垃圾分类权利的同时，其所拍照片也从程序上对巡查员的工作进行了监督，保证每位巡查员都能定时、定点、公正地完成每日的垃圾清运和积分核定工作。在赖村生活垃圾分类后期，激励规则和监督规则相辅相成，行之有效的监督规则保证了激励规则的公平性，而激励规则提高了监督规则的震慑力，使得监督规则不再是一纸空文。

（2）降低参与门槛，提高操作规则的可执行性

农村人居环境建设要充分考虑行为者的执行能力和接受能力。随着城镇化的不断推进，农村大量青壮年劳动力向城市迁徙，村庄老龄化程度不断加剧，老年人成为农村人居环境建设的主力军。贺州市在制定生活垃圾分类的具体操作规则时，考虑到村内老年人居多且接受能力普遍较弱，并未直接引进城市错综复杂的垃圾分类规则，而是因地制宜，推出了"二次四分法"，村民仅需识别可腐烂垃圾和不可腐烂垃圾，简单易行，能够让村里的老人小孩都参与到生活垃圾分类中来，规则可执行性极高。

（3）以奖代补，减轻政府财政压力

生态环境治理涉及主体众多，所需资金往往数额巨大，仅靠财政资金难以为继。贺州市采用"两筹两补"政策模式，虽其名为"补"，内核却是将原本用于补贴村庄保洁费的财政资金以奖励的方式下拨。村庄筹集多少政府奖励多少，多筹多得，少筹少得，不再按人头进行补贴，这就提高了村民参与筹资的意愿，有效缓解了公益性资金筹措难的问题，减轻了政府的财政压力。

（4）构建嵌套性规则体系，提升政策效能

当嵌套性规则体系中各层级的制度存在且能相互配合时，政策执行才能实现预期效果。贺州市赖村的案例在本质上体现了公共治理中构成制度的各个组成部分之间的相互关系，以及不同关系对政策执行效果的影响。在传统模式中，虽然各层级规则均存在，但已有的集体选择规则与操作规则并不契合，集体选择规则无法保障下一层次操作规则的有效实施，导致出现"有政策无效果"的问题。但在赖村生活垃圾分类"二次四分法"中，集体选择层面的"两筹两补"政策为操作规则的实施提供了财政保障，而操作规则层面则引

入积分超市模式，试图通过市场机制来为村民执行政策提供激励，二者相辅相成、相互促进，使得生活垃圾分类得到有效推行。

 案例点评

治理好乡村人居环境是建设宜居宜业和美乡村的基础和前提。然而，乡村人居环境是典型的公共事物，只有组织有效的集体行动才能实现其充分供给。本案例以生活垃圾分类为例，呈现了乡村人居环境治理集体行动从弱到强的发展过程。案例分析相关内容表明了形成良好的制度是促进集体行动的关键，并通过制度分析框架呈现了制度设计影响集体行动的过程。从案例分析中可以看到，集体行动从弱到强的发展过程，实际上就是制度变迁的结果。同时，基于制度分析框架我们能够发现，只有整体结构完整、规则互动有效的制度体系，才能促进乡村人居环境集体行动的形成，才能让乡村居民愿意去做生活垃圾分类这类事。

第二章 "小财政"何以解决环境治理大问题?
——以广西壮族自治区玉林市福绵区河流污染治理为例①

 案例导入

农村人居环境整治是实现乡村振兴的重要内容。农村居民为了追求自身利益最大化和生产生活成本最小化,更倾向于向公共环境中直接排放粪污和生活垃圾,这造成了农村人居环境的"公地悲剧"。广西壮族自治区玉林市福绵区作为以生猪养殖为主要特色的西部欠发达地区,粪污直排曾经是破坏农村人居环境的主要因素。捉襟见肘的公共财政如何应对耗财耗力的环境治理,是福绵区在治理农村人居环境过程中面临的主要挑战。经过多年的探索实践,福绵区政府提出了"堵源头、重收纳、巧还田"策略,以政府财政的小成本,实现了粪污治理的市场化运作,从而解决了环境污染的大问题。本案例运用嵌套性规则体系,结合中国特色社会主义市场经济理论,探索福绵区小"财"大用的成功之路,呈现了中国情境下"政府+市场"的共同管理模式在解决公共治理问题时所具有的良好效力。

第一节 案例故事

一 引言

2021年3月11日,十三届全国人大四次会议表决通过《中华人民共和国国民经济和社会发展第十四个五年规划和2035年远景目标纲要》(以下简称"十四五"规划)。"十四

---

① 案例团队:烩面呼叫胡辣汤。指导教师:苏毅清;团队成员:张诗斐、邱亚彪、李睿、李前、莫肯卓。

五"规划将生态宜居摆在了实施乡村振兴战略的重要位置，明确要求实施乡村建设行动，优化生产生活生态空间，持续改善村容村貌和人居环境，建设美丽宜居乡村。"十四五"规划将深入开展污染防治行动作为实现生态宜居的重要手段，明确提出坚持源头防治、综合施策，强化多污染物协同控制和区域协同治理，化学需氧量和氨氮排放总量分别下降8%，推进美丽河湖保护与建设，基本消除劣Ⅴ类国控断面和城市黑臭水体。可以看到，"十四五"规划将生态环境治理作为实现乡村振兴的重要基础保障，将生态环境作为决定城乡功能差异的核心因素。

但是，在当前实现乡村生态文明、保护乡村绿水青山的实践过程中，地方公共部门常常面临巨大的财政压力，出现了"小财政"与"大治理"之间的矛盾。具体而言，一方面，在我国，生态资源丰富的地区往往也是经济社会发展相对落后的地区，财政能力普遍呈现为"吃饭财政"的"小财政"；另一方面，生态环境作为一种公共物品，需要政府进行大量的资源投入来供给，属于耗资耗力的"大治理"。客观存在的"小财政"与急需解决的"大治理"之间的矛盾，使得许多经济欠发达地区的公共部门在实施公共政策的过程中往往陷入小财政的"紧张"与大治理的"紧迫"所造成的两难境地。这不仅严重影响了许多县域和乡村地区生态环境治理的成效，还威胁到农业与农民的生存与发展。本案例围绕西部地区的乡村如何通过"小财政"解决"大治理"的现实问题，借助组合IAD-SES框架和嵌套性规则体系，剖析了广西壮族自治区玉林市福绵区治理养殖粪污的过程，探讨了如何通过客观存在的"小财政"来实现生态环境的"大治理"这一重要问题。

二 越治越污的母亲河

福绵区隶属广西壮族自治区玉林市，行政区域面积829平方千米，地区经济发展水平较低。2020年，广西壮族自治区县级行政区平均财政收入水平为25.23亿元，玉林市内县级行政区平均财政收入水平为20.51亿元，而福绵区全区财政收入仅为5.55亿元，刚达到广西壮族自治区县级行政区平均财政收入的五分之一、玉林市内县级行政区平均财政收入的四分之一，处在全市垫底位置。多年来，福绵区的财政一直处于发完公务员的工资就所剩无几的状态，当地的公务人员经常对外笑称福绵区的财政为"吃饭财政"。有限的财政能力使得福绵区在面临河流污染等跨乡镇、全县域的环境治理问题时，常常左右为难、力不从心。

南流江是玉林市人民的母亲河，其干流和6条主要支流覆盖了福绵区全境。在2015年之前，囿于成本最小化的市场思维以及"重发展、轻治理"的思路，当地人在发展经济的过程中竞相向南流江中排放未经处理的工业废水和牲畜粪便，导致南流江陷入了过度污染的"公地悲剧"困境。虽然当地通过"公园式"手段较好地解决了工业废水污染问题，但客观存在的生猪小、散养殖情况使得同样的方法并不能有效解决牲畜粪便污染问题。2017年，南流江在福绵区段的水质由2016年的Ⅲ类恶化为劣Ⅴ类，

数字资源2-1
南流江在
福绵区的流域

2017年1月至12月，南流江流域横塘断面为劣Ⅴ类水质，与2016年同期相比，水质均下降两个级别，原本清澈的江水变得污臭难忍。

2015年4月16日，国务院颁布了《水污染防治行动计划》（又称"水十条"）。该计划明确指出，推进农业农村污染防治，防治畜禽养殖污染，科学划定畜禽养殖禁养区，2017年底前，依法关闭或搬迁禁养区内的畜禽养殖场（小区）和养殖专业户。"水十条"出台后，福绵区政府迅速行动起来，采取"双清双拆"工作举措，依法将南流江沿线200米内划定为禁养区，将南流江沿线200~1000米划定为限养区。禁养区内所有养殖场一律清拆，限养区不再批准现有养殖场扩建和新养殖场进入。

在"双清双拆"政策下，原禁养区的养殖户不仅失去了生计来源，投资建猪场的钱也打了水漂。虽然政府会根据清拆养殖场的养殖情况给予一定的数额补贴，但远远不能弥补养殖户的损失。一方面，出于生态考虑，政府严格执行政策，任何规模的养殖场都必须清拆，禁养区一头生猪也不允许饲养；另一方面，相较于外出打工，生猪养殖门槛低、利润高、离家近，是许多农户的主要生计来源。因此，生态环境要求和民众生计需求的矛盾难以调和，清拆过程中政府执法人员与农户冲突频发。

> "水十条"出来之后，干流支流200米以内不让有污染源，我们叫养殖户过来开会，挨家挨户宣传政策文件，不让他们把粪污直接冲进江里。可他们不听啊！我们就只能强行拆除了。上次村口的刘大娘家花十多万在南流江边新建了猪场，死活不让拆，直接把家里70岁的老母亲抬到猪场门口。我们怎么劝都没用，让她儿子过来。结果她儿子还在一旁帮腔，说没了猪就是没了钱。最后我也没有办法，在保证老人不出意外的情况下，给他们家补了些钱，带队拎着锄头、锤子把他们家的猪场给拆了。【N12021629】

> 上级领导说让全面清拆猪圈，我们这些人有什么办法？只能硬着头皮干了！上次我去劝那个蛮横的张大爷，刚说了两句，他就不乐意了，又打又赶，拿猪粪泼我，追着骂，别提骂得多难听了，我身上的猪粪味儿几天都没洗掉。【C12021629】

但是，严格的划区政策并未取得预期的效果。限养区内虽然禁止了现有养殖场的扩建和新养殖场的进入，但由于养殖户数量多、分布散，难以实时监控限养区内养殖户的养殖动态。同时，由于猪肉价格上涨，放养区内生猪养殖数量增加，使得"双清双拆"后福绵区生猪养殖总数不降反增。在2016年和2017年进行了两年的清拆、关停之后，2018年的第一季度，南流江干流在玉林市境内水质全线下降至劣Ⅴ类，玉林市相关部门也因南流江遭到污染被生态环境部约谈。

三 政策制定

2018年7月，中央的点名批评使得福绵区委肇书记（化名）焦头烂额，连夜召集各部门领导开会，反思工作。

> 我们这次在全国人民面前可真是"出大名"了，连《焦点访谈》都上了，被

中央生态环境保护督察组点名批评。水质监测显示我们南流江的水是无生态功能的劣Ⅴ类，意思就是别人那儿的水哪怕再脏再差，也有一些微生物能存活，而我们南流江的水能把微生物都毒死。咱们下面的北海都跑到自治区政府那儿告我们了，说我们的水破坏了人家的环境，这是我们各部门的清拆工作没有落实到位么？【SJ12021630】

各单位负责人纷纷表示"双清双拆"项目的推进确实困难重重。农业主管部门负责人表示："2016年禁养区养殖场清拆补贴为每平方米80～230元，补贴资金全部来自广西壮族自治区、玉林市南流江污染整治专项资金。但这笔钱在2016年底就用完了，我们本级的财政资金又很困难，筹不到钱，只好在2017年改了补贴标准，不再对清拆的养殖场进行补贴。养殖户当然不乐意，天天上访，闹到纪委都来查我们了。"【N12021629】乡镇负责人表示："我们这些基层工作人员要人没人，要物没物，推进工作可太难了。就咱们这儿最大的那个养殖场，给钱让搬都不搬，嫌钱少。其实说白了，为什么清拆工作这么难推进，大家这么抵触？不还是没钱！财政本来就穷，补贴补到位，再把猪场拆了，肯定是雪上加霜了。"【Z12021629】

听到各单位负责人都在诉苦，肇书记更加生气了："现在的情况是，禁养区的猪场确实是按时清拆了，但禁养区之外养殖的生猪数量越来越多。生态环境部约谈我们党委几个领导和政府主要负责同志，说咱们没有从讲政治的高度对待中央生态环境保护督察组的整改工作。财政穷不是理由，必须商量出对策！"【SJ12021630】

为了解决南流江粪污污染问题，肇书记专门指派了具有扎实畜牧知识基础和实践经验的水产畜牧兽医局徐副局长，来牵头解决福绵区的养殖粪污污染问题。

徐副局长在接到任务后，迅速对其他地区已有的养殖粪污治理经验进行了梳理。

咱们隔壁B县也是生猪养殖大县，粪污问题严重，和咱们是难兄难弟。他们那边现在强制将所有养猪场的排污口堵住，不让直接排出去。但强制堵住排污口之后，养猪户没有办法处理猪粪，还是会偷偷地排。之前还听说L县那边与第三方公司合作，由第三方公司来回收猪粪并将粪肥卖出去。不过L县第三方公司也不是很可行，最后因为粪肥卖不出去，不肯再干了。【SX12021630】

现有的各个方案都存在缺陷，要么只管堵不管疏，要么想到对粪污进行资源化利用却找不到粪肥买家。有没有能够集合各方优点的方案呢？肇书记希望能在已有方案的基础上扬长避短，既能通过强制截污来避免粪污直排破坏环境，又能通过粪污资源化利用来消纳养殖户无法排出的猪粪，还能够兼顾养殖户的生计。

这时，樟木镇负责人梁书记找上了肇书记，表示他们镇有一个也许能够提供参考的模式。

我们镇莘鸣村香蕉种植合作社的庞社长非常有经济头脑，他的合作社是玉林市第一个注册开办的合作社。近几年，庞社长牵头新成立了一个绿新保合作社，主要就是把他自己猪场发酵好的猪粪运到自己的香蕉地里，偶尔也帮其他种植户拉点沼液过去浇地。一车收两百，生意还不错。【SX12021114】

樟木镇梁书记的话引起了肇书记的兴趣。肇书记当即带领大家直奔莘鸣村进行实地考察，看看这个乡村能人庞社长究竟是如何妥善处理养殖粪污的。经庞社长介绍，他首先将养猪场的粪污排到化粪池，在池内加入益生菌促进粪污发酵，形成沼液；再用合作社的运粪车将发酵好的沼液从化粪池抽出，运输到需要沼液的田边，并通过电泵将其喷到田中。

　　通过对庞社长粪污治理模式的考察，福绵区相关领导将其总结为"截污—建池—收运—还田"模式。"截污"是指封堵养殖场粪污直排口，以截断粪污污染源。"建池"是指按照相关标准建造收纳粪污沼液的场所，使得无法直排入河流的粪污有处可去。"收运"是指将发酵好的沼液从养殖户的化粪池中抽出，避免化粪池中的粪水积满溢出，污染径流。这一步是连接沼液生产和沼液消纳的重要环节。"还田"是指将从养殖户粪污池运来的沼液喷施到种植户的作物上，以彻底消纳粪污。

　　从对"截污—建池—收运—还田"模式的分析来看，这确实是一个将粪污资源化利用、变废为宝的好模式。但是，之前这个模式只在樟木镇的几个农户之间运作过，能否将这个模式推广到整个福绵区，依然是个疑问。"道阻且长，行则将至。"既然有了可行的路子，福绵区相关领导决定按照这个模式大胆探索、大胆前进。

四　政策执行

（一）数猪

　　"截污—建池—收运—还田"模式实施时遇到的第一个"拦路虎"是"对谁进行治理"，即谁才是政策的目标人群。

　　一方面，福绵区财政并不富裕，能划拨到养殖污染治理的预算极为有限；另一方面，福绵区生猪小散养殖户遍地开花，3000多家养殖场分布在全区各个乡镇，对其实施全面治理需要耗费大量的治理资源。这样看来，在新形势新要求下，用有限的人力、物力、财力来治理"遍地开花"的养殖污染问题似乎成为不可能完成的任务。

> 　　每年本级财政拨给农村环境治理的运营费用只有二三十万元，还基本都是用于农村生活垃圾的处理。我们禽畜污染治理的费用全靠上级政府的专项拨款。专项拨款用完之后，靠我们自己的财政部门来筹措资金基本不可能。而且养殖场到处分布，我们人手不够，很难对每一家养殖场都进行监督。【SX12021114】

　　在纷繁复杂的现实问题面前，徐副局长提出："唯有'精准定位政策目标群体，分类施策开展指导工作'才是在有限的财政下保证治理成效的良方。但要确定政策的目标群体、抓住养殖污染治理中矛盾的主要方面，就必须了解清楚全区每个养殖户的养殖情况，了解他们一共养了多少头猪，尤其是母猪有多少、小猪有多少。"【SX12021630】因此，数猪就成了开展分类施策的前提。

　　数猪工作的难点，不在于挨家挨户地数数，而在于到底应该以什么标准来数。因为在数猪工作最开始实施的时候，环保局和畜牧局相关人员一直为统计"出栏量"还是统计

"存栏量"的问题争论不休。环保局相关人员要求要按照存栏量数猪，希望畜牧局给出存栏数以便制定后续的治理方案；但畜牧局历来的统计指标都是出栏量，因此畜牧局给环保局的回复是"只能提供出栏量数据，存栏量的统计不在自己工作范围之内"。

就这样，关于"存栏量"还是"出栏量"的"官司"一直打到了徐副局长的案头。在考察了福绵区的实际情况后，徐副局长发现，国家要求统计的"出栏量"标准并不适用于当时的福绵区。

> 出栏量考虑的是事后治理，在逻辑上默认养殖户的出栏量等同于养殖量，只要治理了依据出栏量测算出来的污染量就万事大吉了。而这样导致的问题是只有成年的肉猪才会被算进出栏量，母猪和流转率高的小猪所产生的粪污就被遗漏了。【SX12021114】

而如果用存栏量来统计污染量，便可以精准测算整个福绵区未来产生的粪污量，由此就能够针对福绵区的养殖污染同时开展"治"和"防"工作，破解以往一直遭遇的污染越治理越严重的困局。从事畜牧工作的同志也常常反映，出栏量很难统计得准确，相反，对于存栏量的统计却十分便捷且准确。

> 如果把猪场的猪比作口袋里的钱，那么就像我们自己花钱一样，你很难弄清楚自己这个月花了多少钱。即使你有账本，如果你哪天花了几块、几毛钱没有记，这就算不清楚了。但是如果我问你，你现在口袋里有多少钱，你肯定知道，或者马上就能数出来。所以我一直认为只有用存栏量来测算污染才能准确，就是这个道理。【SX12021630】

因此，徐副局长认为用存栏量来测算污染才是打开南流江污染治理困局的钥匙。为了使参与治理各个部门能够在统一的统计口径下开展有效合作，徐副局长在肇书记的支持下，先后与广西壮族自治区农业农村厅的相关负责人、玉林市级相关部门进行沟通协商，最终确定以存栏量来代替各级文件中用作参数的出栏量，来统计生猪数量和测算养殖污染量。

通过精准排查，福绵区发现全区3602家养殖户中，养殖规模在10头以下的小微养殖户占比高达40.42%，共1456家，但这1456家养殖户养殖规模在10头以下的小微养殖场的存栏量只占福绵区总存栏量的1.62%，其产生的养殖粪污几乎可以忽略不计，因此无须再向这部分养殖户投入太多的治理资源。

在排除了约40%的小微养殖户后，徐副局长带领技术指导队伍，进一步将福绵区10头以上的养殖场户划分为10~199头的中小养殖场以及200头以上的规模场。如此划分的依据如下：根据福绵区当地的管理经验，200头以上的养殖场一般都配备了粪污处理设施，而且数量不多，比较好监管；而养殖规模为10~199头的中小养殖户基本上没有成熟的管理技术，也无法装配粪污处理设施，因此基本不具备粪污自主处理的能力。在财政能力有限的情况下，福绵区政府抓住养殖污染治理中的主要矛盾，通过精准排查，将治理主体锁定在养殖规模为10~199头的小散养殖户身上，将需要治理的养殖场数量从3602户降低到了1910户，大大减轻了政府的财政压力。

肇书记看到这样的统计结果，非常高兴，嘟囔着：把猪数清楚之后，不仅省下了政府的人力和财力，而且部分老百姓的生计得到了保障，农户上访、举报、威胁等问题也得以解决，我们开展治理的阻力也变小了。【SJ12021630】

（二）监督

解决了"对谁进行治理"的问题后，随之而来的就是"谁来治理"的问题。监督各养殖户、封堵排污口的工作，任务繁重且极易和群众产生冲突，这个"吃力不讨好"的活谁都不愿意干。

环保局相关负责人说："我们环保局只管污水，只管你的猪粪有没有排到南流江。只要你不排，我管你养猪场的排污口堵不堵，养猪场截污那是水产畜牧兽医局的事。"【N12021629】但水产畜牧兽医局相关负责人推脱道："截污建池的目的是治理南流江，污水防治难道不归你们环保局管吗？"【SX12021114】县政府相关负责人认为，养猪场基本都在乡镇，由乡镇村级政府工作人员来执法最为合适。但乡镇村级工作人员则表示自己没有相关执法权，执法时农户根本就不听。

各职能部门相关负责人相互推诿，都指望有相关规定证明自己只负责某一部分，治污是其他部门的工作范围，一时之间"公说公有理，婆说婆有理"。肇书记对此很是头疼，再次找来徐副局长商量："你在水产畜牧兽医局工作，本身对这一块的法律法规比较了解。既然大家都爱找法律依据，那你也去找具体的执法条文，看有没有什么办法来统筹推进各部门的治污工作。"【SX12021114】

接到肇书记的指示，徐副局长立刻对大量的环保、畜牧等行业相关的法律法规进行了梳理分类，并将这些法律法规分为国家级、地方级（广西壮族自治区）。在找出与粪污治理相关的具体法律条文后，徐副局长将其摘录成册，递交给了肇书记作决策依据。肇书记拿到小册子后立刻通知各职能部门和乡镇领导开会。在会上肇书记拿着小册子说："你们一直说没有依据，没有法律法规。今天给你们找来，哪个部门该执行什么职责，乡镇该做好哪些工作，就按照这个先把活干了。"【SX12021114】

各职能部门和乡镇领导看到明确的法律法规，终于不再相互推诿，开始依法分工，各行其责，统一行动，投入到治理工作中。肇书记还亲自挂帅建立了镇级监督巡查机制，促使包村干部、村支书、包片干部多次巡查，并将监督工作与绩效评估挂钩，"村干部要反复去数猪，数不好、作假的话就要被监督巡查组叫去谈话，我们村干部也要挨批。"【C12021629】此外，肇书记还牵头建立了整改达标的村委验收机制，如果村委验收未能通过，就不能继续开展养殖工作。

（三）建池

有"堵"就有"储"，有了"截污"就必须建池，但建池标准、建池方法、建池成本也是个大难题。

建池其实在这个生猪养殖大县并不是什么新鲜事物，在很早以前，小散养殖户为了用沼液淋菜，会挖一些土坑来储存粪污。但是这种简陋的土坑通常容量过小，且粪污会通过土壤渗入地下，随着雨水一起流入南流江；而大型规模场用水泥建的三级化粪池，虽然发酵效果好、防渗性强、环境污染低，但成本高昂，并不是小散养殖户可以承担的。因此在建池初期，大家发现粪污收储的效益和成本似乎并不可兼得。

在堵完口、截完污后，由于财政能力有限，福绵区无法通过财政资金来给予农户建池补贴。同时，仔细研究 B 县花了千万元都没有解决建池问题的原因后，肇书记和徐副局长认为，还是需要依靠农户来完成建池的任务。那么，解决问题的关键就在于怎样建池才能在保证不危害生态环境的前提下减轻农户负担。这个问题一直在徐副局长脑中盘旋。

在翻阅了沼气池、储肥池等的建设标准，并查看了大量建池工艺和建池实例后，徐副局长推出了两种建池方法：一种是"砖+水泥"，35 立方米成本约为 10500 元，有防雨和雨污分流设计，不仅发酵效果好，而且防水、防渗、耐腐蚀，使用寿命长达 20 年；另一种是"软体防渗膜"，30 立方米成本不到 2000 元，这个成本养殖户能承受得起，但缺点是使用寿命短，并且需要科学选址、防火防刺，避免因软体防渗膜破裂导致粪污泄漏。同时，为了进一步提高建池水平、降低成本，区政府还实行三级包联监督整改制度，编发建池指导手册，由技术人员全程指导，整村推进建池工作。

> 以前用水泥池，他们嫌花钱太多，然后我们教他改造，用那种塑料布的，一层布一个坑，上面简单盖一下就能有很好的效果。【N12021629】

各个村庄也群策群力，想方设法来降低农户的建池费用。

> "有的农户不愿意去建蓄粪池，我们就组织大家一起商量怎么帮助他们去把这个池子给建起来。大家商量的结果是，如果有几户农户都需要建池，我们村集体就帮忙找一辆挖掘机来帮大家挖坑。因为找一辆挖掘机要一千多块钱，5 户平分，每户 200 块钱，这样 200 块钱就把池子搞定了。"【N12021629】

（四）收运、还田

截污、建池完毕后，收运、还田就提上了日程，但收运由谁来收、还田又还给谁，成了急需解决的问题。

为了避免重蹈 L 县第三方公司无田可还的覆辙，福绵区委区政府充分吸取教训，打算以庞社长为榜样，将收运的重任交给熟悉本地养殖户、种植户情况的村庄经济能人，以打破养殖户和种植户的信息壁垒。但庞社长的合作社模式在福绵区推行得并不顺利，原因也很简单：由于区政府财政不充裕，肇书记想让大家自己买车来推动这个事情，但大家都不愿意自己出资购买运粪车。

庞社长回忆道："一辆运粪车要七八万元，还要加配一个吸水的机器以及至少 500 米的消防管，总投资有九万多块钱，太多了，这一下子谁也拿不出来。而且，运粪收的钱又不多，一车粪才收 200 元，其中大部分都用来给开车的人发工资了，还要交一部分到村集体。当时谁也不知道这个事情能够运行多久，所以大家都不愿意拿这么多钱去冒险。"【H12021112】

财政困难再次阻滞了政策的执行，政府工作人员和村庄经济能人之间来回拉扯：补贴少了，村庄经济能人不愿意，因为前期投入过高，个人难以负担，同时收运利润低、风险大，投入成本难以收回；补贴多了，本级财政能力有限，实在没有太多的资金投入到粪污治理的"收运"环节。肇书记内心十分焦急，没想到阻拦这"万里长征"最后一步的，依然是财政不足的问题。

这时，与会的庞社长提出："买车负担太大了，十几万块钱对谁来说都不是小数目。只要政府愿意出车子，其他的工作包括建立转运合作社、联系种植户和养殖户等，我们都能自己做起来。毕竟现在大家对沼液还是有需求的，只要有车，其他的事情其实都好说。"【H22021629】

庞社长的话让肇书记对事情的推进有了准数。虽然福绵区本级财政困难，但南流江的粪污治理是头等大事，必须特事特办，没有条件也要创造条件。很快，肇书记力排众议，将其他能用的项目资金全部汇集到南流江治理的财政资金池中，用于帮助粪污转运合作社开展运行工作。

我们将2018年给福绵区用于乡村建设的项目资金统筹调配到一起，一共300万元，全部用来给合作社购买运粪车。这些车子我们政府免费给合作社使用，降低他们的成本。当然，前提是合作社只用它来运粪。如果我们发现这些车子被用在其他方面，就会马上收回车子。【SX12021114】

300万元购买的25辆收运车到位后，福绵区的粪污转运合作社在一个月之内如雨后春笋般涌现。每个合作社的服务范围为周边10千米的种植户和养殖户。这些合作社交织的服务网络基本覆盖了整个福绵区。

在充分考虑福绵区广泛种植果蔬的现状和山地林立的地理特征后，福绵区制定了"以经济作物为主、以农作物为辅、以林业为补充"的总体思路，配合粪污资源化利用的工作。由于作物能快速吸收沼液，沼液在促进作物生长上具有良好的速效性，同时还能克服化肥容易导致土壤板结的缺点，因此广受广大种植户的欢迎，形成了规模较大的沼液市场需求。

天气干旱的时候，只想要合作社快一点拉多一点，一直拉一直拉，不管有多少，我们都要，像我们种植户有时候一个月都抢不上一车。【ZZ12021113】

五 政策绩效

"截污—建池—收运—还田"模式实施后，福绵区不再划分禁养区、限养区和放养区，而是将限养区和放养区合二为一，统称非禁养区。在非禁养区，只要按标准截污、建池，就可以不受限制地进行生猪养殖，这有力地解决了农户在生态政策压力下的生计难问题。福绵区养殖户何大姐高兴地打电话给B县的亲戚："我们这里政策好啊，只要建池就可以养猪了，想养多少养多少，如果你们那边还是不允许养，不如来我们这里试一试呀！"【Y12021629】

在采用"截污—建池—收运—还田"模式进行粪污资源化利用之后，南流江福绵区支流 6 个监测断面水质从 2018 年第一季度的 5 个超标，变为 5 个达标，污染因子浓度也逐月下降。其中，2018 年 11 月，水质首次达到 II 类水的标准，显示出福绵区南流江污染治理的明显成效。

如今的南流江，鱼虾又回来了，水清岸绿的样子让沿岸居民又不由得对美好生活心生向往，很多人没想到还能在有生之年看到南流江清新秀丽的模样。福绵区园博园里，李大爷一边沿着南流江慢跑一边说："太好了，南流江没那么臭了，终于又可以在南流江边散步、呼吸新鲜空气了！"【J12021629】

福绵区的治理成效不仅得到了当地居民的一致称赞，在周围各县市中也是独领风骚。邻近县市在整县推进粪污治理中财政投入巨大，例如 B 县花费 3650 万元，L 县花费 4500 万元，X 县花费 4500 万元，而福绵区仅花费 300 万元就有效解决了南流江的粪污污染问题，真正实现了用"小财政"撬动"大治理"的壮举。

第二节 案例分析

一 案例摘要

玉林市福绵区的生猪养殖具有小、散的特征。长期以来，这些小散养殖户都是将粪污直排到南流江中。为了对南流江进行污染治理，福绵区政府从 2016 年开始，认真执行国家《水污染防治行动计划》的相关规定，即将河流主干 200 米以内划定为禁养区，并对需要拆除或搬迁的养殖户给予一定的补贴。然而，在福绵区财政紧缺、国家财政支持力度有限的情况下，福绵区难以满足这种巨大的、持续性的补贴需求，陷入了"小财政"与"大治理"的困境。在这种情况下，福绵区委区政府积极改变策略，制定并执行了"截污—建池—收运—还田"的粪污资源化利用治理模式，将本来需要治理的粪污变为有价值的粪肥，不但保证了养殖户的生计，而且使得当地的种植户以较低的价格获得有机肥料，提升了农作物的质量。为了保证这一模式的顺利运行和推广，福绵区基于"精准定位、分类施策"的治理思路，形成了"政府＋市场"的共同管理模式，最终以较低的财政成本解决了生猪养殖与环境保护之间的矛盾，使得南流江的水质由原来的劣 V 类，迅速变为 III 类水，达到了国家的环保要求。

二　南流江环境治理经历了怎样的动态变迁

公共池塘资源在资源系统的使用上具有非排他性，在资源单位的获取上具有竞争性（Ostrom，1990）。其中，非排他性决定了无法低成本地将潜在用户排除在外，理性经济人为降低成本竞相向资源系统中排放污染物，容易使河流等公共资源陷入"公地悲剧"（Hardin，1968）。南流江污染是典型的"公地悲剧"问题，需要因地制宜的制度设计来进行治理，而制度就是一套可以不断重复的规则（Ostrom，2005）。有效的"公地悲剧"治理模式，都以符合当地社会和环境条件的制度来控制公共池塘资源的非排他性，使资源能够得到合理使用（Araral，2014）。

组合 IAD-SES 框架（见图 2-1）融合第二代集体行动理论两大分析框架的特点，可对社会生态系统进行动态诊断。其中，制度分析与发展（IAD）框架呈现动态过程，但对生物的物理属性关注不足；而社会生态系统框架（SES）突出生物的物理属性，但研究状态时关注的是静态时间点。将模糊动态的 IAD 框架和精细静态的 SES 框架相结合所得到的组合 IAD-SES 框架，不仅能够识别和诊断社会生态系统中复杂因素对制度的作用过程，还能动态地呈现制度结果（Cole et al.，2019）。下文将围绕行动情境中监督、制裁、供给、占用这四大规则的变化，运用组合 IAD-SES 框架分析南流江治理制度的变迁及政策效果。

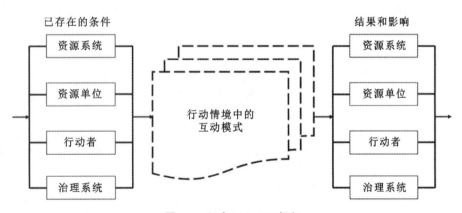

图 2-1　组合 IAD-SES 框架

玉林市福绵区传统养殖的小散户居多，分布在南流江周边。作为公共池塘资源的南流江，其跨越的行政区域相当广，使得其无法低成本地将潜在的使用者排除在外，即无法低成本地将小散养殖户排除在外，或无法监督粪污直排行为。养殖户为降低成本直排粪污入江，致使南流江超出其生态自净能力，水质严重污染，最终使得南流江陷入"公地悲剧"。南流江治理根据政府干预和农民生计水平可分为市场主导的"不管不顾"时期、政府主导的"一刀切"时期和"截污—建池—收运—还田"时期（见图 2-2）。

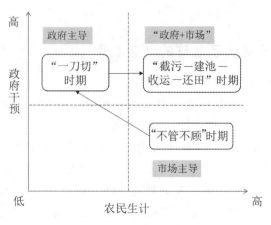

图 2-2 南流江治理的三大阶段

(一)市场主导的"不管不顾"时期

2016 年前后,猪肉市场价格一路走高,福绵区农户大量进入生猪养殖业。如图 2-3 所示,2016 年之前,福绵区政府未形成养殖和污染治理制度规则(GS),养殖户粪污直排行为没有相应的管理规范。养殖户出于生计考量,为降低养殖成本,将养殖粪污直接排入南流江(AY3-a)。政府为发展工业和养殖业,没有对小散养殖行业进行环保方面的干预,此阶段生猪养殖完全由市场主导,所以养殖户竞相以最廉价的水冲形式直接将粪污排入南流江。由此,虽然养殖户生计不断改善,但政府治理系统的低干预导致南流江水质持续恶化(RU2-a)。

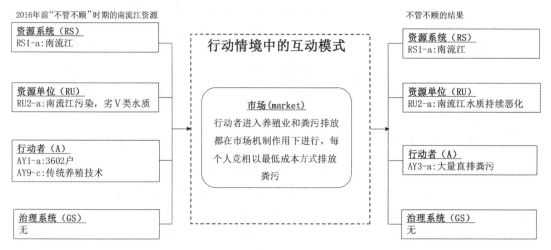

图 2-3 市场主导的"不管不顾"时期的南流江治理

(二)政府主导的"一刀切"时期

如图 2-4 所示,南流江(RS1-a)福绵区流域内生猪养殖"量大、面广、分散、零小"

(AY1-a),并且大多采用传统养殖技术(AY9-c)的小散户,过量粪污直排入江,河流丧失自净功能,导致水质污染严重(RU2-a)。2018年,宪制规则层面出台"水十条",福绵区政府以"一刀切"的集体选择规则施加干预。禁养区全部清拆,限养区不能扩大养殖规模(GS5-a)。在政府主导的"一刀切"时期,政府自上而下地监督执行猪场清拆工作,消耗补偿款1300万元(GS6-a),完成操作规则层面的清拆工作。然而这种制度并没有解决污染问题,原因在于:一方面,小散养殖户基数大(AY1-a),限养区、放养区的粪污仍会通过生态的水循环进入南流江(AY3-a);另一方面,"一刀切"的划区制度缺乏细化标准,忽略了禁养区、限养区的农民生计问题,产生利益冲突(CS)。同时,惩罚机制和信息不完全使得限养区的养殖户不清楚养殖量超标与否,村民对政府的信任度直线下降(AY6-b)。

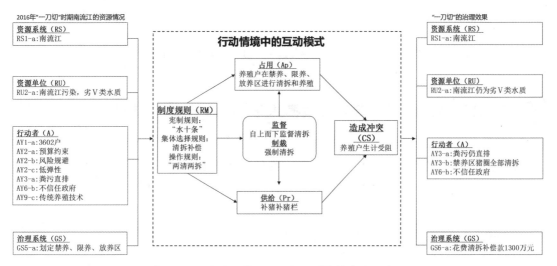

图 2-4　政府主导的"一刀切"时期的南流江治理

(三)"截污—建池—收运—还田"时期

如图 2-5 所示,2018 年福绵区将治污重点放在中小散养殖户(GS6-a)身上,以"截污—建池—收运—还田"的制度规则(RM)推进治理。首先,截污从源头阻断粪污入江(RS1-a),政府对建池工作进行监督和指导,界定粪污产权(GS4-a)。政府完善三级执法体系(GS3-a),以上下联动的方式监督养殖户养猪、储粪、消粪的过程(AY8-a),以罚款和拘留作为排污制裁手段,排污得以控制。其次,粪污收运组织(GS2-a)在种植户和养殖户之间提供粪污转运服务,沼液提升作物质量(AZ8-a),由此种植户对沼液产生了大量需求(AZ2-a)。养殖户为尽快处理粪污,低价出售沼液给种植户,增进彼此信任互惠(AY6-a)。"截污—建池—收运—还田"制度规则以低财政投入获得良好治污成效的同时,也促使政府、养殖户、种植户和合作社形成利益共同体,政府赢得了农户的赞誉和信任(AY6-b)。

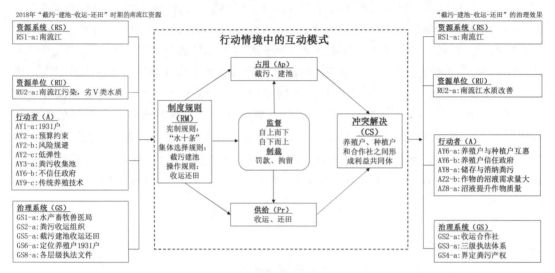

图 2-5 "截污—建池—收运—还田"时期的南流江治理

三 福绵区政府如何促进环境治理模式向"政府＋市场"转型

南流江的污染是典型的市场失灵问题，我们可运用公共经济学理论，对"截污—建池—收运—还田"模式如何促进政府与市场之间关系的转变进行分析。

（一）引导养殖污染的外部效应实现内部化

由于粪污直排行为带来的污染成本没有被纳入养殖户自身的成本，而是由社会被动承担，导致养殖户的私人边际净值与社会边际净值之间存在差异，因此生猪养殖户的粪污直排行为具有极为明显的负外部效应。"截污"禁止养殖户将粪污直排入南流江，转而通过建设粪污收集池储存猪粪。在这个过程中，政府引导养殖户自费建池，实际上是将养殖污染治理成本纳入养殖户私人边际成本，实现了生猪养殖户的个体成本与社会成本的协调一致，由此纠正了生猪养殖所产生的负外部效应问题。

（二）明晰粪污产权

"建池"解决了"粪污应该配置到哪里"的问题。在建池之前，由于粪污没有任何价值，使得人们选择将毫无价值的粪污"配置"到南流江中，即养殖户纷纷将粪污直排入南流江。在建池之后，粪污在养殖户自家的池中变为沼液资源，并使得养殖户获得了对沼液的产权，进而能够将沼液通过市场机制进行配置，即沼液经市场定价可进行买卖，并供给种植户来满足经济作物对沼液的需求。在这个过程中，养殖户、收运组织和种植户通过市场机制解决了"粪污应该配置到哪里"的问题，实现了粪污的合理利用和沼液的有效配置。

（三）供给市场运行所需的公共物品

政府通过为合作社购买运粪车的方式，实现了公共物品的有效供给，激活了"收运—还田"的市场机制，促进了市场对资源的优化配置。合作社在获得了运粪车这个可供整个合作社使用的公共资产后，在沼液的需求和供给的相互作用下，基于市场机制开展"收运—还田"工作。政府通过为合作社供给其运行所需的公共物品，激发了市场主体的能动性，而市场机制的稳定运行则大大降低了政府在操作层面的治理成本。

四 为什么"截污—建池—收运—还田"的模式能够成功

Ostrom（2005）认为，制度是具有层次的规则。本部分运用与第一章图1-1一致的嵌套性规则体系作为分析框架，探讨南流江治理是如何在"水十条"的宪制规则指导下，逐步形成地方政府主导的集体选择规则与市场主导的操作规则之间的适配，最终形成用"小财政"解决"大治理"问题的制度结果的。

"截污—建池—收运—还田"模式之所以能够取得成功，根本原因就在于实现了制度规则在不同层级上的匹配，达成了政府和市场在行动上的合作，即形成了"政府＋市场"的共同管理模式。

宪制规则层面的"水十条"，促使福绵区政府在集体选择规则层面进行"截污—建池"的制度设计。其中，生猪数据将治理对象精准地定位于规模占比最大的小散养殖户，通过缩小治理范围实现第一次成本缩减。之后，明确政府和农户职责，进行精准施策：一方面，政府监督截污，控制粪污直排，并提供作为公共物品的运粪车，降低参与主体进入粪污转运市场的风险；另一方面，养殖户根据养殖数量规划建池，明晰粪污产权，低成本完成粪污收集，并将粪污转化为具有经济价值的沼液。可以看到，在以"截污—建池"为主要内容的集体选择规则设计中，公共部门通过明晰产权和外部效应内部化，让更多的主体分担了治理成本。

政府主导的以"截污—建池"为主要内容的集体选择规则，决定了操作规则可以由市场机制来主导。一方面，产权的明晰使得粪污转为沼液后，种植户能够对沼液形成需求；而政府对运粪车等公共物品的提供，使得合作社能够完成对沼液的收运。由此，在市场机制作用下，种养联动的沼液消纳方式，促使种植户、养殖户和合作社实现利益共享。市场机制的一大特征就是能够自动在成本最小化的基础上实现对资源的有效配置，由此实现市场机制对操作规则的主导，大大降低政府的治理成本。

政府引导和市场机制的良性互动，促进了政府、养殖户、种植户、合作社等主体对南流江治理的参与，形成了"政府＋市场"共同管理模式。因此，通过嵌套性规则体系形成的"截污—建池—收运—还田"制度模式，实际上实现了作为集体选择规则的政府引导和作为操作规则的市场主导之间的适配，最终实现了粪污污染的低成本治理（见图2-6）。

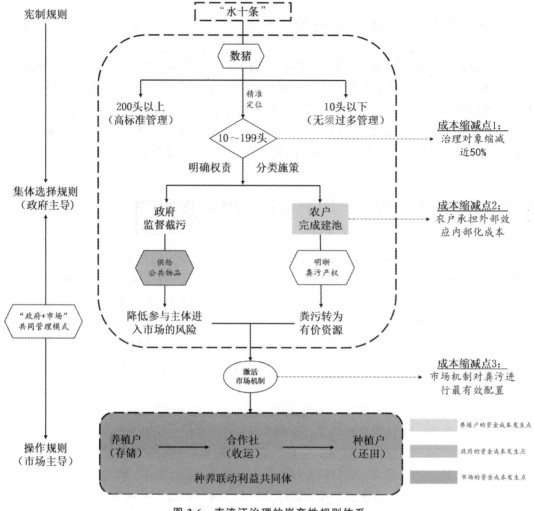

图 2-6 南流江治理的嵌套性规则体系

五 福绵区治理模式的特色及启示

（一）福绵区治理模式的特色

通过集体选择规则的设计，将市场机制作为操作规则引入制度体系，是福绵区用"小财政"实现"大治理"的关键，也是福绵区治理模式的最大特色。一方面，现有的实践模式多强调政府主导，并没有充分发挥市场机制的作用，比如福绵区相邻各县市的粪污污染治理工作都是政府全权推进，耗费巨大但成效不佳；另一方面，现有的公共事物治理理论多强调在政府和市场之外寻找优化治理的道路，而福绵区治理模式证明了"政府+市场"这种不超越政府和市场范畴的共同管理模式，同样能够取得成功。

(二) 案例启示

实现发展的关键是抓住事物的主要矛盾；而解决发展中的问题，根本在于准确把握矛盾的主要方面。在公共治理中，公共资源并非无限的，有限的资源供给往往要面对与之不相匹配的公共治理需求，这就需要以"精准识别、分类施策"来实现有限资源下的高效公共治理。精准识别即抓住事物的主要矛盾，分类施策则是对有限资源进行合理分配，在满足解决主要矛盾对资源的需求的基础上，为之后建立良好的制度规则打下坚实的基础，进而实现公共治理的效益最大化。

 案例点评

"小财政"与"大治理"之间的矛盾始终是欠发达地区在进行环境治理时面临的主要挑战。市场机制作为一种能够低成本地配置资源的途径，是缓解该矛盾的一个主要方案。然而，市场机制不能单独作用于环境治理，否则市场会陷入失灵状态。由此，如何让市场在环境治理中发挥其应有的作用就成为非常重要的问题。本案例向读者呈现了福绵区一步一步通过制度设计来激活市场机制的过程，并呈现了中国情境下"政府＋市场"的共同管理模式在解决公共治理问题时所具有的良好效力。具体来说，这包含两层含义，一方面，在环境治理中，政府的治理需要市场机制的支持，这样政府才能实现低成本的治理；另一方面，政府所设计的一系列制度规则，为市场扫除了诸如公共物品供给不足、负外部效应等可能导致市场失灵的障碍，由此激活了市场机制。

宜业乡村篇

乡村产业振兴

第三章 外扶内生终造血 荒地变成聚宝盆
——乡村振兴背景下南宁市武鸣区汉安村集体经济发展案例①

 案例导入

发展新型农村集体经济是全面推进乡村振兴的基本要求,也是实现农民共同富裕的重要路径。脱贫村发展新型农村集体经济的关键在于实现集体产业可持续发展,核心在于形成内生性村集体经济动力。南宁市武鸣区汉安村人均耕地资源少,农民增收靠外出务工,村集体资源匮乏,集体经济收入长期为零。在驻村"第一书记"的主导和协调下,闲散荒地被整合为草皮种植产业园,并通过后盾单位资源实现产业与外部市场的有效衔接,实现了村集体经济从无到有的突破。之后,在驻村"第一书记"的推动下,汉安村实现了村"两委"组织功能强化、村庄内生动力激发、村集体产业扩宽产品销路等,形塑了村集体经济内部治理结构,逐渐摆脱了对后盾单位的外部依赖,实现了集体经济发展由外部驱动向内生驱动转变,可持续性增强。本案例基于内生发展、参与式发展理论建构分析框架,系统分析了汉安村集体经济由外部援助向内生发展转型的过程,讨论了脱贫村内生性集体经济发展的可用资源和可行路径,以期为其他脱贫村集体经济发展提供借鉴。

第一节 案例故事

一 引言

2021年4月25日至27日,习近平总书记在广西考察时称,"全面推进乡村振兴,要

---

① 案例团队:勤思为王队。指导教师:覃志敏;团队成员:吕维清、王黎敏、陆静思、覃儒雅、覃晓蕾。

立足特色资源，坚持科技兴农，因地制宜发展乡村旅游、休闲农业等新产业新业态，贯通产加销，融合农文旅，推动乡村产业发展壮大，让农民更多分享产业增值收益"；习近平总书记还强调，"全面推进乡村振兴的深度、广度、难度都不亚于脱贫攻坚，决不能有任何喘口气、歇歇脚的想法"。2022年2月22日，指导"三农"工作的中央一号文件《中共中央 国务院关于做好2022年全面推进乡村振兴重点工作的意见》正式发布，明确提出"坚决守住不发生规模性返贫底线""聚焦产业促进乡村发展"等目标要求。

发展新型农村集体经济，既是全面推进乡村振兴的基本要求，也是实现农民共同富裕的重要路径。2012年起，南宁市秀山风景区管理委员会先后向武鸣区汉安村选派了几任驻村"第一书记"，为村里修了水泥大车路，安装了太阳能路灯，改善了一些民生设施，在一定程度上提升了村容村貌和部分硬件条件，但始终未能真正改变汉安村依靠外部持续"输血"的现状。在山清水秀、经济偏弱的广西，汉安村的这种情况并不罕见。

2016年，南宁市人民政府办公厅印发的《南宁市发展生产支持精准脱贫的实施方案》明确指出：贫困村要基本形成"一村一品"的产业发展格局，发展1个（或若干个）脱贫致富主导产业，培育农民专业合作组织1～2家，培养一批种养大户或经济能人；贫困户要有1项以上增收产业或1门以上增收技能。2018年3月，汉安村迎来了第四任驻村"第一书记"黄昊，面对村里当时的情况，黄昊决心想办法在"家门口"发展村集体经济。

政策有倾斜，驻村"第一书记"有想法，实现村集体经济从无到有的突破和后续高质量、可持续发展，成为汉安村不得不打且必须打赢的一场硬仗。

二 边陲北、大明山南，依山傍水少富安

大明山系广西地区有名的高山，其在方言中被称为"岜是"，最早记载大明山的古籍《太平寰宇记》把它音译为"博邪山"。在广西地区的方言中，"岜"意为"山"，"是"意为"祖宗神"。由于方言中习惯将修饰词后置，"岜是"实则为"是""岜"的组合，直译过来就是"祖宗神山"。数千年来，大明山美丽的山水孕育了奇特的文化。

在环大明山地区，广泛流传着"龙拜山"的神话故事。相传早年间的一个寒冬，一位壮族娅迈（方言中是"寡妇"的意思）外出挖野菜，看到路边有一条奄奄一息的"小蛇"快冻死了。娅迈于心不忍，将"小蛇"带回家后又是生火取暖，又是喂它食物。日子一天天过去，娅迈发现那条"小蛇"其实是龙。龙长大后，腾云驾雾地飞走了，但时不时带些果蔬、鱼虾之类的食物放在娅迈门前。娅迈年迈去世后，村里人正准备给她办丧事，突然风雨大作，一条大龙俯冲下来，将娅迈带到大明山安葬了。此后，每年的农历三月初三，大明山附近经常风雨交加。人们都说，大龙知道感恩，每年都要飞回大明山给母亲扫墓：大明山上常见的瀑布飞流直下，那是大龙为母亲挂上的素色挽幛；入夜时分，大明山上瀑布的流水声轰鸣不断，那是大龙在低声呼唤母亲。

这便是百越地区有名的龙母文化的起源，环大明山地区有民谣颂曰"三月三，龙拜山"，就是其文化传承的真实反映，蕴含中华孝道以及人与人、人与社会、人与自然和谐共处的精神内核。几千年来，住在环大明山地区的人们，也都热情淳朴、知恩图报。

武鸣区汉安村就坐落于大明山西侧山脚下，平均海拔约 230 米。该村辖那汉、那新、上户里、下户里、板甘、枯离、户兰、那里等 8 个自然屯，各屯散布在大明山自然风景区大门附近东西一线。市区至大明山必经之路 210 国道段由南至北贯穿村西侧，村内主干道为风景区大门至那里屯水泥公路，村内主要居住区之间均以水泥大车路相连，交通较为便利；村内由北向南分布东西走向主要河流 3 条、大小溪流数十条，均为大明山涧溪汇聚而成。

数字资源 3-1
大明山上随处可见的瀑布

广西属于亚热带季风气候，常年水量充沛、土壤肥沃。汉安村的主要农作物为桑树、八角、玉米，以传统农业为主，产业结构单一且不成规模，无龙头企业带动，村民经济来源以外出务工为主，村里经济始终发展不起来。全村共 777 户 2700 余人；村占地面积 1488.81 公顷，耕地面积 3270 亩（其中水田面积 830 亩）、人均耕地面积仅 1.2 亩。2015 年，该村精准识别建档立卡 65 分以下贫困户 72 户 237 人，贫困发生率接近 9%，主要致贫原因是缺资金、缺技术、缺劳力以及教育、疾病支出等。

数字资源 3-2
汉安村地理位置

2012 年 3 月，南宁市委组织部确定青秀山风景名胜旅游区管理委员会（以下简称青秀山风景区管委会）为汉安村的扶贫后盾单位；同年 4 月，青秀山风景区管委会向汉安村派出第一任驻村"第一书记"。截至 2018 年初，青秀山风景区管委会已陆续向汉安村派驻 3 任"第一书记"，先后捐资建设板甘屯三面光灌溉水渠、户兰屯至枯离屯机耕路、贫困户房屋等，直接支援各类资金约 98.9 万元，使得汉安村的村容村貌有了较大的改善；共计 49 户 182 人脱贫（2016 年脱贫 29 户 108 人，2017 年脱贫 20 户 74 人），贫困发生率下降至 2.04%，扶贫工作取得一定的成效，但全村仍有贫困户 23 户 55 人。长期以来，汉安村无村集体经济项目和集体经济收入，属于典型的"空壳村"，主要靠后盾单位和各级党委、政府的"输血式"帮扶，自身"造血"能力严重不足。

三 找出路、蓄外力，后盾险些不给力

2018 年 3 月，根据南宁市委组织部统一安排，经青秀山风景区党工委、青秀山风景区管委会评定，青秀山风景区公司科员黄昊赴汉安村担任"第一书记"。黄昊到汉安村的第一时间，就向村支书老韦简单了解了该村情况。他了解到村内大部分青壮年外出务工，留守的村民多以种桑养蚕为生，但总体收入不高；贫困户大多为老弱病残，少部分是闲散懒汉，其中不乏既没有劳动技能又指望低保过活的人。而当年 11 月，就要迎接武鸣区、南宁市、广西壮族自治区等各级扶贫部门的脱贫摘帽实地核验评估。

"小潘，家里 4 口人，其中小潘本人 2010 年到广东务工时，右手卷到机器里导致残疾，目前基本不能从事强度稍微大一些的生产活动，其妻因为家境困难已经出走。家里有 2 个孩子还在上学，母亲年过八旬，长年患病，家庭主要经济来源是小潘到镇上帮人看护工厂的收入，年收入仅 1.8 万元……已纳入低保行列。"

"小韦,家里 4 口人,其中 1 人二级视力残疾、1 人二级肢体残疾、1 人在读幼儿园,母亲年过七旬。但这家人有一定的上进心,夫妻二人积极种植凤尾菇和养牛,在贫困户当中收入还算可以,家庭年收入 3 万元左右。"

"小甘,家里 2 口人,其中母亲已年过八旬,无法参与劳动,小甘本人较为懒惰,村里帮他协调了两三个短工的活,都是活还没干完,人就跑回来了,这家人基本是靠低保救济过活……"

听着村支书老韦的介绍,厚厚的一叠本子还没有翻完,黄昊的眉头就已经慢慢地拧了起来。

"你来之前那个梁书记,确实是想了不少办法,也做了不少实事的。我们村好多人养蚕的嘛,梁书记懂技术,把小蚕集中起来养殖,还协调外面投资建设了一个蛮大的蚕房。我们做了多次工作,前后有 16 户贫困户来蚕房做工,也是挣了些钱的。"村支书老韦给黄昊递过一杯茶,接着说:"但养蚕比较看天气,当年 11 月到下一年的 3 月天要冷一些,那时候桑叶大面积脱落,所以这 5 个月是没法进行养殖生产的,已经参与的贫困户在这段时间也就没有收入。因为时间隔得比较久,有的贫困户等得不耐烦,第二年也就懒得来做事了。"

"集中养蚕还能带动其他人有收益,那为什么不都改去养蚕?"黄昊不解。

"是这样的,养蚕看起来只是需要采摘桑叶,但实际上是个力气活,"村支书老韦两手在空中比画着,"正常情况下,每生产 1 斤蚕茧要消耗 16～18 斤桑叶。他们有的一间蚕房二十来平方米,装蚕的扁竹筐一叠一叠地能摞七八层,每天差不多就要采 200 斤桑叶呢!你看这劳动量还是比较大的,很多贫困户真的做不来。而且,养蚕还是个细活和巧活,一天至少要喂蚕 3 次,还要随时注意观察蚕的生长情况。"

数字资源 3-3
汉安村一处蚕房

黄昊无声地点了点头,村支书老韦说:"你不要急,日子还长,我们慢慢聊。你先到各个屯、各贫困户家中了解下情况。任务确实很重,我们一起想办法。"

数字资源 3-4
黄昊在和贫困户交谈

第二天起,黄昊开始在村里"拉练":那新、那汉 2 个屯就在大明山风景区大门口两侧,人来车往,人流量相对较大,这 2 个屯的人脑子相对活泛些,有 4 户村民还就近开了土菜馆、小旅馆;户兰、那里 2 个屯最靠山沟沟,这 2 个屯的人相对安分老实,通常按部就班地做苦活累活;板甘、枯离 2 个屯位于村中央,在几个屯里最靠近国道,后期产品从那儿往外运可能方便一些……1 个月过去,黄昊的小本子上记满了汉安村的点点滴滴以及他随时随地的思考。

走访中,黄昊发现村里有很多闲散荒地,有的在河道拐弯处,与乱石滩交错相连,难以开发利用;有的在大树边上,锄头没挥几下就砸到树根,根本没法开垦;有的地势过低,雨稍微下大点就成了大大小小的池塘;有的位置路偏难走,没人愿意去……最关键的是,荒地散布于汉安村各个角落,就算是整体利用起来也很难出效益。经过枯离屯时,黄昊看到

数字资源 3-5
黄昊(左二)到田间地头考察

一片虽密布大小水坑、杂草疯长，但连成一片、较为开阔的荒地，并且靠近附近的三面灌溉水渠。他想这里应该是一块"宝地"，不用起来确实可惜。

数字资源 3-6
枯离屯附近
荒地原貌一隅

黄昊想起当年在部队服役时曾去河边挖草皮到营区进行绿化，而现在青秀山风景区每年也需要大量草皮进行绿化。大明山下温润的季风气候优势明显，一年种两三季草皮应该没有问题。由此，黄昊有了初步的想法——把枯离屯东北侧闲散荒地连成一片，整合为草皮种植产业园，将其发展为村集体经济项目。

形成想法后，黄昊把村支书老韦拉到现场进行初步沟通。对此方案，老韦表示支持。黄昊随后从汉安村驱车返回青秀山风景区管委会与同事沟通、找领导汇报。他本以为把想法亮出来，大家会纷纷"点赞"、支持推进，不想接连被泼了几盆冷水。

数字资源 3-7
枯离屯附近
荒地位置

前任驻村"第一书记"、现任青秀山风景区某部梁经理说："我理解你想为村里做些实事的想法，但你是想把所有贫困户都带上一起来做这件事，对吗？好，且不说他们很多人没有劳动技能，光是做通他们的思想工作，恐怕就是个大工程。"

负责审批扶贫项目的工会邓副主任说："之前小梁弄的集中养蚕项目不搞了吗？哦，还搞，那你又从头整个草园子哟！"

园林部罗副经理听完，眉头紧皱："东边片区和素质拓展营地马上要平整开发，部分景观园也要修缮，用草需求倒是比较大……但你这个来不来得及？"

数字资源 3-8
黄昊（右三）
在部队时参加
营区美化劳动

管委会莫副主任说："有想法是好的，但初步来看你这个项目推进难度很大。一定要论证清楚可不可行。如果可行，那我们作为后盾单位也会尽力支持。"

莫副主任的话多少还是给了黄昊一点信心，他利用月末回城、开会等机会，始终积极做工作，最终"拿下"了几个领导，获得了他们的支持。

四 定决心、铺长画，村干推诿意见杂

回到汉安村，黄昊请村支书老韦召集村干部到村委开会，研究草皮种植产业园项目启动事宜。会上，黄昊首先介绍了自己近期调研的情况，而后分析了村里当前存在的矛盾、困难和可利用的资源，最后提出了草皮种植产业园的项目构想。

"场地呢，就是把枯离屯靠山那一侧的一片荒地平整出来，可以整出差不多三十亩，"黄昊打开地图介绍着，"今年我们的主要任务，就是把场所搞出来；抢着先种一季、收割一季，年底3万元的检查评估任务基本就可以过关。草皮的优势是种一次可以5～6年后再翻种，管理好一年可以保底收割3季。"

黄昊预想的热烈响应或激烈碰撞都没有发生，会场陷入了尴尬的冷场。除了提前沟通

过的村支书老韦,几个村干面面相觑、脸上写满了问号。村干部高叔首先开了腔:"黄书记,这个项目能赚多少钱呢?"

黄昊说:"30亩种够3季且都能收割的话,每年纯利润可以到10万元。"会场又陷入了短暂的冷场,村支书老韦出来暖场:"大家还有什么疑问都可以问,想到什么困难都可以提出来,大家一起研究啊,不要个个话也不讲,就在那里耗噢!"

数字资源 3-9
汉安村村委
开会研究项目

"黄书记,那片地荒了很多年,到处坑坑洼洼很难平整;地势又比较低,一到下雨天水排不出去,直接变成大池塘。所以我觉得,在那里草皮种植成功的可能性比较小。"过了一会儿,高叔又补了一句:"有个话说出来不太好听,村里的狗走路都不从那里过的,怕踩到泥巴地里去。"

大家都笑了起来,黄昊脸上紧绷的肌肉也舒展开了。他一边记录,一边鼓励大家接着说。

村干部卢叔说:"种草皮,我们目前没有懂这个技术的人;就算种成了,谁又能保证卖得出去?这个项目建成后是可以一年创收10万元,是吧?那谁负责运营?不会就靠我们这些人吧?现在村里脱贫摘帽的任务还很重,大家也都经常连轴转,这样一搞,大家精力怕是跟不上。"

"我又想到一点,"高叔放下茶杯,举起手,"这个项目如果一年能赚10万元,那确实是一笔不小的收入。但是如果我们几个村干直接去做,怕是村里人背地里说闲话,还是很难听那种。噢,还有一个,黄书记说青秀山风景区管委会后面是要大力支持村里的,那希望他们赶紧参与进来。"

村干部李姐说:"我倒是赞成,刚才黄书记介绍项目时也讲了,几十亩草皮一种一收,持续时间不会很长,劳动量也并不是特别大。我们有相当一部分贫困户都干不了重活,这个是适合贫困户去做的。特别是韦大姐、李大姐那几家,他们有人之前也到大明山风景区大门口旁边铺过草皮,平常他们在家除了养猪养牛,也没有什么事干。"

高叔笑着说:"李姐,你这么说的话,那我也就同意了。到时候,你负责说服巴娅(即年纪比较大的阿姨)去种草拔草,我在旁边给你们加油就得了,哈哈!"

……

村支书老韦怕大家你一言我一语地浪费时间,甚至由于观点不合、讲话不注意态度引发争执,赶忙出来打圆场:"大家都提了些意见。有一点我提醒一下大家,黄书记的初衷就是为咱们村里找一条确实可以致富的路子。接下来项目如何完善、什么时候推动,以及启动后贫困户怎样参与、怎样分配收益,我们还要进一步研究。"

会后,村支书老韦跟黄昊说:"你也看到了,现在最关键的是人的问题,包括项目后续的运作管理,都要考虑完备一点。既然青秀山风景区管委会已表态会大力支持了,而你也真心实意地想为村里做点实事,那接下来我们就齐心协力去做。"

黄昊回顾了整个会议过程,发现虽然首战不利,但并不是没有启示和收获。村支书老韦和部分村干部,还是态度鲜明地表示支持的;高叔虽然在会上频频"放炮",却也指出了不少现实问题。黄昊请老韦陪他逐个跟村干部谈了一遍,做通了绝大部分人的思想工作;

但高叔始终对此持不认可的态度，说了不少风凉话，最后以习惯早睡为由，不耐烦地将二人"请"了出去。

也怪不得工作难做，毕竟画在纸上的饼再好看，终究也闻不到香味。黄昊通过青秀山风景区管委会联系到了一家草皮供应点，并组织村"两委"、村民代表等一行人到这家草皮供应点所在的另一个村子进行现场调研。

数字资源 3-10
汉安村"两委"、
部分村民代表
赴外村调研

该村部分已经通过种草致富的村民，向来访的汉安村一行人介绍了草皮种植的基本情况、运作流程、综合收益等。高叔抢着问：“你们这个草园是聘村里贫困户去做的吗？”该村致富代表回答：“我们这个园子虽然比较大，但实际上是几个人分头负责运作的。比如我这块差不多 8 亩，一般是叫熟人来做。”

该代表想了想，又补充道：“如果你们能把贫困户召集起来做，倒是个一举两得的办法：一是这个活本身不是很重，也不需要太多技巧，一般老人小孩都做得来；二是如果你们是村里一起搞的，还可以给贫困户增加点收入。”

通过面对面进一步了解情况，大家心中的疑虑基本打消了。高叔主动找到黄昊和村支书老韦，认真地说：“现在我没有疑问了，这确实是一条可以致富的好路子。黄书记也是真心为大家着想的，需要我做什么，以后你们尽管吩咐！”

2018 年 6 月 15 日，在汉安村村委邀请下，青秀山风景区管委会蓝主任、莫副主任带领管委会园林、财政等业务部门负责人，一并到汉安村枯离屯进行现场考察，验证项目实施的可行性；之后，又到村委召开村集体经济项目发展研讨会。通过实地调研和开会研讨论证，蓝主任当即表示："该项目发展既符合后盾单位的实际，也契合当地的实际资源优势，可操作性强，值得进一步探索实施。"在多方共同努力下，草皮种植产业园获得了首批 9 万元的专项启动资金。

数字资源 3-11
青秀山风景区
管委会蓝主任、
莫副主任
到现场调研

五　糊涂账、荒地闲，乡亲质疑抛冷眼

村里准备整合枯离屯附近闲散荒地，并将其开发成草皮种植产业园的消息公布后，汉安村顿时炸开了锅。一时间，田埂路旁、树下、池边，大家都在议论此事。枯离屯附近村民意见相当大，很多人把话说得非常难听。

村民吴哥冷嘲热讽道："第一次听说种草也能赚钱，村里那几条河边不都是草地嘛，那我还养什么蚕，跟着去捡钱咯！"

村民李伯恶意揣测："搞这种集体项目，就算有什么收入，估计也轮不到我们；能享受的也就是那帮村干部，或者是一些贫困户，我们看着就好了，跟我们关系都不大的。听说种这种草，铲的时候都把地上的肥土拿走了，就算有地，我也不租给他们。"

村民小严冷眼"吃瓜"："枯离那些地荒了多久了，我不信他们能搞出来。到时候我就每天吃午饭时端着碗站楼顶，看他们什么时候修出来。"

部分贫困户对此事也不是很看好。

贫困户韦大姐觉得黄昊就是为了攒业绩:"新书记来了就猛干,八成是为了干出点成绩回去升官,不见得真是为大家好。"

贫困户李大姐觉得太麻烦:"完全不知道村里在搞什么,就不能搞一些直接分红的项目吗?"

为了打消大家的疑虑,黄昊和村干部广泛利用村委广播、宣传栏、移动展板等阵地和微信群等平台,反复向大家介绍项目、讲述缘由、勾勒目标;其间,村干部尽心尽力,不厌其烦地做人们的思想工作。

村支书老韦把部分对该项目仍有疑虑的村民集中到一起进行劝说:"等到村里的草皮种植产业园正式运营后,大家会多两份收入,一份是把土地租给村里所得到的租金,另一份是从事草皮铺种、收割和捆绑装车等具体劳动得到的报酬。你们看,地平时荒着不去种,把它租给村里还能得点钱,大家干些轻巧活又能得点钱,阿婆都可以去草皮种植产业园打零工挣钱呢!"

贫困户韦大姐快人快语地问:"草种下去就给钱的吗?"

黄昊斩钉截铁地答复:"是,草种下去就给。草皮收割上来码到车上,也马上给。"

韦大姐又追问:"马上给是什么意思?日结?"

"日结,现金。"黄昊看到会的村民有交头接耳的,又补充道:"到时候,我们会给大家计算好,比如把草皮铲出来捆做一捆放车上,会有个单价,然后你做(工)多,得的(钱)就多。我们村干部带现金到现场,快收工吃晚饭时,大家就签字确认领钱,概不拖欠。"

数字资源 3-12
村干部对
有顾虑的
村民做工作

聊了差不多一晚上,总算是把大部分人的顾虑打消了,大家也陆续打着手电筒回家了。但村民甘叔和马伯不肯走,留在村委跟黄昊大吐苦水。原来,他们家门口的好多地之所以荒了这么多年,就是因为长期界限不明,双方互不让步。

2017年,镇里组织了划地确权,但部分村民不认可镇国规所 2017 版图纸上标注的面积和界限。村民很多时候有争议就通过吵架甚至打架的方式解决,村里对此也没太好的办法说服各方,只能劝大家以和为贵。再后来,一些有争议的闲散地大家都不愿意再碰。

数字资源 3-13
从镇国规所
取回的土地
确权图纸

甘叔对此表示担忧:"几十年的糊涂账了,我跟马伯家十年来打了三次架,大家好不容易又做回好邻居。现在你们(村里)要把那些地租走,肯定又会引起新的矛盾。"马伯也随声附和:"黄书记,刚才人多不方便讲,现在就我们几个,也不怕你笑话了。之前都是当着村里人面吵到打架,也没争出个一二三四。要么放那里不管,我们也都没有想法。租给你们是有钱拿的,这个肯定又要起矛盾。"

停顿了一下,马伯又撂下一番话:"我还是不参与这些事了,反正我的地谁也别碰,我也不要那点钱。贫困户不但可以租地给你们,种草收草搞几天还能有钱拿,我又没有好处,凭什么管你们搞什么?"

黄昊正想和马伯说什么，被村支书老韦往后扯了一把。只见老韦往前一步，拍了拍马伯的肩膀，说："马伯，知道了的。时间不早了，大家先回去，回头再说。"

等马伯叼着烟出了门，老韦才长舒一口气："今天还可以，马伯没有闹起来。全村他是最难缠的，天天板着个脸，是出了名的刺头。"

第二天恰逢周末，黄昊和村支书老韦、村干部李姐提着米酒和新切的排骨、卤菜到马伯家。马伯从门里侧出半个身子，满脸不高兴地说："你们要干什么？我跟你们说，这事就没得谈。你们来做菜喝酒我不反对，反正我是你们有多少我吃喝多少。"老韦说："马伯，没别的事，黄书记是部队出来的，他听说你也当过兵，就想跟你喝喝酒、聊聊部队的事。我和小李作陪一下，没问题吧？"

酒过两巡，马伯和黄昊说起早年在部队的一些事，讲到动情处开始默默擦眼泪，两人甚至还唱起了各自老部队的战歌。黄昊趁热打铁："马伯，我是真心想帮村里干一些实事的，有什么做得不到位、需要改进的，你算是我的老班长（部队里对老兵的尊称），要多跟我说一下呀！"

马伯红着眼把杯中酒一饮而尽："我是当过兵的人，怎能没有那个觉悟？但是我现在也老了，确实有的事情不争一下，到时候我要吃亏的。你们几个村干部，是不是保证绝对公平，地大家都有得租，但活只让贫困户去干？"

数字资源 3-14
黄昊跟马伯
进一步沟通
协作事宜

村干部李姐端起酒杯真诚地说："马伯，我家有一块地，还有我堂伯、堂叔他们都把地租出来。我也跟他们说了，他们不是贫困户，只能拿每年租地的钱。"村支书老韦说："马伯放心，再说，黄昊书记也是穿过军装的人，是你的小战友啊！"

马伯抹了一下眼泪，说："好，我没有意见了。但是我告诉你们，我是要监督的，但凡你们没有公平公正地搞，我就把地收回来，还要骂你们！"

几位村干部端着酒杯站起来说："没问题，看我们的！马伯，敬你！"

六　乱石地、泥沼滩，桑户横车把路拦

"开工了！"2018 年 6 月初，伴随着村委广播欢快的音乐旋律，大家拎着劳动工具从四面八方向荒地聚集。产业园主要分以下几步进行：第一步，在场地外围西段，沿边挖出宽 1 米、深 1 米的沟槽，同时将挖出来的沟修成排水沟；第二步，把外围凸出的土包拔掉，把拔出来的土包和挖沟取出来的土往场地中间推，先填平那几个比较大的水坑，同时保证场地中央高于四周，避免场内积水；第三步，排水沟内侧用水泥固化，将多余的水引向枯离屯东南侧水塘。

数字资源 3-15
平整场地
中央水坑

正式开动后，施工推进得异常艰难。看似软糯的泥沼地下，散布着大大小小的石块，挖掘机过了一遍带走不少，但沟壁、沟底还有不少凸出来的石头。这种石头只能用锹镐逐个挖除，否则容易把附近一整段沟壁都挖塌。

经过 10 余天的努力，占地面积近 30 亩的草皮种植产业园一期工程总算有了眉目。刚克服了场地平整的困难，老天偏偏"不长眼"地下了 2 天不大不小的雨，拖拉机往前犁地时直接陷到新填的坑里。用不了机械，村干部们只能把村民家的水牛"请"了过来。

地犁好了，人踩进去还是一脚深一脚浅；正值盛夏，大大小小的蚂蟥又冒了出来。实在没办法，只能拿宽大的木板垫着种草，铺好一层往后拖一段再接着铺。经过 20 来天的艰苦作业，首批草皮总算是种了下去。经过全村留守村民持续 40 天的"大会战"，到 7 月中旬，昔日坑洼地已初步变成"良田"。住在附近的李阿婆忍不住夸道："你们还真是有毅力，现在从家门口往前看过去，还真是比以前舒服多了。"

数字资源 3-16
黄昊在疏通草皮种植产业园排水系统

到了 8 月中旬，草地从远处看颇为壮观、长势喜人；走近一看，却发现新的麻烦又找上门了——绿油油的草坪上，各种各类的杂草不少；在草坪边缘，杂草的长势甚至已经明显盖过了原本的经济草。若不及时处置，这一片草坪将来除了给大家放牛，别无他用；而先期投入的大量人力物力，也将打水漂。

看着村干部在草坪上蹲着跟杂草较劲儿，村民小严说："我说什么来着？你看他们之前花那么多钱，种的都是些什么草啊！要拿去卖钱的那些草皮我们怕是看不到了噢！"

数字资源 3-17
拖拉机陷进坑里

注水灌溉、先期除草、中期打药，步骤应该没有太多问题。黄昊把情况拍成照片、视频传回青秀山风景区管委会，技术员看后分析认为可能是药打早了，导致部分经济草还在幼芽时期就跟着杂草一起"受罪"，后期反而长不过杂草。8 月下旬，技术员蹲到村里跟班指导作业，并带着村里的扶贫助理小曾到附近圩上购买了莠去津、二甲四氯等除草剂，聘请了贫困户韦大姐、李大姐到草皮种植产业园配兑、喷洒农药。保险起见，他们准备先用园子边上 2 亩杂草长势过猛的地做实验。

数字资源 3-18
牛及时"补台"

就在此时，甘叔突然从旁边桑地间"杀"了过来，气势汹汹地说："我这个桑叶地离你们园子很近的，你打这个能杀满地杂草的药，那我这个桑叶到时候肯定也要被污染。到时候桑叶被污染了，我的蚕吃了估计就要毒死，你们哪个负得了这个责？你们不可以在这里打药。"

贫困户韦大姐、李大姐知道甘叔在村里是出了名的"横"，她们不敢同甘叔争吵；这个情况前期也没有预料到，对于甘叔的逼问，技术员心里也没有底儿，一行人只能先回去。第二天，甘叔直接把面包车横在进出草皮种植产业园的大路上，也不让人进去做工。甘叔看到黄昊下车，走过来说："黄书记，你让她俩在这里打药，要是我的蚕因为吃脏叶子死了，村里打算怎么处理？"

数字资源 3-19
初步平整出来的草皮种植产业园一隅

黄昊递上一根烟，说："甘叔，昨晚技术员跟我研究了一个对策。我们这两天先不喷药，因为风比较大，谁也不知道往哪里吹、吹到哪里停。我看天气预报显示后天、大后天都是小雨，等雨停了没什么风时，我们再

数字资源 3-20
黄昊和技术员研究如何清除杂草

来喷。村里买些彩条布围在你桑叶地边上,直接把喷出来的药水跟你的桑叶隔离;喷药时全程使用低压喷嘴,不搞大面积喷洒、大面积沾染,喷药时背对着你的桑叶地,从园子边上往中间走,这样影响肯定更小。"

看着甘叔有些不服还想"杠",黄昊又补充道:"我们先这样搞一两亩,你等我们喷完两天左右,再摘了桑叶去喂蚕。如果小蚕吃了还不对劲,有多少损失我们村里赔给你,你看怎么样?"

话说到这个份上,甘叔也不好再拦阻了,只能说:"好吧,那先按你说的这样做。但是如果蚕吃了脏叶子有毛病,你们一定要赔。"说完就把面包车掉个头开走了。贫困户韦大姐见状,赶忙拉住黄昊说:"他这个人比较无赖的,到时候他什么理由都编得出来,你可要多留心了!"

黄昊摆摆手说:"没事,今天先回去。过两天下完雨,你们按我说的继续做工就可以了,再有什么情况我来处理。"3 天后,韦大姐、李大姐踩着被雨水打湿的草坪,在技术员的指导下严格按流程作业,丝毫不敢马虎。一周后,杂草渐渐枯了。

七 新绿地、聚宝盆,就地就近财上门

2018 年 12 月 26 日,首批草皮成熟待售。再往后,草坪长得越发喜人,走近了看,宛若翠色的地毯向远处铺开。

村里首先组织了移动式割草机操作培训,现场对村干部进行人员分组,进一步明确了任务分工:黄昊和老韦负责在园子两头指挥装车,卢叔、高叔负责草皮切割分块,李姐带扶贫助理小曾负责统计大家的"战果",其他村干部到各个"战斗小组"里带头组织铲垛、捆扎、装车……

数字资源 3-21
初长成的草皮
种植产业园

劳动计价很公道。正方形的草皮从地上割出来到捆绑装车,每捆计 2 元。最先完成的 3 个人,额外奖励 20 元。在准确定价和激励机制作用下,大家都争先恐后地干活。工钱结付得也及时,下午收工前,大家凭各自劳动成果数量现场签字领钱。怕人们在劳动时因天气热中暑,村干部找了几顶太阳伞撑在草坪上,还准备了一些冰豆奶、绿豆汤等解暑饮品。

数字资源 3-22
村干部在
研究割草机

15 天后,首批草皮收割装车完毕。青秀山风景区管委会对汉安村集体产业给予了大力支持,收购全部草皮并立马运回铺设。细算下来,半年来除去村民的土地租金,以及贫困户参与种植、维护、收割等劳动的工钱,竟然净赚 3 万元。

"这是咱们村集体经济从无到有的突破!"村干部们都很受鼓舞。与此同时,贫困户更是掩饰不住地高兴。贫困户李大姐说:"我在这里做工每天能赚 120 元,每亩地每年还有 900 元租金收入,这样一来家庭收入又多了一点,生活是越来越好啦!"

草皮种植产业园离李大姐家很近，只要有活儿，她都积极参加；仅 2018 年下半年，她家里就因此进账 3500 元。

"现在村里不但积极发展产业，还给我们提供就业岗位、安排培训，让我们在家门口就能实现做工挣钱和照顾家庭两不误，真的是做好事。"贫困户小韦如是说。

数字资源 3-23
贫困户在
收割草皮

就连之前的"吃瓜"群众小严都竖起了大拇指："还真是有志者事竟成，以前的破烂坑洼地，愣是让村里整成了风景如画的聚宝盆。"

"杠精专业户"马伯也难得地露出了笑容："当真是不简单，这个事情确实是办得标准很高，我没什么可说的。"

首战告捷、势头良好。截至 2018 年底，首轮草皮带动 17 户贫困户年均收入增加约 0.3 万元；当年，汉安村被武鸣区委授予"村级集体经济发展进步奖"，如期完成 2018 年底整村脱贫摘帽的目标。2019 年，汉安村上下齐心、乘胜追击，推进草皮种植产业园二期工程，拓展了将近 25 亩草坪，实际可用草坪面积超过 50 亩；当年，汉安村集体经济收入达到 10 万元，推动武鸣区高标准、高质量地完成了市、自治区的扶贫成效"四合一"实地考核检查验收，得到了诸多媒体的宣传报道（见图 3-1）。

数字资源 3-24
黄昊协助贫困户
将捆扎好的
草皮装车

在汉安村集体经济不断实现突破的同时，黄昊个人也因工作实绩突出，在 2018 年、2019 年均获得武鸣区扶贫成效考核"优秀"等次，先后获得武鸣区委 2018 年度脱贫攻坚"先进个人"、脱贫攻坚"优秀第一书记"和市委 2020 年度脱贫攻坚"优秀第一书记"等称号，并多次被武鸣区和市、省级广播电视台专题采访、播报先进事迹。

镜头外，黄昊说了一个藏在心底的故事："部队有个比较有特色的集体项目，叫'武装五公里越野'，它非常考验连队干部的组织能力和全连的凝聚力，因为总有一些战友体能是相对偏弱的，这时候就需要合理安排一些体能比较好的同志，有的多背几支步枪在前面跑，有的陪在跑得慢的同志身边加油鼓劲，甚至偶尔还要推一把，想方设法避免战友掉队。这种团结一致出战斗力的精神，也就是《士兵突击》里所说的'不抛弃，不放弃'。"

数字资源 3-25
村干部给参加
草皮种植产业园
劳动的贫困户
日结工钱

"我来村里后想的就是如何把全村拧成一股绳，通过我们的努力，让一些发展较滞后的村民看到，他们是不会被抛下的，会跟大家一起致富。通过发展我们村的集体产业，最大限度地开发利用自然资源和劳动力，让贫困户由被动接受转为主动参与。这种'合作社＋贫困户'的共建模式，既能就地就近增加村集体经济收入，也能有效带动更多人主动参与致富过程。"黄昊有感而发。

数字资源 3-26
武鸣区
电视台播放
专题采访

人民网 >> 广西频道 >> 要闻

南宁市武鸣区:"点绿成金"敲实"增收密码"

2020年06月03日08:29 来源:人民网-广西频道

5月28日,广西南宁市武鸣区两江镇汉安村的村民杨英莲,一大早就来到了本村草皮产业示范园护理草皮。"除了土地流转得到的租金,我每月在示范园里务工还有3000多元的收入。"

汉安村曾是典型的"空壳村"。该村瞄准当前城市环境绿化及附近大明山旅游开发环境绿化需要大量绿化草皮的市场,利用村里闲置的35亩土地,建设绿化草皮产业示范园,后来发展至50亩,直接带动58户村民户均增收3000元,村集体经济年收入约9万元,并于2018年顺利实现整村脱贫摘帽目标。

要闻

学好党史必修课 激活发展新动力
做好贴心人 连起千万家
"首席法律咨询专家"发挥积极作用
村里人吃上了旅游饭
专家为广西文旅高质量发展建言献策
高水平开放,布局更优化

图 3-1 人民网报道汉安村发展村集体经济事迹

八 稳当前、看长远,内生蓬勃才造血

随着草皮种植产业园规模的不断扩大,先期参与村民接连获益,仍在观望的五六户人家也慢慢地加入进来。就在贫困户喜出望外之际,村干部们却冷静下来,召集村里党员代表一起开了个座谈会。

问题是现成的:短期内收益较高,主要原因是"第一书记"黄昊带村干部争取到了外援资金、整合了村内长期闲荒的土地资源;村干部通过思想鼓动、利益激励把大部分闲散劳动力切实用出了效果,同时后盾单位恰好用草需求较大。但是在当前,换一个"第一书记"或换一个后盾单位,对刚刚发育起来的村集体经济,都可能造成毁灭性打击。要想真正摆脱外源"输血"的主导作用,实现村集体经济高质量、可持续发展,只有靠内源驱动生成动力才是长久之计。

"最大的感受是,村里闲散的地用起来了,不能干重活的人也用起来了,"村支书老韦先开了腔,"黄书记给大家提供了一个很好的平台,真正让大家都参与到村集体经济的建设发展上来,切实发挥了自身的作用。"

村干部李姐说:"这一回,村民的利益和村里的利益是真正捆绑到一起了——村里提供平台、个人都来出力,最终集体变好了、个人也受益了。"党员代表秦哥也表示赞同:"我感觉村里自助互助的集体精神又回来了,不再是单打独斗、各自为战了。"

老党员韩伯说:"有时候外面介入多了,倒反让村里人养成了惰性、没了动力。外面单位给我们帮助很重要,但更需要思考的是如何自己变好,而不是外面单位和村里踢着大家往前走,甚至饭做好了都还要别人喂到嘴里。"

数字资源 3-27
村干们和
党员代表座谈

黄昊深以为然："好事办好不容易，我们既然开了个好头，就要想办法让它持续下去。这不但关系到草皮种植这个项目自身的可持续发展，更是通过这个事情凝聚人心、振奋精神，让大家看得到好日子、想过好日子、能过好日子。"

从此，汉安村的村干部们积极担当推销员，不放弃每一次推销自家草皮的机会。例如，每次上级部门组织开会时，都会向大家宣传，到各地考察交流也会留下推销名片等，熟悉"同行"找买家，久而久之就与附近县区各单位熟络了。2020年，汉安村在后盾单位的保底采购基础上，经广泛调查、深入研究和分析后，瞄准了隔壁某乡村旅游景区、大明山滑翔伞基地和武鸣区内多个单位院区及道路两侧绿化，进一步拓宽了销售网络。功夫不负有心人，有一天隔壁M县Y村黄支书打来电话："我们这里需要1000平方米的草皮美化各民宿门口景致，麻烦你们安排发货过来……"至此，首单发往外县的草皮顺利成交；后来，一大批草皮还卖到了汉安村附近的大明山滑翔伞基地，铺设在降落区里。

数字资源3-28
从空中俯瞰的
大明山滑翔伞
基地降落区

"2020年村集体经济收入达到14万元，比起2019年虽然只增加了4万元收入，但从整体比例来看，后盾单位青秀山风景区管委会的采购占比已从原先的100%降至当前的40%，"村支书老韦欣喜地说，"9月时，管委会来电话说临时需要收一批草皮，我说早半个月已经卖完了，他们很惊讶。"

2021年4月，黄昊在汉安村迎来了下一任"第一书记"韦干事；离别之际，黄昊带着韦干事走遍了汉安村的每一个角落。"草皮种植产业园的面积是有限的、产量是相对固定的，只要大家想干，就要开发更多的平台。"后来，汉安村在持续加强草皮种植产业园管理之余，还根据乡村振兴发展规划要求，培育农村致富能手、致富带头人，探索发展园林绿化育苗产业，延长产业链、做大做强产业。

数字资源3-29
武鸣区政府
官网报道的
汉安村近期动态

大明山上，汉安村村民敏哥正带着村民采收赤松茸。虽然下雨给采收工作带来了一定的困难，但敏哥表示，雨后的赤松茸长得多、卖相好："镇里租了我们村30亩山林，让我牵头种松茸。这在充分地利用土地资源的同时，保护了生态环境。每到采摘期，我们还会请村里人上山帮忙采收，让村民在家门口实现就业增收。"

谈到一开始的想法，敏哥不由得笑了："我本来在镇上做冷饮批发，后来听说他们种草都得钱，我想了一下我只要肯做应该也不会差，后面就回村里来了。"

数字资源3-30
村民自投露
营地宣传画

此外，汉安村还瞄准大明山风景区消费相对高昂的情况，鼓励有条件的村民自投露天式野营场地，以相对低价来争取部分客流停驻消费。谈到未来，大家的眼里不再是迷茫，因为大明山下，到处是等待他们开发的宝藏……

数字资源3-31
汉安村上户里
屯一处村民
自投露营场地

九 结束语

看着现在汉安村集体经济蓬勃可持续发展的状态,想到在汉安村工作的一千多个日日夜夜,特别是想到常年泥泞的闲散地如今成了聚宝盆,黄昊深感欣慰。在习近平总书记的号令下,成千上万个"第一书记"义无反顾地投身于需要自己的各个角落。黄昊也是那支敢于走进历史、勇于改变历史的队伍中的一员,他和村干部们一道,让村里逐渐摆脱对后盾单位的外部依赖,最终实现集体经济发展由外部驱动向内生驱动的转变,村集体产业可持续性增强。

虽然汉安村的转型突围目前来看较为成功,但仍有许多值得深刻反思和完善改进的地方,比如怎样才能强化村"两委"组织功能,提升其治理水平;什么才是村庄真正的内生动力,怎样才能将外源驱动动力变成内生动力;怎样才能拓宽村集体产业产品销路,以及评估自身定位并精准释能;如何让汉安村就地就近发展的经验以点破面、深化完善,为广西地区同类型的乡村提供借鉴等。

第二节 案例分析

一 案例回顾

广西南宁市武鸣区汉安村坐落于大明山下,属于亚热带季风气候,常年水量充沛、土壤肥沃,但长期以来,该村无村集体经济项目和集体经济收入,属于典型的"空壳村"。2018年3月,青秀山风景区管委会向汉安村派驻的第4任驻村"第一书记"黄昊到任。面对村里人难留、地难养、钱难挣的困境,以及2018年底的迎检迎评任务,黄昊开始琢磨发展村集体产业来创收并带动贫困户脱贫。终于,他瞅准了一片荒地,准备将其整治成村里的草皮种植产业园。

黄昊没想到,这件看起来一举多得的好事,在推动时却遇到了诸多困难:前期是后盾单位的同事、领导对项目持观望态度,中期是部分村干部始终对此不支持甚至站在对立面,再后来是贫困户将信将疑、部分村民纠纷四起。在黄昊和村干部的共同努力下,村里分两期共平整了约50亩场地,采用"合作社+贫困户"就地就近共建模式的草皮种植产业园终于建起来了。截至2018年底,首轮草皮带动17户贫困户年均收入增加约0.3万元;当年,汉安村被武鸣区委授予"村级集体经济发展进步奖",如期完成2018年底整村脱贫摘帽的目标。2019 年，村集体经济收入达到 10 万元，推动武鸣区高标准、高质量地完成了市、自治区的扶贫成效"四合一"实地考核检查验收。

面对从无到有、从有到好的转变，黄昊和村干部冷静地思考这背后的危机：当前，换一个"第一书记"或换一个后盾单位，都可能对初生的村集体经济造成毁灭性打击；要想真正摆脱外源式"输血"，只能靠内源驱动生成动力实现可持续发展。于是，他们广泛联络周边用草单位，有效拓宽销售网络、筑牢可持续发展根基。

2020 年，村集体经济收入达到 14 万元，比起 2019 年虽然只增加了 4 万元收入，但从整体比例来看，后盾单位青秀山风景区管委会的采购占比已从原先的 100% 降至后来的 40%，有时甚至出现了"供不应求"的现象。后盾单位的外部"输血"，逐渐向汉安村自身"造血"转变。

二 汉安村发展村集体经济的特点

（一）阶段目标明确

2018 年，汉安村要完成镇里明确的近 3 万元的任务指标。时间紧、任务重，汉安村"两委"概算后发现，草皮种植技术要求相对较低、人力成本不大、资金融汇相对容易，且后盾单位可以解决销路问题，遂聚力推进将枯离屯东北闲散荒地整合为草皮种植产业园。这在当时基本是没得选的选择，筹划时间短、推进快且带有一定的拼运气的风险，主要原因是首先要解决村民"饿肚子"的问题。

汉安村发展草皮种植产业园为村集体经济的历程，在层层递进的三个阶段，呈现出较为明晰的阶段目标：第一阶段为 2018 年 7 月至 12 月，该阶段为紧迫目标，即聚力打赢评估保底战，主要是利用一个半月时间完成草皮种植产业园一期工程 30 亩场地平整并铺种草皮工作，依托后盾单位青秀山风景区管委会完成 1 批次 30 亩草皮收购、获利 3 万元左右，通过 2018 年 12 月各级对汉安村的检验评估；第二阶段为 2019 年 1 月至 2019 年 12 月，该阶段为中期目标，即巩固既得成果、拓展产业规模，主要是在一期工程基础上，再扩大平整 25 亩草皮种植地，实现年获利 10 万元以上；第三阶段为 2020 年 1 月至今，该阶段为长远目标，即拓宽销售网络、逐步降低对后盾单位的依赖性，积极与其他有用草需求单位合作，拓宽草皮对外销售途径，降低后盾单位的收购占比，逐渐实现自身"造血"。

（二）资源匹配精准

汉安村土地主要分为桑树种植地、水稻种植地和闲散荒地，其中闲散荒地有 20 余处 100 余亩。其中，连成片的 50 余亩荒地主要集中于枯离屯东北附近，相对较为平坦且容易平整，可在短时间内形成规模效应。由于汉安村环境和气候较好、土地相对肥沃，适合各类农作物耕作、经济作物种植。2018年上半年，汉安村共有贫困户23户55人，其中39人具备简单劳作能力，占比70.9%。草皮每轮长成待售时，每天有10~15人参与收割、捆扎、装车等简单劳作，每轮作业时间通常为15天，经概算平均每轮有150~225人次直接受益。

青秀山风景区管委会于2001年12月挂牌成立，系南宁市委、市政府派出机构，其直管的南宁青秀山风景名胜旅游开发有限责任公司，是注册资本近8000万的国有企业。该公司经营的项目包括园林绿地设计、林木生产经营（城镇绿化苗木、花卉、造林苗）、现代观光农业综合开发等。从经济体量来看，后盾单位实力较为雄厚；从技术储备来看，后盾单位林木种植经验和技术人员储备均较为丰富；从组织架构来看，后盾单位在集中力量办事方面具备天然优势；从销售支撑来看，后盾单位自身在开荒用草方面需求较大。综上，后盾单位各方面的资源、实力与汉安村发展草皮种植产业园的目标精准匹配，实践过程中也基本做到了定向释能。

（三）政策施行高效

汉安村"两委"共设7人，除历任"第一书记"外，其余6人均为土生土长的本地村民，其中高中以上学历4人，占比57.1%，男女比例为6∶1，党员、非党员比例为6∶1；平均年龄46岁，其中50岁以上2人，40~50岁5人；3人任职时间达3届（即15年）以上，无人曾在镇以上单位工作；黄昊为大专学历，其余成员为初高中学历。面对新事物、新建设，汉安村"两委"成员在一开始是意见不统一的：有的不看好项目，有的觉得难以实现，甚至有人存在"躺平"和等后援之类的思想。

从实践进程来看，汉安村"两委"实现了思想层面和认知层面的高度统一，形成了团结一致的战斗力和较为高效的分工配合。针对部分村民的不理解、不配合，村"两委"采用政策宣传与利益激励相结合的方法，有效调动人们的积极性，形成了在家门口"出工＋收益、再出工＋再收益"的良性循环发展。总的来看，汉安村"两委"存在以下特点：一是对纠纷等面上问题处置经验丰富，但没有参与过大型项目建设；二是威望较高、大局意识强，但整体文化水平不高，做具体事的方法不够灵活；三是进取心尚可，但思想保守、接受新事物的能力较弱。

三 研究设计

（一）研究方法

结合研究分析需要和团队工作实际，这里综合采用文献研究法、实地调查法、访谈调查法和案例研究法，以时间为轴向、以矛盾烘托事件，旨在按时间线逐段复盘近三年的案例场景，全景式展现该案例的推进过程，分析其关键做法。

1. 文献研究法

查阅南宁市、武鸣区关于发展村集体经济的文献资料和政策法规，广泛收集、汇总市区和村镇的文件资料、网络公开报道等，充实用于研究的文献资料；按照时间轴线梳理案例脉络，围绕筹划、执行、效应等关键环节，聚焦理论工具对本案例的适用性，并运用其分析研究具体问题。

2. 实地调查法

到汉安村村委、草皮种植产业园、青秀山风景区管委会，以及大明山滑翔伞基地、青秀山风景区景观园等用草单位、场所进行实地调查，进一步了解汉安村集体产业发展历程、运作模式、现状，明确草皮种植产业园产品质量情况。

3. 访谈调查法

主要以时任驻村"第一书记"及后盾单位部分同事、村干部、村民为访谈对象，分两个层面来组织：一是重点访谈"第一书记"黄昊、扶贫助理小曾，主要采用当面交谈和微信、电话询问的方式，重在掌握关键节点处置细节、当时感受等一手资料；二是走访青秀山风景区管委会、汉安村村委部分人员和参与过草皮种植产业园建设的部分村民，重在补充事件细节、印证关键信息。

4. 案例研究法

对汉安村发展村集体产业草皮种植产业园进行研究，通过对实例的研究探讨，系统分析其在外援驱动内生发展方面的经验做法和不足之处，讨论同类型脱贫村内生性集体经济发展的可用资源和可行路径，以期为其他脱贫村集体经济发展提供借鉴。

（二）研究思路

团队成员根据自身任职经历、专业特长和工作实际，以及在市级机关任职这一优势，精选 2 小时自驾范围内的武鸣区汉安村发展村集体产业作为案例故事，坚持立足现有能力水平讲好本土热点故事、写好案例分析报告，统筹采取五阶段十九个步骤推进完成，具体如图 3-2 所示。

四 理论工具和分析框架

本案例在分析过程中，主要使用内生发展理论和参与式发展理论，结合理论内涵与建设实践构建分析框架。

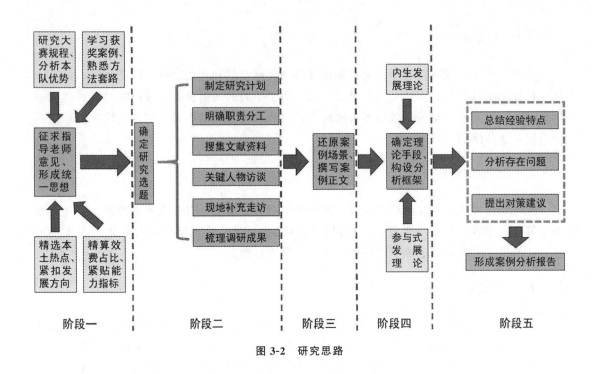

图 3-2 研究思路

(一)理论工具及适应性

1. 内生发展理论

"内生"这一概念源于植物学相关学科用语,原指部分植物不受外界影响,由茎的内部逐渐生长出与母茎几乎一样的新个体的现象。后来,学者将该词广泛地运用于研究发展模式。内生发展指的是以发展地区内部力量为主来参与和推动、充分发掘地区本身各类资源、尊重自身的传统文化和思想、探索真正适合自身实际成长道路的一种发展模式。内生发展理论的产生,基于对外源式发展模式的深刻反思。外源式发展模式主要依托外部因素介入、干预,以追求整体经济增长为主要目的。该模式在一定程度上造成乡村在经济、文化等方面独立性缺失,逐步陷入自主发展、作为受限的困境。

1975 年,瑞典 Dag 财团在一份关于"世界的未来"的联合国总部报告中,首次提出"内生发展"这一概念。[①] 1983 年,联合国教科文组织推出了《新发展观》一书(作者:弗朗索瓦·佩鲁),书中提到了"综合""内生""整体"等发展理念,并指出内生的发展是一个国家合理开发与利用其内部力量和资源的发展。[②] 鹤见和子等学者在此基

---

① Nerfin M. Another Development: Approaches and Strategies [M]. Uppsala: Dag Hammarskjöld Foundation, 1977.

② 佩鲁. 新发展观 [M]. 张宁,丰子义,译. 北京:华夏出版社,1987:2-3.

础上发展了内生发展的概念,认为其是"不同地区的人群及其集团按照其固有的自然生态环境和传统文化的要求,参照外来的知识、技能和制度自律地创造出来的"[1]。

一些国内学者认为,内生发展的要素应充分包含本地人员的认同与参与以及本地资源的开发与利用,强调其与传统发展模式有别,更注重通过充分动员、调动人员积极性和发掘内部资源形成合力,以内部自身努力为主要动力,推动乡村发展和环境改善[2][3]。吴重庆等认为,乡村振兴战略固然离不开资金注入、人才储备等要素的支撑,但究其根本,村民才是这一战略的实施主体,只有他们深度参与的乡村振兴,才可能是真正的乡村振兴,强调通过村民组织构建乡村主体性,培育生成内生动力[4]。刘晓雯等认为,乡村内生动力的承载主体是村民群体本身,要以他们的主体视角需求为导向,合理引入外部力量持续助力,不断完善乡村自我发展体系[5]。赵光勇提出,乡村振兴的重要一环是通过找准乡村相对优势,充分给予其自主权和成长空间,激活内生"沉睡"资源,激发发展活力。王兰以大兴安岭南麓贫困地区为例,认为"认同、赋权、创新、合作"是该理论的核心内涵,也是乡村振兴战略施行的关键构成要素[6]。

结合国内外前期研究成果,笔者认为,在我国当前背景下,内生发展理论内涵应包含以下内容:一是对本地优势资源的充分发掘、利用;二是以内生动力为主,但不排斥外因对其的发展扶持,注重内外广泛联系,聚焦内部动力的优质生成、长效发力;三是本地人员广泛参与全过程并从中实际获利;四是本地人员的认同度较高,对政策施行的价值理念不排斥;五是在发展过程中,本地人员获得了可持续的生计来源;六是在发展的同时,注重对本地传统文化精神的保护和传承。

笔者将该理论用于案例分析,符合其内涵定义和外沿拓展,特别是在研究汉安村发展村集体经济所具备的内生动力条件时,具有较强的适用性和契合性。

2. 参与式发展理论

几十年的发展实践活动已经充分证明人和人所处的实际环境,才是发展的核心要素。传统的发展理论认为,随着社会工业化进程的不断深化,贫困是可以相应消逝的;而这种发展理论,极大地忽视了广大发展中国家的社会和人所发挥的作用,尤其是部分贫弱者、边缘群体人员的意愿。

---

[1] 鹤见和子,胡天民."内发型发展"的理论与实践 [J]. 江苏社联通讯, 1989 (3): 9-15.
[2] 张文明,章志敏. 资源·参与·认同: 乡村振兴的内生发展逻辑与路径选择 [J]. 社会科学, 2018 (11): 75-85.
[3] 马荟, 庞欣, 奚云霄, 等. 熟人社会、村庄动员与内源式发展——以陕西省袁家村为例 [J]. 中国农村观察, 2020 (3): 28-41.
[4] 吴重庆, 张慧鹏. 以农民组织化重建乡村主体性: 新时代乡村振兴的基础 [J]. 中国农业大学学报(社会科学版), 2018, 35 (3): 74-81.
[5] 刘晓雯, 李琪. 乡村振兴主体性内生动力及其激发路径的研究 [J]. 干旱区资源与环境, 2020, 34 (8): 27-34.
[6] 王兰. 新内生发展理论视角下的乡村振兴实践——以大兴安岭南麓集中连片特困区为例 [J]. 西北农林科技大学学报(社会科学版), 2020, 20 (4): 65-74.

在这样的背景下，参与式发展理论应运而生。该理论是一种微观的发展理论，其注重公平平等、沟通协商、尊重差异，强调通过"外来者"协助与当地人深度广泛、积极主动的参与，最终实现有益的、成果共享的、可持续的发展状态。该理论是在对传统理论深刻反思的基础上产生的，强调所有受益人都参与发展建设，贯穿项目筹划制定、组织实施和监督评估的全过程，确保项目发展贴合当地实际情况和本土文化。

"参与"这一概念最早是在20世纪40年代末提出来的。厄普霍夫等认为，参与的目的是提升生活质量，通过人们积极、广泛地介入项目施行的各环节，对项目的实践方向产生影响。[①] 卡莫迪认为，参与式发展是社会文化、政治制度在社会延续中不知不觉间产生重大变化的体现。[②]

我国最早引用该理论的学者是李小云，他认为人们寄希望于自身参与，希望通过个体能力直接影响项目进程[③]。卢锐等强调，发展应聚焦人本身，只有人不断发展，这种发展才能具备可持续性；他们还认为，参与式发展强调发展主体的主观能动性，在非线性且多元的发展路径上具有较为积极的作用。[④] 陈建平等认为，参与式发展的内涵、要义应当符合时代发展变化要求，特别是相关人员在进行角色转换时，要能够将心比心、善于换位思考。[⑤] 荣尊堂认为，当代发展、建设新农村，既要提升村里的基础设施建设水平，也要用新理念、新知识增强村民的思想觉悟，使村民最大限度地适应现代化、科技化、信息化农业发展趋势，激发其内生发展动力和主观能动性，让其以主人翁姿态积极主动地投身于乡村振兴建设。[⑥] 许远旺等赞成让村民广泛参与乡村的各项建设，但同时强调，政府机关的相关部门要在关键问题、重要时点予以定向指导，确保乡村发展始终处在正确的轨道上。[⑦] 王峰认为，村民是参与式发展的主体，要尊重其主体地位并适当赋权，构建良好、长效的互动机制，确保发展高质高效。[⑧]

结合国内外前期研究成果，笔者认为，在我国当前背景下，该理论内涵应包含以下内容：一是以"赋权"实现"增能"，特别是要广泛创造机会，让本地人员就地就近参与；二是人力资源的开发利用，这是村集体经济发展的根本保障；三是政策资源的倾斜利用，这是村集体经济发展的重要保障；四是资金资源的注入帮扶，注重在多方平等、协调、沟通机制下的牵线搭桥；五是本地人员参与规模、积极性和持久性，这是实现参与式发展的动力源泉。

---

① 诺曼·厄普霍夫，米尔敦·J.艾斯曼，安尼路德·克里舒那.成功之源：对第三世界国家农村发展经验的总结[M].汪立华，等译.广州：广东人民出版社，2006.

② Carmody P. Participatory Poverty: Poverty Re(pro)duction Strategy Papers[C]//In: Neoliberalism, Civil Society and Security in Africa. International Political Economy Series. London: Palgrave Macmillan, 2007.

③ 李小云.参与式发展概论：理论—方法—工具[M]北京：中国农业大学出版社，2001：20-35.

④ 卢锐，朱喜钢，马国强.参与式发展理念在村庄规划中的应用——以浙江省海盐县沈荡镇五圣村为例[J].华中建筑，2008（4）：13-17.

⑤ 陈建平，林修果.参与式发展理论下新农村建设的角色转换问题探析[J].中州学刊，2006（3）：42-46.

⑥ 荣尊堂.参与式发展：一个建设社会主义新农村的典型方法[M].北京：人民出版社，2006.

⑦ 许远旺，卢璐.从政府主导到参与式发展：中国农村社区建设的路径选择[J].中州学刊，2011（1）：120-124.

⑧ 王峰.参与式治理视野下贫困地区农民参与扶贫项目的机制研究——一种参与式发展理念的引入应用[J].中国集体经济，2018（25）：12-13.

笔者将该理论用于案例分析，符合其内涵定义和外延拓展，特别是在研究汉安村的村民不同程度地参与村集体产业发展这一过程时，具有较强的适用性和切合性。

（二）分析框架构建

本研究的分析框架如图 3-3 所示：有机融合内生发展理论和参与式发展理论，结合案例故事本身的丰富实践，围绕汉安村从无到有、从有到好发展村集体经济这一动态过程，分析其在发挥村"两委"组织作用、充分利用优质资源、有效对接市场销路、本村贫困户积极参与等方面的经验做法，从而更为深刻地剖析当前村集体经济发展面临的困境，探索外源驱动内生、民众广泛参与的村集体经济形态，为乡村振兴背景下村集体经济高质、健康、可持续发展提供对策建议。

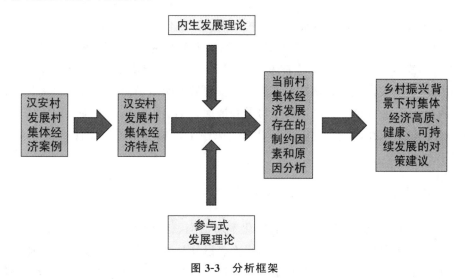

图 3-3　分析框架

五　村集体经济发展的制约因素分析

（一）人力难聚优

1. 村干部层面——头雁作用不明显

村干部这一群体作为本地乡村振兴工作的头雁，在发展村集体经济中发挥着至关重要的核心引领作用，但部分村干部认识不足、不够有觉悟，缺乏发展集体经济的内生动力。部分村干部不能正确看待政策导向、理解政策意图，主要体现在思想保守、缺乏开拓精神，不善于统筹利用本地资源，不能因地制宜地发展本村集体经济，甚至有人错误地认为，发家致富主要靠村民个人的水平和造化，只要总体经济水平发展上去了，有无村集体经济不是特别重要；还有一些人目光短浅，满足于土地流转等周期短、操作简便、见效快的创收方式，缺乏长远规划。在精神状态上，"小富即安"的"躺平"思想并不少见，推一下走一段的"驴样子"依然存在，干事创业缺乏激情动力、遇到问题喜欢层层推诿；一些村干部思想较为偏激，稍微遇到挫折就泄气，"老办法不能用，新办法不会用"，面对新形势新问题束手无策。此外，村干部在处理村中事务之余，还要顾自家生产生活，心思精力难以集中。

2. 能人能手层面——骨干力量难汇聚

村集体经济发展始终缺乏致富能人、技术能手、优秀毕业大学生等人才支持。20世纪末开始，国家实施城镇化战略，这在一定程度上使乡村大量可用劳动力、资金资源等基本生产要素向城镇流动，城乡发展差距越拉越大。新生代外出务工的村民在村里尚算得上"有办法、有出路"的人，随着其在城镇逐步积累了关系网络、见识见地和资本财产，基本是能不回村就不回村。村集体经济发展缺能人能手、缺规划决策，产业规模缺资金注入，优化生产质效缺技术指导，这些都造成其发展后劲明显不足。以汉安村为例，该村部分能人能手都想办法到镇里、区里买了房子和铺面，案例正文末尾所提及的汉安村当前林下经济带头人敏哥也在此列：此前他离开村里去镇上，长期在镇上经营一家冷饮批发部，家属也都接了出去。

3. 留守村民层面——致富理念难扎根

近年来，乡村"空心化"和人口老龄化不断加剧，青壮年劳动力大多去了外地打工，留下来的大多是老弱病残幼人员。留守村民大多既缺技术又缺劳动能力，大多固守大田作物种植和小型农户经营，对新事物接触少、不敢碰、怕吃亏，基本不具备创新意识和变现能力。以汉安村为例，即使是相对成规模的种桑养蚕产业，在村镇将"小蚕共育"产业示范园建起来前，人们在种植桑叶、购买蚕卵、培育小蚕、结出蚕茧等环节也大多独立经营、自负盈亏，许多蚕卵或小蚕在早期即死亡，损耗率远高于"小蚕共育"模式。

（二）土地难利用

受限于空间规划、用地指标等，乡村产业主体依规申请建设用地相对困难，这对乡村产业融合发展有所影响。我国宪法第十条规定，农村和城市郊区的土地，除由法律规定属于国家所有的以外，属于集体所有；宅基地和自留地、自留山，也属于集体所有。虽然法律明文规定土地属权在村集体，但自从家庭联产承包责任制施行后，土地的实际使用权均归属于承包到户的、相对分散的农户，导致集体土地所有权多数时候主体虚设乃至缺位。

实践中发现，村集体相对可以自由支配的土地，主要是一些价值较低的荒地、荒山和江河湖溪等资源，上述资源若地理位置不理想将难以有效盘活，也很难通过承包租赁的方式为村集体收入增加来源。以广西乡村为例，很多村集体可直接使用的土地，只有村办公场所等所占土地和周边零星闲散空地,但这些土地并不足以用来发展村集体产业。在这种情况下,若不能有效流转、整合村里的土地,发展村集体产业也就直接面临"无米下锅"的困境,难以得到有效推动。比如汉安村的农用地较为分散,且乱石穿梭、土质不均,同时因为分散和小规模,农业农村基础设施建设和运维成本高,社会公共服务供给成本高,小规模田地种植收益很难覆盖成本,无法享受规模效应、累积效应和邻接正向外溢效应的好处,这就大大阻滞了农业农村的发展。

(三)资金难统筹

纵观国内多数乡村,村集体经济发展的直接动力,多源于地方财政定向支持或是后盾单位对口帮扶,大部分属于"外生型"经济增长。这种做法虽然见效快,但存在资金周转不确定性大、帮扶力度可持续性不足等问题。许多经济较弱的村集体收入少,缺乏开展项目的必要启动资金。以广西为例,2017年,财政厅选取了近40个县区作为试点,试点地区的村集体产业项目可获得相应的财政资金扶持;但对于更多没有被列入试点的地区而言,资金短缺仍然是难以解决的问题。此外,乡村在统筹使用资金时存在以下困难:一是时间来不及,建立村集体产业并有效运行、运行出效益,不是半年或一年就可以实现的;二是村集体产业抗风险能力相对较差,关联度不大的社会资金很难倾注其中;三是帮扶资金很难用出实效,万事开头难、难在"头"难开,特别是对一些短期内见效不明显甚至初期有亏损的项目,部分投资单位难以沉住气、看长远,稍有不顺或停或撤,造成先期投入的极大浪费。

此外,部分留守村民不同程度地存在与外界交流的障碍,很难从外界主动获取有效信息,也容易对外部新事物产生排斥心理。在一些村集体产业项目中,除了向村里转租土地,村民能参与的往往是安保、捆绑、搬运等没太大技术含量的工作,收入较低且相对固定。项目的分红,往往也很难扩大覆盖面。比如在本案例中,汉安村虽然村集体经济收入一直在增长,但其回馈村民的面是相对有限的。从对象上看,主要是荒地所属的村民和参与劳动的贫困户;从方式上看,主要是固定(土地转租费用)与机动(临时雇佣贫困户产生的劳动报酬)相结合,对贫困户而言,做的工多就给的钱多,并无其他形式的分红。

(四)产业难拓展

经实地调研、询问了解和文献查询,调研团队发现当前村集体产业仍然存在诸多困境,导致产业升级、规模发展难以为继。一是种类过于单一。传统的种植业、畜牧业通常是贫弱地区的主导甚至唯一的"活命"产业。以广西地区的种植业为例,其受限于山岳丛林地、水网稻田地等复杂的地形环境,生产方式颇为落后、生产效率相对低下、科技含量整体偏低,难以形成规模化、产业化的现代农业,农户一年忙到头也很难获得不错的收成。二是抗逆能力偏弱。村集体经济与私营经济相比,通常不具备竞争优势,供求信息不对等、不及时所带来的时间差,会增加农产品生产和销售风险,而普通农户通常安于随大流、蹭创收,开拓市场能力极其有限,对市场变化征候不敏感,难以有效预测发展趋势,导致处处被动。三是各类支撑不足。资金难以持续、技术投入不足、人才始终缺位，导致乡村无法负担产业规模升级带来的大幅增加的各类运营成本。四是销路难以拓宽。由于产业多位于下游，单靠后盾单位、驻村队员和村干当"推销员"很难拓宽销路，更多的时候自产自销都非常勉强。以广西某市某中职学校为例，该校曾向某革命老区贫困村派驻了三任"第一书记"，由于他们社会实践经验相对较少，基本无法完成本村盛产沃柑的销售任务；情急之下，校工会购入大量沃柑，当作年终福利发给教职工，平均每人发了三大箱。

六 乡村振兴背景下村集体经济高质量发展的对策建议

（一）提升乡村治理水平

1. 强化服务能力

优质、可靠、可持续的服务工作，对于激发贫弱群体内生动力十分关键。无论是外派驻村还是本土村干部，都既要保证服务工作的有序开展，又要保证相关工作的稳定性和连续性；要着力建强骨干队伍，使其充分发挥榜样引领作用，安排致富能人和退伍军人等示范性较强的人员担任村支书，使其在发展村级集体经济工作中充分发挥"火车头"作用，在政策扶持、技术指导上给予倾斜，切实增强村党组织服务能力。以汉安村集体经济为例，其从无到有到想发展、想获益，离不开村"两委"这个"火车头"的带动。根据个人意愿、着眼任务需要，村"两委"每届任期从 3 年适当延长至 5 年，保证了村"两委"的稳定可靠、搭档默契，持续提升服务水平和质量。还要坚持尽锐出战，持续选派精干力量担任驻村"第一书记"和工作队员，注重服务意识和能力培养，推动其担当实干、履职尽责，全身心投入服务乡村振兴的工作。

2. 优化资源配置

不断争取中央、地方各级的专项扶持资金，推动扶持村级集体经济项目落地，合理整合各级财政专项扶持资金及涉农资金切块下达至各村（农村社区），统筹支持、巩固、拓展脱贫成果，严密防范规模性返贫，保证专款专用、聚优蓄力、精准释能，在巩固既得成果基础上，积极扩大集体经济收益。依托县级"5＋2"、村级"3＋1"特色产业，优化示范村镇、农业强镇等布局，调配、盘活本地优势资源，将各村集体产业纳入县区级经济发展布局和乡村特色产业发展规划，大力发展物业经济、产业经济、服务经济，让一、二、三产业充分发挥聚合效应。

3. 做好政策宣讲

能让村民听懂、听明白的政策，才是能推进铺开、实在落地的政策；让村民认可的事,才是实实在在能办好、办到村民心坎上的好事。在组织政策宣讲时,既要注重宣讲的方式,又要精选宣讲的时机,还要巧拔"钉子"、多磨"棱角"。除了传统的现场宣讲模式,还可以利用远程教育网络,创建"网络课堂"培训方式,抓好村干部和村民的经常性宣讲教育,同时可以充分利用党建网站、微信公众号、"智慧党建"手机 App 等平台,采用"乡村小喇叭"、志愿者上门送学等方式进行全覆盖宣讲教育,不断把政策宣讲引向深入,使得村干部和村民成为精通政策的能人,为集体经济发展提供"智囊团"。此外,不能"光听锅碗响、饭菜吃不着",要切实把村集体经济带来的收入用好、用准、用活,在基础设施建设、服务能力提升等方面下功夫、见成效,让村民切实感受到大家就地就近参与发展村集体经济,真的能让村里变好、能让日子变美。

4. 鼓励村民参与

在基层治理过程中,乡镇政府、村"两委"应引导基层治理稳定、有效地进行,重视村民参与的规模效应和群体力量,鼓励村民广泛地参与到乡村治理中来,多层协力稳步推进乡村振兴。持续完善村党组织领导下的村级议事、决策、监督机制,理顺村党组织和各类组织的权责关系,以党务公开带动村务、财务公开,确保群众的知情权和参与权,积极落实完善农村党员及群众参与议事和协商制度。深入开展和乡村振兴相关的各类活动,通过村民说事、民情恳谈、百姓议事等载体,大力推广"枫桥经验",加强乡村基层治理和综合治理力度,探索当代农村社会管理模式,完善矛盾纠纷调处化解机制,依法依规做好矛盾纠纷排查、化解工作。

(二)强化人才队伍支撑

1. 多借巧借外力

把"三支一扶"、大学生"村官"、"第一书记"、驻村工作队和后盾单位、结对子帮扶单位专业人士等外力用活用好,尽可能为其创造干事创业平台,营造留人环境,减少层级消耗,提高综合输出水平。同时,通过大力吸引外来人才,建设专业化农村集体经济经营管理团队。强化政策供给、业务指导,吸引大中专毕业生、离退休干部职工回村领办或创办集体经济项目。面向社会选聘经济能人或企业家担任集体经济组织或项目职业经理人,推动科研院所、大中专院校的专业技术人员到村担任科技特派员,参与创办集体经济企业,共同助力村集体经济发展更上一个台阶。

2. 发掘培养骨干

有针对性地建立健全人才培养机制,综合运用集训培训、联动协作等方式,结合本土实际情况,标准化塑造培养技术能手、致富带头人。通过政府支持和自筹资金等方式,对村干部进行全覆盖轮训,同时对"第一书记"进行全员培训,邀请曾任"第一书记"的优秀干部和经验丰富的村干部现身说法、现场教学,厘清集体经济发展思路、抓住重点、攻克难点。举办集体经济专题培训,积极探索微信、网课、视频会议等新型培训方式。对于集体经济培训内容,采用"党员点菜"模式,提前收集村干部、村民的需求及兴趣,并紧密结合产业发展需求,探索开展菜单式培训服务,不断提高人们参与培训的积极性。通过机制创新和教育培养,打造、锻炼一支具备较高素养的新型农业人才队伍,为村集体产业经营提供科学、创新的决策服务保障。

3. 构建良性机制

通过成长激励、物质奖励、环境改善等方式,把现有的人留住、让外走的人回流。在派驻干部层面,坚持一线选人用人导向,对于选派的"第一书记"和驻村工作队员坚持凭实绩用干部,在乡村振兴一线发现、培养、考察和使用干部。以汉安村所在的南宁市为例,2017—2020年,该市从一线提拔的县处级干部人数,分别占每年提拔总数的60%、95.8%、84.4%和98%,对干部队伍鼓舞作用较为明显。坚持一线选人用人导向,优先提拔重用表现优秀、实绩突出、群众公认的干部。持续协调财政投入资金,对市级、县区级示范性农村集体经济组织划设补贴标准予以奖励;同时,奖励在发展村集体产业中表现优异的个人,激励他们进一步推动村集体经济高质量发展。在本案例中,汉安村时任驻村"第一书记"黄昊在回到青秀山风景区管委会后,也顺利地由一名普通科员成长为管委会直属公司的部门领导;经了解,该单位派出的历任驻村"第一书记"归建后,基本都得到了提拔任用,示范作用较为突出。

在本地村干部层面,建立报酬待遇稳步增长机制,吸引更多能人加入;进一步落实基层减负措施,为想干事、能干事的干部鼓劲撑腰,鼓励基层干部大胆试、大胆闯、大胆干,形成可复制、可推广的经济发展经验。

数字资源3-32
黄昊2022年
履新情况

在能人能手层面,进一步完善联农、带农相关机制,推进能人能手与具备资质实力的企业、家庭农场、各型合作社等构建联系密切、分工合理、产销有保障的利益共同体,提升产业运营水平和实际效益,促进本地能人能手生成、外出人才回流。

(三)健全内生发展机制

1. 突出主体产业

主体产业是村集体经济的支柱产业、主要收入来源,其发展是否良好直接关系到全村的经济收入。通过龙头企业牵引特色产业,指导"薄弱村"村民合作社利用专项资金、闲置土地等,与具备资质和实力的企业抱团发展,推动形成规模化特色支柱产业。建设县区级、乡级、村级特色产业示范园,发挥集体经济产业园的辐射带动作用,用活用好各级财政资金,完善高质量发展模式,推进能人领办集体经济组织试点工作,规范合同履约,提高村民群众发展集体经济的内生动力和自我发展能力,推动稳定增收和可持续发展。

2. 建立长效协作关系

与后盾单位、科研院所、高校等构建长效协作关系，确保外援不断、活水常来。各级后盾单位要把扶持村集体经济发展作为重要内容，整合有关帮扶资金，支持做大做强帮扶村的集体经济项目，帮扶村主动与后盾单位对接项目进度，遇到发展瓶颈和难题，及时寻求指导和帮助，共同推进产业发展。有条件的村可加强与高校、科研院所的合作，多方协同创新，建设一批农业高新技术产业示范区和农业科技园区，孵化培育一批农业高新技术企业，形成带动性强、特色鲜明的产业集群。

3. 打造精品项目

依托当地特色产业，打造精品产业环线，确立"一村一品"发展主线，与相关企业实现技术、资源共享，建立产业园；形成品牌、注册商标，实现特色产品专业化、品牌化、规模化。每年通过座谈、核实账目、实地考察等形式，分析评估村集体经济组织自营项目和入股分红项目，重点评估财政扶持资金安排使用、投入的项目实施情况、产业收益、资金拨付进度、村集体经营性收入等。根据当年村集体经济发展情况、存在风险，适时对产业做出调整，确保资金安全、项目创收。

4. 增强抗逆能力

以提质抗逆为目的，谋划村集体经济"长中短"三线巩固发展格局，积极整合土地资源、扶持资金等生产要素，筹集社会资金建设乡村振兴"加油站"和农贸市场等，谋划建设扶贫创业产业园，实现长远布局；利用自然资源优势，推动发展种植和养殖集体经济产业园，助力中期发展；通过参股龙头企业，助力发展当地特色旅游等优质项目，实现短期增效。之后，进一步通过销路稳固、产业互补、增效降耗、保量提质等方式，提升产业自身生命力和产品质量，三线护航、多维提升产业的体系强度。调优、拔高、理顺乡村产业结构，积极发展探索新型产业，促进农、文、旅、教全面融通，促成产、加、销、服深度贯通，摸索科、工、贸、金多向联通，同时探索传统特色产业智能化、数字化发展道路，充分利用电商、物流等途径拓宽销路，为村集体产业高质高效发展找准新的增长点，进一步提升其抗逆能力。

5. 形成品牌效应

除了传统的沟通、推荐手段外，广泛借助自媒体、各类 APP 等提升宣传效果，使特色产业真正有特色。通过打造"党建领航·电商扶贫"等品牌阵地，积极发挥电商平台的作用，积极探索"第一书记"或村支书直播带货等营销方式，做好特色农产品的梳理、包装和宣传工作，形成电商平台丰富多样的产品体系，扩大产品销售渠道，推动产业发展，促进乡村振兴。此外，还可以通过不定期举办特色农产品展销会和农产品丰收节，使特色农产品从"深闺"走向市场，积极拓宽特色产品销路、增强品牌效应。

6. 增加就业机会

充分激发村民想富、会富、能富的内生动力，依托乡村特色资源，构思和完善增加就业机会的框架，为村集体经济这个"电器"备好村民群体的"电池"，为"电池"尽可能多地提供就业岗位"充电座"。具体说来，一是在发展村集体经济时，统筹考虑就业岗位设多少、谁来干、怎样发挥作用等问题，灵活采用就业帮扶车间、公益性岗位等措施，拓宽村民就近就业渠道，让"出门上班、回家吃饭"规模性变现；二是注重岗位能力生成，合理区分精壮汉、能巧手、普通人、老弱病残等群体，通过人岗匹配、岗责匹配巧妙规避客观困难和个体不足，最大限度地向现有资源"要"效益；三是强化各级党委、政府、帮扶单位和各类商企的沟通协作，在法规政策允许的条件下尽可能促成多赢局面，丰富长、短工等工种类型。

（四）就地就近整合优势

1. 着眼地域特点就近采

"靠山吃山，靠水吃水"这句朴实的话里蕴含着简单而深刻的道理——将就近资源开发运用好，就能吃饱甚至吃好。无论是喀斯特地貌、丘陵地形、水网稻田地，还是临江河湖海地域等地域，都有其独特的优势。比如汉安村附近的大明山是4A级自然风景区，其山体本身占地较广、丛林众多、涧溪密布，松茸等高价值经济作物方便种植和采摘，可统筹建设多位一体的农旅结合项目，助推村集体经济高质量发展。乡村可发掘、盘活自身闲置资源，充分利用集体经营的土地、山林、鱼塘等资源，通过对外出租、合作经营等方式，把地域优势切实转化为资源优势、经济优势、发展优势。

2. 着眼历史底蕴深度挖

结合全国建设红色美丽村庄试点工作，抓住历史事件发生地、旧城旧楼遗址地，积极发掘历史内涵，进一步形成自身特点。实施"保护利用"行动，共创"红色家园"，落实红色文物、烈士纪念设施、遗迹保护政策，对红色遗迹遗址、烈士纪念设施进行修缮和复原。依托红色资源，大力发展红色旅游、红色文创、休闲观光、研学教育等特色产业，推动红色文化、红色资源与生态资源优势等结合，充分盘活试点村集体资源资产，全面提升红色旅游的接待、讲解、美食、住宿等服务水平。

3. 着眼民族特色多向融

通过开发民族特色文创、周边，打造独特品牌。发展民族乡村生态游、民俗游、农家乐、特色餐饮业等项目，推动民族村居发展"特色文化＋业态"，以多领域、全方位的合作促进少数民族村集体经济发展及群众增收。比如汉安村所在地区的"龙母文化"，与骆越族群稻作生产的水环境融合共生，可作为旅游文化的亮点。充分挖掘和保护丰富多彩的乡村优秀文化资源,将其融入市场、转化为文化产品,建立"传统民族文化＋研学旅行"基地,打造集观光、旅游、研学等于一体的现代乡村文旅综合体,实现文化资源向文化品牌的跨越。民族文化与景观旅游深度结合,将景致风光与民族地区的底蕴积淀在无形中予以连接,既满足了人们的休闲娱乐需求,又能让人们在旅游观光中思古念今、启迪智慧、增长见识。

七　结束语

从脱贫攻坚到乡村振兴,发展村集体产业、提振村集体经济一直是改善乡村落后面貌的重要举措。脱贫村发展村集体经济的关键在于就近就地的集体产业可持续发展,核心在于形成内生性村集体经济动力。这需要后盾单位、驻村及本地干部,以及村民群体多层协力、广泛参与。本案例介绍了在时任驻村"第一书记"的主导协调下,汉安村把闲散荒地整合为草皮种植产业园,并通过后盾单位资源将该产业与外部市场有效衔接,实现了村集体经济从无到有的突破,之后该村通过村"两委"组织功能强化、村庄内生动力激发、村集体产业扩宽产品销路等举措形塑了村集体经济内部治理结构,逐渐摆脱了对后盾单位的外部依赖,实现了集体经济发展由外部驱动向内生驱动的转变,村集体产业可持续性增强。案例基于内生发展理论和参与式发展理论构建分析框架,采用文献研究法、实地调查法、访谈调查法和案例研究法,系统分析了汉安村集体经济由外部援助向内生发展转型的过程,讨论了脱贫村内生性集体经济发展的可用资源和可行路径,以期为其他脱贫村集体经济发展提供借鉴。

 案例点评

发展新型农村集体经济是全面实施乡村振兴战略的重要内容,是实现农民共同富裕的重要路径。党的二十大报告提出,巩固和完善农村基本经营制度,发展新型农村集体经济。2023年中央一号文件提出,探索资源发包、物业出租、居间服务、资产参股等多样化途径发展新型农村集体经济。该案例详尽探讨了集体资源少的脱贫村是如何实现从集体经济收入为零向可持续发展的集体经济蜕变的。其中包含脱贫村内部和外部两个关键性动力。具体而言,驻村"第一书记"和后盾单位的外部推动力是推动新型农村集体经济发展的关键;集体经济实现零的突破后,村"两委"等内生性组织的成长是实现新型农村集体经济可持续发展的关键。

第四章 当"致富鱼"遇上"环保网",乡村产业振兴之路何去何从?
——以广西岑溪市饮用水水源保护区内网箱养殖治理问题为例①

 案例导入

党中央提出实施乡村振兴战略,以产业兴旺、生态宜居、乡风文明、治理有效、生活富裕为总要求,加快推进农业农村现代化。随着我国对生态环境保护的重视程度越来越高,农村地区简单粗放的经济发展方式与生态环境保护之间的矛盾和冲突成为我国乡村振兴战略实施过程中面临的一大问题。大隆镇浯河村曾是广西岑溪市的贫困村之一,早期通过引进网箱养殖技术,在当地泗滩②水库建起网箱养殖"十里长廊"经济产业带,带动村民增收致富。自泗滩水库被列为岑溪市饮用水水源保护区后,网箱养殖触碰到了"生态红线"。2021年中央第七生态环境保护督察组对广西壮族自治区开展第二轮生态环境保护督察,促使岑溪市对当地的网箱养殖进行整治清退。在推动网箱养殖的整治工作、尽可能减少养殖业主损失的同时,大隆镇人民政府依托本地丰富的竹林资源,通过申请中央扶持乡村振兴产业资金投资竹制品加工厂厂房建设项目,引导当地网箱养殖业主转型发展竹制品加工和竹材种植这一可持续发展绿色产业,走出了一条生态产业化、产业生态化的新道路。本案例从广西岑溪市饮用水水源保护区内网箱养殖治理及产业转型这一现实问题出发,探讨乡村振兴战略背景下农村产业经济发展与生态环境保护之间的关系,以可持续发展理论和协同治理理论对当地整治网箱养殖、转型发展竹制品加工和竹材种植产业的原因、实施过程和目前及未来预期取得成效进行深入分析,试图找出二者协同推进的最优策略,为我国实现产业生态化、生态产业化,提升产业谋划的前瞻性,统筹推进生态环境保护和农村产业经济发展提供理论参考和政策启示。

---

① 案例团队:一"网"情深队。指导教师:覃志敏;团队成员:陈昭全、陈莉莉、樊桂伶、蔡明君、唐平。本案例为2023年第七届中国研究生公共管理案例大赛百强案例。

② 同"四滩",本章绝大部分使用"泗滩",但个别文件名和截图与政府发文时保持一致,使用"四滩"。

第一节 案例故事

一　引言

产业振兴是乡村振兴的基础和关键，生态振兴是乡村振兴的重要支撑。新时代背景下的乡村振兴所追求的不再是经济社会单向度的发展，而是人、自然生态与经济社会的协同发展。新时代推进乡村振兴，要牢固树立和践行"绿水青山就是金山银山"这一现代生态文明理念，将生态环境保护作为经济社会发展的底线，注重多层面、立体化、系统性地处理好保护和发展的关系。抓生态文明建设，不是就保护而保护，而是准确把握发展与保护的规律，实现经济发展与环境保护的同向提升，走出一条经济发展与生态文明建设相辅相成、相得益彰的发展新路，推动乡村经济社会发展走向生产发展、生态良好、生活幸福、生命健康的新模式。

二　依山傍水好资源，网箱养殖创丰收

（一）依托水域优势，引入网箱养殖

岑溪市位于广西壮族自治区东南部，两广交界处，是两广交流和珠三角经济圈与大西南的结合点之一。其地势东南高西北低，属于典型的亚热带季风气候。岑溪市年平均降雨量达1450毫米（2018年1月30日数据），市内有黄华河（境内流经里程111.5千米）、义昌江（境内流经里程123千米）等主要河流经过，其他集雨面积10平方千米以上的河流有36条，水资源较为丰富。为充分发挥现有的水域资源优势，利用水域资源创新写好特色产业经济这一"文章"，开创农村发展和农民增收的新局面，2008年以来，岑溪市开始从广西桂林恭城、梧州长洲等地引入网箱养殖技术。

数字资源 4-1
岑溪市黄华河

数字资源 4-2
大隆镇泗河村网箱养殖渔场

作为当时岑溪市贫困村之一的大隆镇泗河村，地处边远山区，坐落在泗滩湖畔，黄华河贯穿而过，过去其由于各方面原因，没有找准合适的产业模式，导致当地经济发展相对滞后。后来，该村充分利用自然优势，在2009年筹资20多万元投入网箱养殖产业，养殖面积达240平方米。经过

科学的管护，次年成功盈利 10 万余元。随后大隆镇开始在镇内泗滩水库、高垌水库库区的沿河村全面推广网箱养殖，并邀请南宁、贺州及本地水产部门的技术员实地指导，解决养殖户在生产发展中的相关问题。养殖户不断加入，并逐年增加投入、扩大养殖规模。到 2011 年，大隆镇全镇参与网箱养殖的养殖户有 50 多户，仅漄河村就有 40 户，全镇网箱养殖面积达 12000 平方米，年产鲜鱼 150 万公斤，除本地供应外，还远销广西贺州、南宁和广东高州、茂名、罗定，甚至是香港市场。大隆镇漄河村网箱养殖的成功经验在岑溪市马路镇、南渡镇、水汶镇等其他乡镇得到了大力推广。

（二）决胜全面小康，网箱产业致富

在决胜全面小康、决战脱贫攻坚过程中，网箱养殖扮演了"致富经"的角色。据时任大隆镇漄河村"第一书记"Z 介绍，网箱养殖带动了当时还未脱贫的 12 户贫困户，每年可为贫困户家庭增收四五万元。

在漄河村，许多村民加入网箱养殖的行列。村民 Z 从事网箱养殖将近十年，刚开始他只是抱着试试看的心态加入，到 2016 年已坐拥 10 多箱鱼，年收入 4 万多元，曾是贫困户的她在 2016 年成功脱贫，还在靠近自己渔场的岸边建起了漂亮的新房，网箱养殖为她的生活带来了质的变化。到 2020 年底，漄河村通过创建党员中心户基地、网箱养殖培训基地及移民创业户基地，引导 42 户党员中心户和 100 多户村民设立先锋带富箱、青年创业箱、移民辐射箱共 650 多个，辐射带动库区上下游大隆镇合和、河口、六角和南渡镇君丰、义修等 8 个村发展网箱养殖超 20000 平方米，每年零售批发销售额达 2000 万元，成为闻名远近的网箱养殖专业基地，大隆镇也成为梧州市网箱养殖面积最大的乡镇之一。大隆镇漄河村等地立足村情实际，依托网箱养殖建设水中"十里长廊"经济产业带，成功探索出一条极具特色的乡村振兴新门路，其优秀经验获得《人民网》《农民日报》《广西日报》《广西新闻》等新闻媒体平台报道（见图 4-1）。

图 4-1　关于岑溪市网箱养殖的部分新闻媒体报道

三 伤及水源触红线，网箱养殖被禁止

（一）缺乏监督管理，网箱污染水域

大隆镇涩河村等地村民在泗滩水库周边水域开展网箱养殖，实现了良好的经济效益。然而，网箱养殖产生的污染问题也逐渐引起了人们的重视。

根据专家分析，网箱养殖容易出现过剩饵料沉降、粪便排泄沉积等多种问题，若缺乏科学管理，会导致水域总氮、总磷、氨氮、化学需氧量、溶解氧、pH 等化学指标超出正常范围，造成水质富营养化现象，而鱼用药品投放、渔场垃圾乱弃等甚至直接影响下游水域饮水用水安全。网箱养殖水污染源种类及比例如表 4-1 所示。

表 4-1　网箱养殖水污染源种类及比例

污染源	存在形式	占总量的比例（%）
生活垃圾	漂浮或下沉	5
过剩饵料	沉降淤积	35
排泄物	沉降淤积	50
其他污物	沉降混溶	10

根据《广西壮族自治区人民政府关于岑溪市市区饮用水水源保护区划定方案的批复》（桂政函〔2012〕226 号），泗滩水库列入岑溪市饮用水水源保护区。随着保护区的设立，网箱养殖污染问题被摆上台面。

（二）水源保护划定，明令禁止养殖

按照 2016 年岑溪市市区饮用水水源保护区划定，泗滩水库饮用水水源一级保护区总面积约 4.69 平方公里，水域范围包括规划取水口上游 3500 米至下游 200 米处的黄华河河段。二级保护区总面积约 37.50 平方公里，水域范围包括水库上游 165000 米至坝址下游 1000 米的黄华河河段、支流君峒河从汇入口向其上游延伸 2000 米的河段。

数字资源 4-3
岑溪市泗滩水库集中式饮用水水源地一、二级保护区范围

大隆镇涩河村等地村民在泗滩水库和周边水域设立的养殖网箱多数位于泗滩水库集中式饮用水水源地一、二级保护区范围内。

2017 年 5 月 1 日起，《广西壮族自治区饮用水水源保护条例》正式实施。其中，第二十三条规定："在地表水饮用水水源准保护区内，禁止下列行为：……（十）网箱养殖以及规模化畜禽养殖；……"第二十五条规定："在地表水饮用水水源一级保护区内，除第二十三条、第二十四条规定的禁止行为外，还禁止下列行为：……（五）养殖畜禽、旅游、游泳、垂钓；……"

根据以上规定，泗滩水库集中式饮用水水源地一、二级保护区范围内禁止网箱养殖，其中，一级保护区范围内禁止所有的畜禽养殖行为。水源地保护区内的网箱养殖成为触碰环保"红线"的违法行为。

四 限期拆除任务重，协同动员成效佳

（一）整治有所顾忌，督察坚定决心

考虑到人民群众的收入稳定等各方面的因素，岑溪市及当地乡镇人民政府在2020年前对于在泗滩水库集中式饮用水水源地保护区范围内的网箱养殖行为主要采取劝说、引导等缓和手段。其间，当地网箱养殖的数量和规模并没有明显减少。

2021年4月9日至5月9日，中央第七生态环境保护督察组对广西壮族自治区开展了第二轮生态环境保护督察，饮用水水源保护区内的水质保护和污染治理成为此次督查整治的重点，泗滩水库集中式饮用水水源地保护区范围内的网箱养殖整治问题开始引起人们重视。同年，广西壮族自治区生态环境厅发出《自治区生态环境厅关于通报水污染防治工作调研情况的函》（桂环函〔2021〕1252号），进一步促使岑溪市人民政府对泗滩水库集中式饮用水水源地保护区范围内养殖网箱进行有力清理。

（二）政府制定方案，清拆势在必行

2021年7月15日，岑溪市人民政府办公室印发了《岑溪市泗滩水库集中式饮用水水源地环境问题综合整治工作方案》（岑政办发〔2021〕67号），正式启动泗滩水库饮用水水源地环境问题的整治工作。该方案提出严格控制保护区内畜禽养殖活动："加强对饮用水水源保护区内养殖业的巡查管理，取缔饮用水水源一级保护区内所有经营性的畜禽养殖活动，拆除养殖设施。组织对二级保护区内排放污染物的规模化畜禽养殖场进行拆除或关闭；分散式畜禽养殖圈舍应做到养殖废物全部资源化利用，且尽量远离取水口，不得向水体直接倾倒畜禽粪便和排放养殖污水；饮用水水源二级保护区内网箱养殖、坑塘养殖、水面围网养殖等活动应全部取缔。"并规定由岑溪市农业农村局牵头，联合梧州市岑溪生态环境局、岑溪市南渡镇人民政府、岑溪市大隆镇人民政府组织实施。

2021年8月3日，岑溪市人民政府办公室印发了《岑溪市泗滩水库养殖网箱清理整治工作方案》（岑政办发〔2021〕90号），决定于2021年8月3日至2021年9月27日，对泗滩水库内的养殖网箱进行集中清理整治，2021年9月28日起转为长效治理。

2021年9月17日，岑溪市人民政府发布《关于泗滩水库饮用水水源保护区养殖网箱限期拆除的通告》，声明2021年9月22日前，有关部门将对泗滩水库饮用水水源地一、二级保护区内的网箱养殖业主发出限期整改通知书，养殖网箱业主自行清理养殖网箱；

2021年9月23日至2021年9月27日，对逾期未按要求清理的，依据有关规定依法组织开展强制清理拆除。

（三）深入一线动员，协同开展整治

上述通知和通告发布后，岑溪市农业农村局联合大隆镇人民政府等单位、部门，对泗滩水库饮用水水源地保护区范围内养殖网箱情况进行实地调查，逐户核实登记农户的网箱养殖面积、拆解意愿、转产计划等详细情况。

相关单位、部门组织工作人员深入一线，对养殖网箱业主开展宣传动员工作，解读《中华人民共和国环境保护法》《中华人民共和国渔业法》《中华人民共和国水污染防治法》《广西壮族自治区饮用水水源保护条例》等法律法规，发放《致饮用水水源地保护区农民朋友的一封信》，动员业主在规定的时限内自行清理养殖网箱，签订"养殖网箱清理转产协议书"，由市财政局对如期处理养殖产品、自行拆解清理网箱的养殖业主，按照每平方米30元的标准，给予清理补助；对有产业转产意愿的养殖网箱业主，按照每平方米35元的标准，给予扶持转产补助。

数字资源 4-4
工作人员协助养殖业主拆解清理网箱

2021年9月23日起，工作组开始对泗滩水库饮用水水源地保护区内未如期拆除的养殖网箱依据有关规定依法进行强制清理拆除，大隆镇人民政府等单位、部门通过加强日常巡查管理，防止出现反弹复养现象。

截至2022年6月，大隆镇涟河村等地共70余户网箱养殖户拆除网箱，共清理存鱼约165万公斤、网箱面积约3.17万平方米、网箱格800余个，泗滩水库生态环境、水体干净和水质安全得到了有效保障。

五　重振经济稳信心，借竹聚财谋新生

（一）爱心购鱼补偿，投产资金回笼

在加快推动养殖网箱拆解清理的过程中，网箱养殖业主们遇到了一个头疼的问题——如何在短时间内售出正在养殖的网箱鱼？

为了减少养殖业主的损失，尽快解决近百万斤网箱鱼的滞销问题，大隆镇人民政府主动联系全国各地商家前来采购，并联合岑溪市总工会，发出"支援环保 爱心购鱼"的活动倡议（见图4-2），号召全市各级工会及广大职工会员自发购买网箱鱼。经了解，仅当月21日一天，大隆镇人民政府和岑溪市总工会就帮助涟河村脱贫户D售卖了其滞销的8000多斤皖鱼。

数字资源 4-5
岑溪新闻节目《大隆镇涟河村百万斤鱼滞销盼您助力拓销路》

岑溪市水利局和其他乡镇人民政府对接辖区内的山塘、水库业主或者承包经营人员，鼓励购买活鱼放养（见图4-3）。岑溪市融媒体中心制作专门节目进行宣传，呼吁社会各界前来助力销售。经过全市上下共同努力，滞销的网箱鱼基本售出，养殖业主的损失得到控制，投产资金得以回笼。

图4-2 "支援环保 爱心购鱼"活动倡议书

图4-3 岑溪市水利局《关于认购四滩水库网箱鱼并填写辖区山塘、水库材料的函》

（二）网箱鱼被治理，致富路在何方

在泗滩水库养殖网箱清理整治工作开展的同时，人们不禁思考：网箱养殖曾经给当地村民收入的提高做出很大贡献，如今这一条"致富路"被封，村民未来还能通过什么方法实现增收？转产的方向在哪里？2022年是乡村振兴全面展开的关键之年，如何有效巩固脱贫攻坚成果，并在保护好生态环境的前提下，找到一条适合当地的产业经济发展道路，充分提高村民收入？这也是大隆镇人民政府一直在研究的问题。

政府工作人员在对泗滩水库饮用水水源地保护区范围内养殖网箱情况进行实地调查、逐户核实登记的过程中，发现涟河村等地从事网箱养殖的村民多数是在家务农的老人，他们之所以选择通过网箱养殖的方式增收，主要原因之一就是网箱养殖只需要轻体力劳动。

不同于多数年轻村民前往外地务工从事的繁重劳动，网箱养殖平台搭建好后，业主仅需要每日对网箱鱼进行饵料投喂，定期检查鱼的健康情况。待鱼苗成熟时，通过前期打通的销路由外地鱼商上门采购，或是前往市场自行销售。这种生产方式更适合老年群体。

（三）绿色环保引路，竹子振兴经济

大隆镇人民政府试图寻找一种相似的生产方式，取代网箱养殖，在保护好生态环境的前提下，成为适合网箱养殖业主转型发展的新方向，作为未来当地推进产业振兴的新路子。有了网箱养殖的前车之鉴，大隆镇人民政府工作人员和岑溪市农业农村局、乡村振兴局工作人员共同探讨研究，将目光瞄准了同样适合老年群体并且生态友好的竹制品加工和竹材种植产业。

大隆镇盛产竹子，涟河村、白碟村等地竹林资源更为丰富，周边共成立了近 20 家竹制品加工企业，竹制品加工和竹材种植产业在当地已经有较长的发展历史。

数字资源 4-6
当地村民正在
进行竹制品
原材料初步加工

通过加工制造竹类编制品、竹类家具、竹制日用品等产品以及竹材半成品原料等，村民可以获得不错的收入。当地的脱贫户 L 表示，通过加工制作竹编制品，她每月的收入能达到 5000 元。在她的带动下，村里有超过 50 户村民都在利用竹类编制品增收。

大隆镇人民政府认为，可以申请乡村振兴产业项目资金，用于建设竹制品加工厂房，引入社会资本参与运营，从而带动村民就业，增加村民收入，同时村集体可以通过投资入股方式获得分红，为村级集体经济带来良好效益。

（四）乡村振兴新路，两村联合致富

由于涟河村较大部分辖区在泗滩水库饮用水水源地保护区的陆域范围内，考虑到水资源污染防治规定愈加严格，同时为了充分利用涟河村、白碟村等地的竹林资源，经过实地考察和分析研判，大隆镇人民政府将项目厂房的建设地点选为涟河村旁的白碟村。

白碟村位于竹林资源最丰富区域的地理中心，方便竹制品加工原材料的获取；这里距离周边的涟河村、义修村仅有 2 千米，可以将产业项目的经济影响力覆盖面最大化，充分带动周边村民前来务工增收；同时它还处在 G207 国道旁边，能够降低运输成本。

大隆镇人民政府和涟河村、白碟村"两委"成员认真商议后，认为该项目可行度很高。为了充分发扬民主精神，做好宣传动员工作，大隆镇人民政府组织两村的"两委"成员、党员代表、村民代表等召开乡村振兴产业项目实施方案大会，征求广大村民的建议和意见。与会人员一致认为该项目能够有效带动就业，为村民和村集体带来较好的经济收益，有利于两村及周边区域整体的发展，能够很好地助力乡村振兴战略实施，一致同意并大力支持投资入股。

获得村民们的支持后，大隆镇人民政府和溠河村、白碟村"两委"成员对该竹制品加工项目的建设内容、经营管理、预期效益等进行了详细分析，并制定了乡村振兴产业项目实施方案（草案）。

该方案计划在大隆镇白碟村利用村集体土地（自留地）建设竹制品加工厂项目，项目建设占地面积7亩，其中5亩用于新建一个竹制品加工厂房。由大隆镇人民政府为溠河村申请中央扶持乡村振兴产业资金210万元，主要用于厂房建设、生活办公用房建造、道路硬化、基础设施配套等。溠河村以申请到的乡村振兴产业资金及其他村级集体经济资金入股项目，白碟村则以项目建设使用的村集体土地（自留地）入股项目。

项目建设完成前，由大隆镇人民政府企业管理站作为主要管理责任主体，负责日常具体事务。项目建成后，引进一家竹制品加工企业，以租赁厂房的方式，自主经营、自负盈亏，企业管理站不再参与日常具体事务，改由企业负责。

厂房出租后，企业按照前10年每年10.5万元的价格缴纳租金，每10年在上一年度租金基础上提升5%，项目所得租金收益中的10%作为项目管理费，用于项目各类设施的日常维护，20%作为溠河村集体经济收入、30%作为白碟村集体经济收入，剩余40%由大隆镇人民政府统筹分配到各村。

企业与项目建设方合作期达到30年后，合作方根据项目效益情况并经主管部门同意，可选择退出或继续合作。

大隆镇白碟村竹制品加工项目厂房建造成本计算如表4-2所示。

表4-2 大隆镇白碟村竹制品加工项目厂房建造成本计算

序号	项目名称	数量（平方米）	单价（元）	预计金额（万元）
1	"三通一平"	1500	5	7.5
2	生活办公用房	200	1600	32
3	厂房建设	1050	1000	105
4	道路硬化	1000	150	15
5	配套基础设施（挡土墙、围墙、排水、水电）	—	—	46
6	绿化	300	150	4.5
总计				210

2022年2月28日，经过"四议两公开"充分听取、征集村民建议意见后，大隆镇人民政府正式向岑溪市乡村振兴局提交该实施方案（草案）。经审批同意，该竹制品加工项目被纳入项目库，认定为岑溪市2022年提前批中央和自治区财政衔接推进乡村振兴补助资金产业发展项目并等待实施。

（五）加工厂房投产，促进转型发展

2022年5月，大隆镇人民政府向上级部门申请的中央扶持乡村振兴产业资金（210万元）获批通过，竹制品加工项目正式开始建设。产业项目资金在村务监督委员会以及作为

村级廉洁监督员的热心村民的共同监督下使用，建设过程中还聘请了当地的 5 名脱贫人口参与施工，帮助他们增加收入。2022 年 9 月，厂房及生活办公用房完成建设，道路硬化完毕，基础设施基本配齐，正式开始对外招商。

数字资源 4-7
大隆镇白碟村
竹制品加工
项目厂房、
生活及办公用房

随后，岑溪市明福轩竹木家具有限公司租下项目场地，用于生产竹制家具、竹制日用品等产品。大隆镇人民政府工作人员 J 介绍道，该企业先后进行了厂房的改造和设备的安装调试工作。2023 年 1 月，企业已经开始进行小规模的试投产工作。

据大隆镇人民政府工作人员 Y 介绍，目前该竹制品加工厂已有十多名员工进行试产，等到生产线设置完毕、全面铺开后，预计可以辐射带动溢河村、白碟村及周边区域超 50 人就业，并带动当地及周边各村 500 人种植竹林面积超 5000 亩。

数字资源 4-8
大隆镇白碟村
竹制品加工厂
全景

该竹制品加工项目采用机械式半自动化加工模式，员工经过系统培训后，可以熟练掌握加工技能，适合原来从事网箱养殖的老龄业主转产参与，同时能够在农村地区大多数青壮年劳动力外出务工后，为留守农村尚有余力的老年劳动力提供就业增收渠道。

村民们还能利用山场土地种植竹林，待竹材生长成熟后便可联系该竹制品加工厂采购从而增加收入，村民们仅需做好移栽和短期的肥水管理，不需要额外的繁重劳动。对于留守当地长期从事务农、种植经验丰富的人们来说，技术门槛不算高。村民们还可以通过申请，获取竹林种植方面的政策补贴，降低种植成本。

由于竹子生长速度快、周期短（见图 4-4），三五年新竹便可生长成熟并进行采伐，竹材可以通过种植补充，源源不断地产出，因此竹制品加工产业和竹材种植产业可以实现可持续的循环互促生产。该竹制品加工企业可以和周边竹类生产、加工企业形成新的区域产业带，产生产业集群效应，通过专业化分工与交易便利性，将各企业紧密地联系起来，使得产业链不断延长，进一步推动生产技术革新，提高区域生产效率，实现区域经济的不断增长。

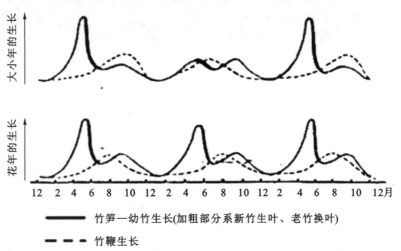

图 4-4　竹子生长规律趋势

不同于网箱养殖产业，竹制品加工产业和竹材种植产业完全符合绿色发展要求。竹材加工过程不会产生污染环境的废料，同时由于竹林根系发达、竹叶茂密，竹材种植有助于保持水土、防风固沙、净化空气，有利于当地饮用水水源地保护工作，能够产生良好的生态效益。

该竹制品加工项目平均每年可以为入股方创造 10.5 万元的村集体经济收入，这部分收入可用于当地基础设施建设和改善村民公共服务等，进一步提高人民生活质量，产生良好的社会效应。

六 绿色发展引前路，产业振兴生态优

岑溪市大隆镇网箱养殖产业从有心引入到无奈放弃、从增收致富到依法取缔，而后该镇为了兼顾生态效益和经济效益，在全面推进乡村振兴中实现高质量发展，瞄准了竹制品加工和竹材种植产业，实现绿色发展。

习近平同志指出："我们既要绿水青山，也要金山银山。宁要绿水青山，不要金山银山，而且绿水青山就是金山银山。"党的二十大报告指出："我们坚持可持续发展，坚持节约优先、保护优先、自然恢复为主的方针，像保护眼睛一样保护自然和生态环境，坚定不移走生产发展、生活富裕、生态良好的文明发展道路。"党中央、国务院多次强调要严守生态保护红线，推进农业农村绿色发展。

全面实施乡村振兴战略，需要实现产业经济发展和生态文明建设统筹推进，让良好生态成为乡村振兴的支撑点，以生态产业化打开致富惠民之门，靠产业生态化打开绿色发展之门。

第二节 案例分析

一 引言

党的十九大提出实施乡村振兴战略，以产业兴旺、生态宜居、乡风文明、治理有效、生活富裕为总要求，加快推进农业农村现代化。乡村振兴不仅仅是经济发展，而是产业、人才、文化、生态、组织五个方面的全面振兴。

随着经济社会不断发展，我国对生态环境保护的重视程度越来越高，而农村地区依赖本地生态资源发展产业经济造成的环境污染，是我国乡村振兴战略实施过程中面临的一大

难题。大隆镇涅河村早期通过引进网箱养殖技术，在当地泗滩水库建起水中网箱养殖"十里长廊"经济产业带，带动村民增收致富。自泗滩水库被列为岑溪市饮用水水源地保护区后，网箱养殖触碰到了"生态红线"。中央第七生态环境保护督察组对广西壮族自治区开展第二轮生态环境保护督察，促使岑溪市对当地的网箱养殖进行整治，曾经的"致富经"面临被拆除清退的命运。

在推动网箱养殖的整治工作、尽可能减少养殖业主损失的同时，大隆镇人民政府也在思考涅河村如何在保护好生态环境的前提下重新找到一条适合当地的产业经济发展模式。最终，大隆镇人民政府依托本地丰富的竹林资源，通过为涅河村申请中央扶持乡村振兴产业资金，投资竹制品加工厂房建设项目，引导网箱养殖业主转型发展竹制品加工和竹材种植这一可循环绿色产业，走出了一条生态产业化、产业生态化的新道路。

本案例中，团队成员通过实地调研，访谈大隆镇人民政府工作人员、涅河村"两委"成员、原泗滩水库饮用水水源地保护区的网箱养殖业主、当地村民和脱贫户等人，详细了解了岑溪市清退泗滩水库饮用水水源地保护区内的网箱养殖产业，转型发展竹制品加工和竹材种植产业这一事件的脉络和相关细节，同时向有关部门、单位咨询了案例涉及的法律、农业等方面的专业性内容，结合可持续发展理论、协同治理理论，对案例的起因、过程、目前结果以及未来预期情况进行分析，并基于分析结果，对乡村振兴战略背景下，农村产业经济发展与生态环境保护的协同推进提出对应的对策和建议。

二 研究方法

本案例结合实际，采用了文献研究法、实地调查法和访谈调查法：通过文献研究法收集整理网箱养殖的相关规定和报道，整理相关理论内容；通过实地调查法了解当地的环境条件和竹制品加工厂建设情况；通过访谈调查法了解相关人员、群体对网箱养殖和转型竹制品加工与竹材种植的看法以及发挥的作用。

（一）文献研究法

通过电子资源数据库等查阅饮用水水源地保护区相关的法律法规，如《中华人民共和国水法》《中华人民共和国水污染防治法》《广西壮族自治区饮用水水源保护条例》等。同时了解当地饮用水水源地保护区的相关政策规定，如《岑溪市人民政府关于印发岑溪市泗滩水库集中式饮用水水源地环境问题综合整治工作方案的通知》《岑溪市人民政府办公室关于印发我市四滩水库养殖网箱清理整治工作方案的通知》《岑溪市人民政府关于泗滩水库饮用水水源保护区养殖网箱限期拆除的通告》等；收集人民网、《农民日报》、广西新闻网、梧州新闻网、岑溪新闻网等新闻媒体平台关于当地网箱养殖产业的相关报道；通过各类文献数据库中公共物品理论、可持续发展理论、协同治理理论等有关理论知识以及乡村振兴背景下农村地区产业发展与生态环境保护协同推进的相关文献研究，为案例分析提供思路和参照，从而搭建本案例的理论基础和分析框架。

（二）实地调查法

前往大隆镇涩河村、白碟村等地进行实地调查，了解岑溪市泗滩水库饮用水水源地一、二级保护区流域范围；了解涩河村及周边区域的地理环境、自然资源、产业发展和道路交通等方面的情况，调查当地竹林资源利用现状、竹制品加工及竹材种植产业发展现状；实地参观本案例中竹制品加工项目厂房，了解项目构思、项目建设内容和进度、运营模式和经营状况。

（三）访谈调查法

团队成员以大隆镇人民政府工作人员、涩河村"两委"成员、原泗滩水库饮用水水源地保护区的网箱养殖业主、当地村民和脱贫户为对象，通过电话、社交软件、面谈等方式开展访谈，了解岑溪市清退泗滩水库饮用水水源地保护区内的网箱养殖产业事件的始末，以及大隆镇人民政府推动转型发展竹制品加工和竹材种植产业背后的思考和设想；了解网箱养殖治理工作对村民经济收入的影响和当地村民对发展竹制品加工及竹材种植产业的态度；了解岑溪市农业农村局、岑溪市总工会、岑溪市水利局、岑溪市融媒体中心、各乡镇政府等部门、单位在协助当地转型发展方面发挥的作用。通过不同群体访谈内容的相互补充印证，还原整个案例真实的整体和细节。

三 理论基础和分析框架

（一）理论基础及其适用性

1. 公共物品理论

公共物品是为了满足社会公共需求而设计的公共产品，对于私人物品而言其具有效用的不可分割性、消费的非竞争性和受益的非排他性。效用的不可分割性体现在以共同受益或共同消费为特点，针对整个社会提供。消费的非竞争性是一个人对公共物品的使用并不排斥或者妨碍其他人使用该公共物品，也不会因此减少其他人使用这种公共物品的数量或质量。受益的非排他性是指在技术上没有办法将为之付款的个人排除在公共物品的受益范围之外，个人无法通过拒绝付款的办法将其所不喜欢的公共物品排除在使用范围之外。[①] 根据消费的非竞争性和受益的非排他性，公共物品可以划分为纯公共物品和准公共物品。

---

① 高培勇，崔军. 公共部门经济学 [M]. 3版. 北京：中国人民大学出版社，2011：42-43.

纯公共物品具有消费的非竞争性和受益的非排他性，准公共物品的使用和消费存在有限的竞争性或者受益范围具有有限的排他性。

本案例中大隆镇涟河村网箱养殖所处的水源地保护区，从消费的非竞争性和受益的非排他性角度进行分析，属于准公共物品；在水源地保护区内进行网箱养殖会影响水质环境，易引起水源污染，为下游饮水安全埋下隐患，因此，水源地保护区内的网箱养殖治理属于公共管理范畴，需要公共部门进行有效的管理和规范。

2. 可持续发展理论

20世纪60年代开始，可持续发展理论开始在世界范围内流行。1987年，挪威前首相布伦特兰夫人在她任主席的联合国世界环境与发展委员会的报告《我们共同的未来》中，将可持续发展定义为"既满足当代人的需要，又不对后代人满足其需要的能力构成危害的发展"。可持续发展理论需要遵循公平性、持续性、共同性三大基本原则。其中，公平性要求既保证当代人对资源和环境利用权利的横向公平，又保证后代人能与当代人一样享有对资源和环境利用权利的纵向公平；持续性要求生态系统在被开发的同时，保持持续性的生产力，以此保障人类社会的可持续发展；共同性要求所有人共同努力。可持续发展是全球范围内的人们共同面临的问题和挑战，所有国家的人们应共同参与、共同行动，共同探索可持续发展过程中有效解决问题的对策。[①] 可持续发展理念主要具有生态经济发展、自然承载力、人与自然和谐共存、发展持久性四个方面的内涵，表现在推进生态经济型产业，区域经济发展必须考虑所在区域的自然承载力，实现人与自然的和谐共存，不仅重视现阶段的多方面发展，更关注未来的发展能力和发展机会。[②]

可持续发展涉及可持续经济、可持续生态和可持续社会三方面的协调统一（见图4-5），要求人类在发展中讲究经济效率、关注生态和谐、追求社会公平，最终实现人的全面发展。可持续经济并非为了保护环境而取消经济增长，而是改变传统的"高投入、高消耗、高污染"发展模式，提倡节约资源、减少废物和提高效益的集约型经济增长方式。可持续生态要求经济建设和社会发展与自然承载能力相协调，发展的同时必须注重保护地球生态环境，以可持续的方式使用自然资源。可持续社会强调社会公平是环境保护得以实现的机制和目标，发展的本质应包括提高人类生活质量、改善人类健康状况，创造一个保障人们平等、自由、教育、人权和免受暴力的社会环境。在人类可持续发展系统中，可持续生态是基础，可持续经济是条件，可持续社会是目的。人类应该共同追求以人为本的"自然-经济-社会"复合系统的持续、稳定、健康发展。[③]

笔者认为，在发展产业经济的同时需要考虑资源环境的承载力，协调生态环境和经济发展之间的关系，不能剥夺同代人及后代人利用资源环境的权利。在推进乡村振兴产业经济发展过程中，要实现生态效益和经济效益的统一，这样才能实现更长远的发展。只有尊重自然、遵循环境和社会经济发展方向一致的发展，才是长久且可持续的。

---

① 冯启航. 乡村振兴背景下的自然保护区可持续发展对策研究 [D]. 吉林：北华大学，2022.
② 王怡莲. 乡村振兴背景下喀斯特槽谷区生态产业发展研究 [D]. 贵阳：贵州财经大学，2021.
③ 洪功翔. 政治经济学 [M]. 合肥：中国科学技术大学出版社，2008：342.

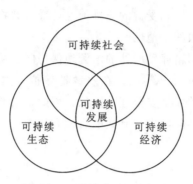

图 4-5 可持续发展理论框架

大隆镇网箱养殖产业对饮用水水源保护区造成污染，危害当地及下游群众的饮水用水安全，政府部门、公众、社会共同参与对饮用水水源保护区内的网箱养殖进行治理，之后基于当地资源条件转型发展竹制品加工和竹材种植产业，体现了可持续发展的内涵。竹制品加工厂建成投产后将在更大程度上带动当地群众参与具体生产，依托本地丰富的竹材资源加工成竹制品符合生态产业化的要求，实现了自然、经济、社会的和谐发展，将可持续发展理论用于本案例分析具有较强的适用性。

3. 协同治理理论

在理论起源上，公共管理领域的协同治理理论源自协同理论。协同理论由赫尔曼·哈肯（Heman Hiaken）创立，其研究协同系统在外在参量的驱动下和子系统之间相互作用，以自组织的方式在宏观尺度上形成空间、时间或功能有序结构的条件、特点及其演化规律。基于协同理论，协同治理理论是指在公共生活过程中，政府、非政府组织、企业、公民个人共同参与公共管理实践，发挥各自作用，组成和谐、有序、高效的公共治理网络。[①]协同治理理论指出，多元的治理权威是协同治理最主要的特征，对于协同治理而言，每一个利益相关者在参与治理过程中的关系都是对等的，是政府、企业、社会组织以及公民等利益相关者在公共事务问题处理中，在相互认同基础上遵循适当的方式相互协调，解决存在的矛盾和分歧，实现最优治理效能和最大公共利益的集体行为。协同治理理论能够为当前农村地区所面临的治理困境提出应对之策，在共同参与过程中提高治理主体彼此间的信任感和默契度，促进社会更高程度的和谐。国外学者针对全球 137 个不同国家和地区不同领域的案例进行了持续的近似分析，将协同治理最终效益的影响因素归纳为五个方面（见图 4-6），具体包括起始条件（S）、催化领导（F）、制度设计（I）、协同过程（C）和结果，构成 SFIC 模型。SFIC 模型作为一种普遍的协同治理分析模型广泛运用于学术界。其中，起始条件包含权力/资源/知识的不对称、参与的动机或障碍、合作/纠纷史；催化领导是明确领导主题、授权，有效地调节各个成员之间的关系，增强他们共同解决问题的能力，以保证组织成员的参与积极性；制度设计包含参与开放性、解决方式的唯一性、基础规则的清晰性、过程的高透明度；协同过程可以简化为"面对面对话""建立信任""过程中的

---

① 朱纪华.协同治理：新时期我国公共管理范式的创新与路径［J］.上海市经济管理干部学院学报，2010，8(1)：5-10..

投入""达成共识""阶段性成果"五步。这五个步骤相互作用,形成了一个环状结构,这样的环状结构构成了该模型的核心部分——协同过程。① 柴茂、刘璇基于跨域水污染协同治理的复杂性,在考虑外部环境因素影响的前提下,对 SFIC 原有模型进行了适当修正,对太湖水污染协同治理进行分析,优化水污染协同治理路径。② 马艺元基于 SFIC 模型对赤峰市流域水污染协同治理现状、存在的问题及原因等进行了分析,提出了协同治理的对策和建议。③

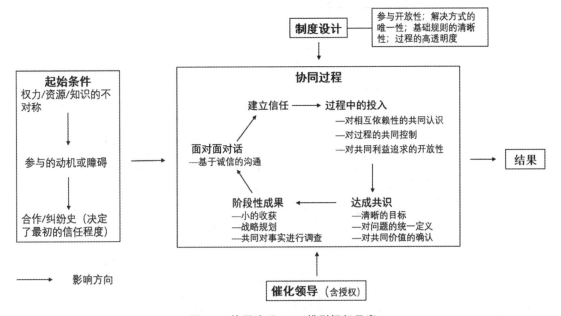

图 4-6　协同治理 SFIC 模型框架示意

本案例中,大隆镇产业转型发展中政府、企业、社会组织、村民都发挥了各自的作用,共同参与治理实践,依托本地特色竹材资源,建设竹制品加工厂并发展竹材种植产业。政府整合资源引进企业参与,社会组织、村民充分参与项目实施方案讨论。竹制品加工厂和竹材种植产业以新的产业方向带动本地村民增收致富,多方共同努力形成发展合力,产业也为大隆镇溇河村带来新的发展机遇,因此协同治理理论对本案例具有适用性。

(二)分析框架

具体的分析框架如图 4-7 所示。将可持续发展理论和协同治理理论结合到案例内容中,围绕大隆镇溇河村网箱养殖治理转型产业发展的过程展开分析,根据可持续发展理念的要求,分析治理转型的必要性,从协同治理 SFIC 模型的起始条件、催化领导、制度设

---

① 程芳茹,徐林. 基于 SFIC 修正模型的农村垃圾协同治理模式研究——以浙江省金华市为例[EB/OL]. (2020-11-27)[2024-01-11]. http://www.ggzc.zju.edu.cn/2020/1208/c54204a2228831/page.htm.
② 柴茂,刘璇. 跨域水污染协同治理 SFIC 修正模型研究——来自太湖流域的证据[J]. 湘潭大学学报(哲学社会科学版),2023,47(1):98-105.
③ 马艺元. 基于 SFIC 模型的赤峰市流域水污染协同治理研究[D]. 昆明:云南财经大学,2021.

计、协同过程框架中挖掘政府、企业、社会组织、村民在协同治理过程分别发挥的作用，最终达到经济、生态、社会可持续发展的目标，使产业经济发展与生态环境保护协同推进。

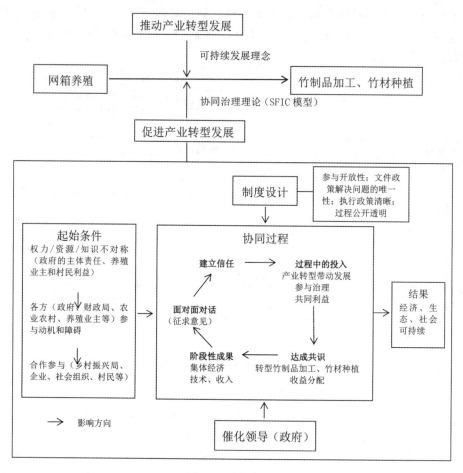

图 4-7 分析框架

四 岑溪市大隆镇统筹推进生态环境保护和产业经济发展的要点分析

（一）对禁止网箱养殖和转型发展竹制品加工及竹材种植产业的原因分析

改革开放初期的粗犷式发展，虽然带来了经济腾飞，但是也对我国的环境造成了极大的破坏，同时随着人民生活水平的提高，人民群众对于良好的自然生态环境的需求日益增加，我国经济发展方式转型已是必然要求。就本案例而言，可以概括为两个方面的问题。一是网箱养殖产业带领村民脱贫致富，但是随着环保规划的调整，曾经进行网箱养殖的泗滩水库被划入了饮用水水源保护区。考虑到饮用水水源保护区内的网箱养殖会对水体造成污染，影响当地及下游村落的饮水安全，这类畜禽养殖活动都要取缔。这时候，村民长期从事的经济活动和自然环境保护之间存在矛盾，人和自然的关系被重新审视。二是在中央环保督察的高压之下，岑溪市依法拆除了村民的网箱养殖设施，影响了村民的核心利益，村民失去了网箱养殖这项稳定的收入来源。为了有效巩固脱贫攻坚成果、全面推进乡村振兴，当地需要在保护好生态环境的前提下重新谋划一条合适的产业经济发展道路。

党的十八大以来，我国把处理好人与自然的关系、协调好生态环境保护与经济社会发展作为生态文明建设的重要内容。2020年9月30日，习近平主席在联合国生物多样性峰会上发表的重要讲话，他指出："我们要以自然之道，养万物之生，从保护自然中寻找发展机遇，实现生态环境保护和经济高质量发展双赢。"这为当地解决以上两大问题提供了重要思路。岑溪市脱离环境保护进行网箱养殖无异于"竭泽而渔"，离开经济发展执行环境保护也是"缘木求鱼"。唯有坚持走可持续发展之路，推动网箱养殖转型发展，瞄准绿色产业经济模式，将生态文明建设深度融入现代化建设全局，做到既保护饮用水源地生态环境，又创建和谐、稳定的人文环境，才能解决人与自然、人与人之间的问题，实现经济转型发展、环境保护、社会安定多赢局面。

（二）对开展网箱养殖治理和推动发展竹制品加工及竹材种植产业的行为过程分析

本案例中，政府部门、企业、社会组织、村民等多个主体共同参与了泗滩水库饮用水水源保护区网箱养殖整治工作，并推动当地产业模式转为竹产品加工和竹材种植。本部分将基于协同治理理论SFIC模型，从起始条件、催化领导、制度设计、协同过程四个维度出发对这一过程进行分析。

1. 起始条件

在开展泗滩水库饮用水水源保护区范围内网箱养殖整治工作中，大隆镇人民政府作为属地责任方，需要对保护区范围内的网箱进行清拆。假设由大隆镇人民政府这一主体单方面执行清拆任务，将面临目前网箱中尚在养殖的活鱼难以处置的问题，会对养殖业主造成较大的损失，已然违背有效巩固脱贫攻坚成果、全面实施乡村振兴战略的要求，这一举动很有可能引发养殖业主和当地村民的不满情绪，导致后期的网箱清拆工作因养殖业主不配合而难以继续。

由此可见，仅靠大隆镇人民政府单方面是无法实现良好的整治效果的，需要其他治理主体的介入。财政局可以通过财政资金对养殖业主进行相应补偿，农业农村局需要对养殖行业进行监管，水利局和生态环境局对水体污染治理负有重要责任，新闻媒体可以发动宣传，打开滞销活鱼的销路。这些职能部门需要在岑溪市人民政府的领导下相互配合，以实现良好的治理效果。

产业振兴的重要性和紧迫性要求当地找到并积极发展一种符合生态环境保护需要的绿色产业模式。同样地，这一过程也不可能是大隆镇人民政府的"单打独斗"。在确定竹制品加工和竹材种植产业这个方向后，大隆镇需要启动资金创造初步的生产条件，引导村民参与，并且充分发挥市场的主导作用，使产业规模不断扩大，带动村集体经济发展壮大，这要求乡村振兴局、企业、村"两委"及村级集体经济组织等社会组织、村民等共同参加。

2. 催化领导

在开展网箱养殖整治和转型发展竹制品加工和竹材种植产业工作中，岑溪市人民政府处于主要领导地位，在所有参与治理的主体中拥有最高的职权，其他主体在其指挥协调下有序开展工作，避免因主体（主要是政府部门）职责不明晰、信息不对称出现碎片化治理问题。在决策方面，岑溪市人民政府决定遵守生态环保政策，开展网箱清拆工作；在计划方面，岑溪市人民政府实施阶段性治理，按时间段逐步推进整治工作；在组织方面，大隆镇人民政府将水利局、财政局、农业农村局、生态环境局、乡镇人民政府等部门、单位纳入共治体系，在此影响下，岑溪市总工会、岑溪市融媒体中心等相继加入；在协调控制方面，明确了各共治主体职责，实现了系统化治理。推动产业转型过程中，大隆镇人民政府同样处于较为重要的地位，决定了当地产业发展方面的行动方向。大隆镇人民政府负责申请中央扶持乡村振兴产业资金并主导竹制品加工项目的选址、建设，企业、村"两委"及村级集体经济组织等社会组织、村民都是在大隆镇人民政府制定的产业政策下开展活动的。

3. 制度设计

在基础规则的清晰性方面，岑溪市制定了明确的职责分工方案，保证了网箱养殖整治协同治理的快速有效。岑溪市人民政府依据相关法律法规和政策文件，先后制定了《岑溪市人民政府关于印发岑溪市泗滩水库集中式饮用水水源地环境问题综合整治工作方案的通知》《岑溪市人民政府办公室关于印发我市泗滩水库养殖网箱清理整治工作方案的通知》等文件，要求农业农村局逐一清点登记养殖网箱数量，并做好思想动员工作；财政局利用财政资金对养殖业主损失进行补偿；水利局等部门牵头拆除逾期未按要求清理的网箱，等等。

在治理过程的透明度方面，岑溪市人民政府发布了《关于泗滩水库饮用水水源保护区养殖网箱限期拆除的通告》，农业农村局等部门逐一下发整改通知书，确保清拆政策预先告知、传达到位；岑溪市人民政府制定的整治工作方案均按照政务公开的要求主动在政府网站上公开，接受公众监督。大隆镇人民政府实施竹制品加工项目建设时，严格按照"四议两公开"进行民主决策，确保了项目实施的透明度。整个治理过程处于高透明状态，有效保障了治理目的的实现。

在参与主体的开放性上，呈现较大的包容度。开展网箱养殖整治工作时，岑溪市总工会、岑溪市融媒体中心、其他乡镇人民政府共同帮助养殖业主控制损失、回笼资金；转型发展竹制品加工和竹材种植产业时，企业、村"两委"、村务监督委员、村级集体经济组织、党员代表、村民代表、脱贫户等都参与了协同治理过程，提升了治理效果。

4. 协同过程

政府部门间由于职能和目标的不同存在一定的信息差，公共部门与社会公众所掌握的信息也不一致，这就需要借助完善的协同过程让治理达成一致，岑溪市网箱养殖"协同共治"取得阶段性成果，并不断提高治理成效。虽然岑溪市进行了制度设计，但时效性难以保证，因此在本案例中，岑溪市大隆镇政府首先组织村"两委"成员、党员代表、村民代表等召开乡村振兴产业项目实施方案大会，广泛征求意见，制定乡村振兴产业项目实施方案（草案）。在得到村民这一主体的支持后，岑溪市人民政府、大隆镇人民政府多措并举，于2022年初引进一家竹制品加工企业——岑溪市明福轩竹木家具有限公司，促进网箱养殖经济发展模式转型为竹制品加工和竹材种植产业，积极带动岑溪市原网箱养殖户就业，努力实现社会公众利益与企业经济利益的平衡，还通过竹林、加工厂带动周边村民种植竹子，而竹子的种植起到了净化空气、防风固沙、保护自然的作用，实现了生态效益、产业振兴、绿色发展。此外，该竹制品加工企业按照既定价格缴纳租金，再由岑溪市大隆镇人民政府按照项目租金收益的规定比例统筹分配，作为涟河村、白碟村及其他各村集体经济收入，这不仅推动了岑溪市网箱养殖经济模式发展为竹制品加工和竹材种植模式，"用活"了村集体土地，还为岑溪市各村集体带来了非常可观的经济效益。

由于社会组织往往植根于群众，因此社会组织在与群众联系和了解农村具体情况方面具有得天独厚的优势，是政府引导行为的有利补充，也是村民参与治理的桥梁。在本案例中，为加大协同共治过程的投入力度，社会组织（村集体、村务监督委员会）这一重要主体充分发挥创新性、灵活性、有效性，为岑溪市大隆镇白碟村竹制品加工项目建设补充了国家政权基层治理力量。为确保投入大隆镇白碟村竹产品加工厂房建设项目资金安全、维护所有者权益，岑溪市村集体严格按照"四议两公开"制度要求定期公示项目资金走向、项目资金具体分配情况，同时村务监督委员会按照相关文件规定定期组织项目资金监督管理、生产经营活动风险预防和控制，与其他主体一起实现对治理过程的共同控制。在岑溪市大隆镇2022年乡村振兴产业项目的实施过程中，岑溪市村集体作为网箱养殖转型为岑溪市大隆镇白碟村竹制品加工项目的牢固"纽带"，充分发挥了社会组织保驾护航的作用。

协同治理的过程即各个主体追求共同利益的过程，具有强烈的开放性。岑溪市网箱养殖产业发展为竹制品加工和竹材种植产业，岑溪市村民是直接的利益相关者，要实现绿色发展乃至乡村振兴都离不开岑溪市村民群体的共同努力。在本案例的协同过程中，岑溪市村民通过该竹制品加工企业不仅促进了个人转型就业，也获得了竹制品加工技能，还可以种植更多的竹子提高收入。在各种参与机制完善的基础上，岑溪市村民逐步就自身所关心的绿色发展问题与政府、企业、社会组织达成共识。这些不同的利益主体形成合作意识，逐步提高了协同过程的默契。有了岑溪市村民这一主体对协同治理共同利益的追求，也就实现了绿色发展与其自身的切实利益相连，对其他治理主体构成了制约力量和辅助力量，岑溪市绿色发展逐步步入正轨。

（三）对转型发展竹制品加工及竹材种植产业目前及未来预期取得的成效进行分析

1. 经济可持续发展

基于可持续发展理论推动农村产业经济转型，在一定程度上改变了以前单纯"靠山吃山、靠水吃水"的传统经济模式，促进了农村经济模式的绿色升级。以破坏生态环境为代价的传统产业难以维持经济上的长期增长，被破坏的生态环境会反向制约产业的发展。岑溪市大隆镇通过发展网箱养殖产业，在短时间内为当地村民带来了较为可观的经济收益，但网箱养殖必然对泗滩水库饮用水水源保护区造成污染，长期下去，当地政府部门和村民个人将被迫投入大量资金用于保障饮水用水安全，网箱养殖产业也将因此陷入发展的"怪圈效应"，经济上无法实现长期的持续收益，无法满足代际利益的要求。

在岑溪市人民政府、岑溪市农业农村局、岑溪市乡村振兴局和大隆镇人民政府等主体的共同努力下，不符合生态环境保护要求的网箱养殖产业被依法治理、摒弃，更有发展潜力的竹子经济产业得以兴起。竹制品加工和竹材种植互促发展，可以在满足生态环境保护的基础上实现持续收益，农村经济发展模式也逐渐由零散型向集约式转变。在这一过程中，有了政策的支持和资金的倾斜，竹制品加工和竹材种植产业体系也得以更快更好地构建。

可持续发展理论也为农村经济发展带来了精品意识。在乡村振兴的时代背景下，只有增强资源产物的附加价值，才能获得更高的经济效益。大隆镇竹材资源丰富，但当地村民一开始并没有充分挖掘其价值，政府通过建设加工厂房，引入社会资本，发掘竹制品加工和竹材种植产业潜力，提升了竹子的经济价值，获得了更高的经济效益。未来，当地还可以进一步提升竹制品的制作工艺，丰富竹制品的种类，提升竹制品的品质，拓宽竹制品的销路，将竹制产业做精做细，让原本单一的自然资源变成具经济效益的农业精品。发展竹子经济还可以为当地提供大量的工作岗位，让外出务工的劳动者有了在当地就近务工的机会。

2. 生态可持续发展

我们必须清醒地认识到，网箱养殖虽然能让岑溪市村民获得一时的致富增收，但对岑溪市生态环境的负面影响是长期的、无法衡量的。首先，由于岑溪市网箱养殖的鱼类和自然生态系统的鱼类不同，网箱养殖鱼很有可能从网箱中逃出，威胁原种鱼，导致生态环保问题。其次，网箱养殖鱼产生的粪便和过量使用的饲料会导致水环境富营养化，从而使水环境承受较大的压力。最后，岑溪市曾经主要开展网箱养殖的泗滩水库已被明文规定划入饮用水水源保护区，一旦泗滩水库由于网箱养殖产生水污染，很可能为岑溪市群众埋下不同程度的健康隐患。

2017年4月、2021年4月，习近平总书记在视察广西时都提出"广西生态优势金不换"的殷切嘱托。良好的生态环境是最公平的公共产品，是最普惠的民生福祉。岑溪市人民始终牢记习近平总书记嘱托，将绿水青山挺在最前面，坚决取缔饮用水水源保护区网箱养殖，切实保护岑溪市生态环境。此举是岑溪市人民政府坚持以人民为中心的发展思想在生态文明领域的生动体现，是符合生态可持续发展"代际正义"的应有之举。

3. 社会可持续发展

岑溪市此次取缔饮用水水源保护区的网箱养殖任务重、难度大，若处理不当，容易滋生社会不稳定因素。岑溪市相关职能部门首先通过积极宣传政策法规动员网箱养殖业主，鼓励其主动拆除网箱；其次，加大网箱滞销鱼出售力度，政府部门多措并举、搭台助销，在保证价格的前提下，帮助养殖业主售出滞销的网箱鱼，确保把网箱养殖户的经济损失降到最低；最后，授予网箱养殖户新"渔"技，利用产业帮扶资金建设竹制品加工厂房项目，发展竹制品加工和竹材种植产业，解决原网箱养殖户就业和收入稳定问题。

岑溪市政府部门点面结合的一系列措施从政策、资金、渠道上推动了网箱养殖产业的转型发展，有效避免了拆除网箱可能引发的矛盾冲突，保障了社会稳定，提高了政府部门的公信力，有利于当地的长治久安，实现了良好的社会治理效果。此次治理工作也为促进更多的社会力量共同参与岑溪市社会治理和建设，形成政府、社会、个人共建共治共享的良好局面创造了契机。

大隆镇转型发展竹制品加工和竹材种植产业，在村级集体经济组织的参与下，平均每年可以为当地带来10.5万元的村级集体经济收入，这部分收益预期持续时间10年以上，用于反哺当地基础设施建设和改善村民公共服务等，可以持续提高人民生活质量，源源不断地产生社会效益，实现社会可持续发展。

五　可持续发展下产业经济发展相关对策和建议

（一）政府合理布局产业规划，引领发展方向

农村产业规划一般结合当地资源优势和产业发展优势，通过政府的经济发展政策促进区域产业升级或优化布局。区域内优势产业的高质量发展离不开具有前瞻性的产业发展谋划，其能够推进产业结构优化、提升地方产业综合竞争力。政府要找到一条适于本地可持续发展的产业道路，需要经过内部讨论分析，综合研究本地发展基础条件，如土地、环境、资本、人力、市场要素、现有产业结构构成与产业发展优劣势等，考虑影响产业经济可持续发展的因素，学习先进地区的发展管理经验，聘请专家进行专业化指导，基于科学合理的分析论证决定本地的产业经济发展布局，明确发展的定位和目标，促进乡村产业绿色化、特色化、一体化发展，这样才能推动农村实现产业振兴的愿景。

（二）加强政府各部门协调，完善政策规定

实施乡村振兴战略时，产业经济发展是乡村振兴的物质基础。政府作为引导农村产业发展和维护公共生态环境的主要责任人，需要在不同主体产生冲突矛盾时发挥协调平衡的作用。不同内部系统政策规定之间产生矛盾和冲突时，政府需要统筹协调解决问题。政府要集合各行业部门力量推进政策制定，保证政策的统一性、全局性和科学性，利用政策处理好生态环境保护与经济发展之间的关系，促进农村经济发展模式的转变，在保护生态环境的基础上发展本地绿色产业，使相关产业能够在政策规定下实现可持续发展。

(三)依托本地资源,开发绿色经济

本案例中,大隆镇依托本地资源禀赋优势,合理规划和布局了竹制品加工和竹材种植产业,告别了网箱养殖,转变了产业发展方向。本地政府积极申请中央扶持乡村振兴产业资金,为产业发展转型注入了新动力,以绿色产业发展带动乡村振兴。竹制品加工产业发展,是将生态环境保护与产业发展相结合,以生态建设产业化,以产业发展生态化,走绿色发展之路,实现了乡村产业发展生态效益和社会效益的统一。乡村五大振兴中将"产业兴旺"放在首位,凸显了产业发展的重要性,其他各项的发展都根植于产业发展这个基础。传统小农经济的分散种养产业发展结构对促进致富增收的效果甚微,根植于本地资源的绿色产业发展能够从易于获取的产品原材料、较低的运输成本和廉价的劳动力中获得生产成本优势,基于成本-收益分析,能获得更多的收入。绿色产业发展是解除环境资源约束、保持可持续发展的必然要求,也是调整产业结构、转变产业经济发展方式的新型发展路径选择。

(四)推动企业、社会组织参与,壮大产业发展规模

农村产业发展基础薄弱、规模小、层次低、加工程度浅,资金、技术、人才方面力量较为薄弱,需要有影响力的龙头企业和各方社会组织不断培育农村种养大户,带动专业合作社、家庭农场等新型农业经营主体发展优势产业,形成经营主体间的利益联结,建立产业链合作伙伴关系,共同努力发展壮大乡村产业,形成地区品牌力量。企业是社会经济发展建设中的主力军,往往是行业领域的产业组织者和引领者,对地区产业发展发挥着领航的作用。乡村农业发展壮大离不开企业的参与,乡村应充分利用龙头企业、集体经济合作社的优势,形成"公司+合作社+农户"发展模式,带动农户增收致富。还要利用好社会组织公共服务功能、在资源配置过程中的灵活性优势,引导商会、产业协会、基金会等社会组织对乡村产业进行投资,发挥社会组织智库作用,为乡村产业经济发展提供决策咨询。鼓励科研院所、职业院校和农业专业技术培训机构等社会组织派出专业技术人员到乡村指导产业发展,开展农业知识技术培训。政府各部门要积极动员社会组织参与乡村产业振兴,推动资金、技术、人才流向乡村基层,促进乡村集体经济发展建设。

(五)促进村民参与,完善协同发展

乡村振兴离不开人才,我们应正视村民在产业经济发展和生态环境治理中的主体地位。村民是乡村产业发展和环境保护治理的直接利益相关者,实现经济和环境协调可持续发展离不开村民的共同努力。在生态环境保护中,需要加大宣传教育力度,增强村民在生态环境保护方面的意识。走可持续发展道路是造福子孙后代的选择,也是当代人对公共生态资源合理利用的要求,更关系到切身利益,村民需要广泛地参与生态环境治理的过程和监督,这不仅有助于保障自身的权利,更有利于完善多元协同治理机制,促进更高效的协

同治理的实现。此外，在产业经济发展过程中，还需要加大对本地村民的培训力度，提升村民综合素质，提高其生产技术水平，培养本土化人才。对于在乡村产业发展中勤学好思、敢于争先的从业人员要重点关注和培养，培育其农业产业科学发展和乡村振兴引领乡村发展的大局观念，培养其带头创新、带领村民发展的奉献意识和精神，增强其学习先进产业发展技术和知识的干劲，塑造一批新时代综合素质较强的村民楷模，为地区产业经济持续发展培育根植于本土的不竭动力。

六 结束语

产业经济和生态环境保护协调发展一直是人们在可持续发展过程中面临的难题，尤其我国过去经济发展过程中多以牺牲环境为代价换取经济发展方面的成绩。随着生态环境保护问题日渐突出，全球范围内的人都愈发重视生态环境保护，希望向更绿色、更健康的可持续发展路径前行。在实行乡村振兴战略背景下，广西岑溪市大隆镇基于地域水环境条件发展的网箱养殖，起初取得了不错的成效，带动了当地群众脱贫致富，但是在生态环境保护法规政策陆续出台后，其成为触碰生态环境保护红线的违法养殖行为。当地政府依法开展整治拆除工作，随后挖掘新的产业发展点，通过政府、企业、社会组织、村民各方的协同治理，依托本地丰富的竹材资源优势，发展竹制品加工厂和竹材种植，以此实现了产业发展方向的转型。案例基于可持续发展理论和协同治理理论，综合运用文献研究法、实地调查法、访谈调查法等研究方法，分析走可持续发展道路对产业转型的必然要求，从协同治理的角度分析了政府、企业、社会组织和村民等主体参与协同治理中的协同动机、协同引擎、协同行为和协同效果，最终实现了经济、生态、社会三个层面的可持续发展。最后，本研究从政府各部门协同完善政策规定并合理布局产业，依托本地资源发展经济，推动企业、社会组织和村民共同参与产业经济发展建设，促进经济可持续发展等方面提出对策和建议，以期为其他基层乡村产业经济与环境保护协调发展提供参考。

◆ 案例点评

生态振兴是乡村振兴的内在要求和支撑，也是提升乡村社会生存与发展质量的有力抓手。习近平总书记指出，"生态兴则文明兴，生态衰则文明衰"。党的二十大报告指出，必须牢固树立和践行"绿水青山就是金山银山"的理念，站在人与自然和谐共生的高度谋划发展。对于产业而言，生态振兴要求意味着要摒弃竭泽而渔、焚薮而田、大水大肥的老路子，实现农业生产与乡村生态的良性循环，以良好的生态环境来保护生产力、发展生产力、增进民生福祉。本案例呈现了涟河村网箱养殖产业蓬勃发展遭遇环境保护生态红线后，村民从生态破坏的网箱养殖产业转向生态友好的竹材产业发展的过程。案例分析部分提出了从政府各部门协同完善政策规定并合理布局产业，依托本地资源发展经济，推动企业、社会组织和村民共同参与产业经济发展建设，促进经济可持续发展等方面促进产业绿色可持续发展，具有一定的启示意义。

美丽乡村篇

生态环境改善

第五章 从"污水南流"到"粪涌钱进"
——玉林市福绵区南流江的治理之路①

 案例导入

南流江是玉林人民的母亲河。由于人们在发展经济的过程中竞相向江中排放未经处理的工业废水和牲畜粪便,南流江陷入了过度污染的"公地悲剧"困境。虽然其通过"公园式"手段较好地解决了工业废水污染问题,但客观存在的小、散养殖情况使得同样的方法并不能有效地解决牲畜粪便污染问题。2018年以来,玉林市通过在福绵区推行"截污—建池—收运—还田"的粪污资源化利用模式,充分调动了生猪养殖户、作物种植户、村民合作社以及政府部门等多方参与主体的积极性,成功治理了南流江。本案例基于社会生态系统(SES)分析框架,分析了南流江转污为清的治理变迁,总结了其中的治理之道。"截污—建池—收运—还田"的模式实现了污染治理中的帕累托改进、外部效应内部化和粪污产权的合理配置,为解决南流江的"公地悲剧"提供了行之有效的制度规则。南流江的治理模式彰显了"中国之治"的特色,可为提升我国乡村环境治理和乡村振兴提供理论参考和政策启示。

第一节 案例故事

一 二竖为虐的"母亲"

(一)江滔滔南流哺生灵,水澹澹廉江入洁海

纵观历史,人类文明的起源和江河流域有着密切的联系,有江河流经的城市总是显得

---

① 案例团队:咱们工人有力量。指导教师:苏毅清;团队成员:张诗斐、黎汇林、邱亚彪、孟琪、陈潇寒。本案例为2021年第五届中国研究生公共管理案例大赛百强案例。

格外生机勃勃，人们也都喜欢称这些生养他们的河流为母亲河。但在广西境内，有这么一条曾让沿岸居民感情十分复杂的河流，人们既感激它又不愿亲近它，既着急它的现状更担忧它的未来。

这条母亲河就是南流江。南流江发源于玉林市大容山地区，全长287千米，流域面积8635平方千米，是广西南部独自流入大海的河流中流程最长、流域面积最广、水量最丰富的河流。南流江的水质直接影响着北部湾的水环境，因此若想守住北部湾这片洁海，治理好南流江就显得至关重要。

玉林市作为南流江的源头，其对南流江的治理直接决定了南流江整体水质的好坏。然而，作为经济欠发达地区，玉林市对经济发展的渴望也使得南流江一度面临水体污染与生态恶化压力。而纵观玉林市内，最大的污染源就是福绵区。南流江的干流流经福绵区所辖6个镇中的5个，而南流江的6条主要支流更是覆盖了整个福绵区。南流江福绵区河段位于整个南流江的最上游，福绵区因为经济发展对南流江造成的污染，严重影响了南流江的整体水质。

（二）南流水污感凄清，福绵百姓悲寂寞

2016年，南流江水体污染严重的问题开始逐步凸显。负责水质监测的工作人员告诉团队成员："原来的南流江是'一江春水向南流'，而2016年那会儿的南流江是'一江污水向南流'"。

养鸭、养猪、挖沙，喧嚣的机器声、泄漏的机油与禽畜的粪便，裸露的河床正在遭遇前所未有的疯狂破坏。有些河段污浊的河水翻滚着黄白色、红色、黑绿色的泡沫，工厂红得发黑带着刺鼻异味的污水没有经过任何处理就直接排入南流江。这条曾经哺育了南流江畔多代人的母亲河，当时变成了最方便、最天然的排污沟。在阳光的炙烤下，南流江散发着令人作呕的酸臭味。"污水南流"不仅影响着生态环境，也给南流江沿岸居民的生活带来了很大的困扰。

数字资源5-1
南流江
污染乱象

连年的排污使南流江年均水质维持在劣Ⅴ类。因水质逐年恶化，南流江污染也被中央环保督察列为2016年广西生态环境损害责任追究问题之一。

（三）工业建园展成效，庸医乱用虎狼药

南流江福绵区河段的污染源主要有两个，一个是它享誉世界的服装加工业所产生的工业废水，另一个就是生猪养殖所产生的粪污。具体而言，一方面，被誉为"世界裤都"的福绵区有着发达的牛仔裤加工业，年产牛仔裤最高能达上亿条。缝纫成型的牛仔裤只有经过水泡和水洗的工序，才能产出我们日常生活中看到的花样繁多的材质。福绵区的牛仔裤水洗厂长期以来没有进行较大的工艺革新，一直采用将水洗过程所产生的污水直排入南流江的方式来降低成本，造成了严重的水体污染。另一方面，生猪养殖户将养殖所产生的粪污不经任何处理就直排入南流江，成为南流江污染的另一大源头。南流江流域有生猪养殖

户近 5 万户,其中 4 万户集中在玉林,而玉林市内养殖密度最大的区域又属福绵区。在福绵区,养猪是家家户户的传统,因此总体的养殖呈现"点多面广、小散养殖、生产落后"特点。据统计,截至 2018 年 5 月,福绵区生猪存栏量达 24.59 万头,其中规模(200 头)以下的养殖场的生猪存栏量占比 42.92%,规模以下养殖场户总数为 3387 家,占总户数的 94.03%。

在工业污水污染的治理上,福绵区政府跳出传统思维,通过建设节能环保产业园的方式,让所有分布于南流江沿岸的牛仔裤水洗厂全部入园生产,所产生的废水由工业园区外包给专业的环保公司来处理和运营。由此,福绵区牛仔裤行业通过"入园经营"的方式,实现了有效的管理,工业废水问题也因此得到了有效的控制。然而,农业本身所具有的特殊性,使得生猪养殖的粪污治理无法通过类似的"公园式"路径予以解决。

2016 年 11 月,接收到中央环保督察反馈后,玉林市委、市政府并没有对污染问题进行仔细的研判,而是简单地采取了"划定清拆区、设定限养区、明确放养区"方式,强制拆除了许多小养殖户的养殖场。然而,这种"一刀切"的模式虽然在短时间内完成了清拆区的目标,但其对南流江污染问题的改善只产生了"昙花一现"的效果。随着这种"一刀切"政策的不断推进,政策本身的可持续性问题逐渐在实践中暴露出来。一方面,在 2016 年和 2017 年连续进行两年的清拆、关停之后,政府的财政支出和养殖户的生计都面临巨大的压力。福绵区禁养区关停清拆情况如表 5-1 所示。

表 5-1 福绵区禁养区关停清拆情况(2016—2017 年)

项目/类型	2016 年清拆	2017 年关停
补贴内容	补猪补栏	补猪标准不变,不补栏
清理生猪/头	4450	25003
全区生猪存栏量累计消减	5%	30%(文件要求)
清拆猪圈面积/万平方米	1.9	砸掉猪圈内部设施
清理资金/万	569	595
猪圈面积和生猪数量比	4.36	—
清理生猪资金投入比(元/头)	1279	238
存留猪圈面积/万平方米	0	10.9(用于其他用途)
南流江水质情况		逐年恶化

玉林市水产畜牧兽医局相关负责人表示,在 2016 年和 2017 年连续两年采取这种"高投入、强压力"的政策之后,对于 2018 年是否还能有足够的资源和民心来支持"高压"政策,各方都已表示怀疑。

另一方面,"一刀切"政策在限养区的推进过程中也遇到了困难,使得粪污污染问题并没有从根本上得到有效的解决。这主要表现在,生猪养殖是福绵区大多数村民的生计产业,政府却在限养区"到底能不能养""到底能养多少"等问题上,始终无法做出明确的界定。因为限定得太死,会影响民生;而限定得太松,又担心无法达到改善水质的目标。政府这种

数字资源 5-2
禁养区养殖场(户)去功能化

左右摇摆的心态，使得限养区内的养殖户与政府之间经历了一段关于"如何养猪"的博弈过程。

一些养殖户回忆道："在最开始设定限养区的时候，有的人敢养，就多养了几头猪；而有的人不敢养，就少养了几头猪。但由于限养区能养多少猪没有明确的标准，搞得大家晚上都睡不着觉：养得多的人，担心早上起来检查组的人到了，说养得太多，要罚款；养得少的人总觉得自己还能多养点，还能多赚点，因此总是心有不甘。"

因此，处于限养区的村民在经过一段时间的辗转反侧之后，最终达成默契——"既然没有规定，那就大胆养，养的规模越大，政府要管的时候难度也就越大"。由此，简单的"一刀切"治理方式仅获得了短暂的成功，在中央环保督察过后的第二年，玉林地区生猪小散养殖户的养殖规模不降反升，出现了大幅度的反弹，导致南流江的水质在政府的"高压"政策下依然没有改善。2018年第一季度，南流江干流玉林市流域水质全线下降至劣V类。2018年6月，玉林市相关部门也因南流江遭到污染被生态环境部约谈。

（四）"一刀切"懒政引民愤，贫财税不允迷福音

既然是小散养殖导致了南流江的污染，为什么不化小散养殖为规模化经营？为什么小散养殖户的养殖规模在中央环保督察第二年不降反升？团队成员走访调查后发现，小散养殖之所以会在南流江两岸"顽强"生长，是有其客观原因的，主要表现在以下几点。

第一，规模化养殖需要考虑百姓生计问题，因此小散养殖的存在是客观的。当时，玉林市绝大多数养猪的人都没有第二职业选择。许多养猪户表示，如果国家能给养猪户第二条出路，那么只要能够赚到差不多的钱，他们可以不养猪。由于玉林市历史上形成的养猪户的数量巨大，并且之前并没有为养猪户开辟较为理想的第二职业出路，因此如果大规模地拆除小散养猪场，那么在玉林将会出现一个规模庞大的、由原来的小散养猪户形成的失业群体。因此拆除小散养殖户和推进规模化生产，不仅在短时间内无法达到环保整治的效果，还会让整个社会承担大规模失业带来的一系列风险。为此，玉林市政府出于不能断了老百姓活路的目的，在很长一段时间内并没有采取大面积强行拆除小散养殖猪场户的举措。或者说，出于百姓生计的考虑，小散养猪场是不能一拆了之的。

福绵区樟木镇大部分人以养猪为生，甚至为养猪欠了饲料公司不少钱。区里设置了限养区之后，对于限养的数量并没有明确的限制，这种不确定性导致养殖户对养猪充满了疑虑，不少人在失去经济来源后依靠借债维持生计。

第二，客观存在的小散养殖计情况使得规模化的养殖无从发展。养猪的人经常说："猪不能养得太密，养得太密容易得传染病，一病病一片，损失太大。"因此，规模化的养猪场必须解决养猪的密度和传染病的问题，即猪的生活与卫生问题。然而，玉林生猪的小散养殖决定了一家一户的生产无法在技术上实现前沿的突破，因此玉林当时的养猪技术还是传统的、较为低效的，并不能解决合理养殖空间和规模化养猪过程中所面临的病疫防控等问题。

第三，猪肉价格的连年上涨使许多散养户进入生猪养殖业。在 2018 年以前，国内的猪肉价格一路走高，这使得许多本来并不从事生猪养殖的人员和组织纷纷进入生猪养殖行业，以期从向好的行情中挣得一份可观的收益。这其中就有许多个体户。由于玉林有长期的生猪养殖传统和广泛的生猪养殖面积，因此个体户在猪苗和相关技术知识的获取方面要比在其他地方进行生猪养殖方便许多，成本也低很多，这就使得在猪肉价格不断上涨的时期，玉林出现了更大规模的小散养殖户。市场的力量驱动着这些逐利的个体进入行业，而越来越多供给者的进入，会加剧生猪养殖行业内的竞争，因此个体生产者需要想办法降低成本，如此一来，减少对粪污排放处理的投入，就成为许多小散养殖户降低成本的手段，最终加剧了南流江的粪污污染程度。

此外，在养殖粪污处理技术上，一方面，畜禽粪便中含有丰富的生化物质和元素，在处理方式上与工业污水差别巨大，因此需要投入的成本高、技术难度大，中小养殖户基本无法承受；另一方面，由于福绵区地处西南丘陵地带，地势崎岖加上猪舍新旧交替、水网密集等，很难解决发电问题，因此小散养殖户很难配套现代化的治污设施。

数字资源 5-3
福绵区小散养殖的航拍

总结起来，福绵区采取"一刀切"政策治理失效的原因，主要包括以下四个方面：一是影响了生猪产业的健康稳定发展；二是影响了当地村民的生计；三是加大了地方财政负担；四是小散养殖户无法配套先进的治污设备和技术。基于这四个方面的原因，在"一刀切"划区政策限制模糊与生猪小散养殖客观存在的矛盾下，限养区的养殖户出于生计考虑，不仅没有减少生猪养殖数量，甚至还增加了养殖数量，直接导致限养区形同虚设。

二 求医问药的"母亲"

（一）精准施策谋复兴，"太医论病"细穷源

通过实地调查，团队成员看到，一方面，福绵区财政并不富裕，能划拨给养殖污染监管与治理的预算有限；另一方面，福绵区生猪小散养殖户遍地开花，3602 户养殖场分布在全区各个乡镇，对其实施全面监管需要消耗大量的人、财、物等治理资源。这样看来，在新形势新要求下，用有限的人力、物力、财力解决"遍地开花"的养殖污染问题似乎成为不可能完成的任务。

但是，玉林市委、市政府并没有因为之前的治理失败而气馁，其带着全心全意为人民群众解决实际问题的决心，通过更深入的走访调研和更科学严谨的思考，巧妙地从看似"不可能"的情境中找到了实现"可能"的路径。具体而言，负责福绵区生猪养殖行业管理的福绵区水产畜牧兽医局根据养殖污染治理的具体要求，在统计上用生猪的"存栏量"代替传统的"出栏量"，并以此为依据对福绵区生猪养殖情况进行了全面摸底，即挨家挨户地清点生猪存栏量（"数猪"），力图抓住养殖污染治理中矛盾的主要方面，

从而减少主要治理对象的数量,由此将"不可能"变为"可能"。"数猪"的结果具体如表 5-2 所示。

表 5-2　2018 年福绵区养殖情况汇总分析(存栏量 1 头以上)

福绵区	养殖场总数（户）	养殖场养殖规模分布情况（%）		总存栏量（万头）	养殖存栏量分布情况（%）	
		10 头以下	10 头以上		10 头以下	10 头以上
合计	3602	40.42	59.58	24.5940	1.62	98.38

统计结果发现,在福绵区总计 3602 户养殖场中,养殖规模在 10 头以下的小微养殖户占比为 40.42%。但是,这 40.42% 的养殖户的存栏量(正在养殖的猪的数量)仅占总存栏量的 1.62%。这说明养殖 10 头以下的小微养殖户虽然户数较多,但他们所养的猪的数量加起来却很少,当地人形容为"养猪的人多,但养的猪却很少"。这就意味着,占总量近一半的 10 头以下的小微养殖户所产生的污染是极少的,因此他们并不能构成治理粪污污染矛盾的主要方面。基于这样的精准判断,福绵区政府进一步将治理粪污焦点集中于养殖规模在 10 头以上的那 59.58% 的养殖户,由此治理对象的数量就由最初的 3602 户缩小为 2146 户(3602 户×59.58%)。

为了进一步明确粪污治理的主要对象,福绵区将养殖规模为 10 头以上的养殖场划分为 10~199 头的中小养殖场以及 200 头以上的规模场。如此划分的依据为,根据福绵区当地的管理经验,养殖规模为 200 头以上的养殖场一般都配备有粪污处理设施,而且数量不多,比较好监管;而养殖规模为 10~199 头的中小养殖户基本上没有成熟的管理技术,也无法装配粪污处理设施,因此基本不具备粪污自主处理的能力。经过这样的划分后,养殖规模为 10~199 头的中小养殖户就成为粪污治理的主要监管和施策对象。我们从表 5-3 可以看到,养殖规模为 10~199 头的中小养殖户占比 89.98%,存栏量的占比为 41.98%,因此的确可以被确定为粪污的主要来源。由此,经过精准的定位,最终南流江粪污污染治理需要重点攻克的治理对象的数量进一步缩减到 1931 户。我们看到,南流江粪污污染的治理对象,从最初的 3602 户最终减少到 1931 户,在这个过程中"精准识别、分类施策"的科学决策功不可没,它极大地减少了治理的压力和所需的成本。

表 5-3　2018 年福绵区养殖情况汇总分析(存栏量 10 头及以上)

福绵区	养殖场总数（户）	养殖场养殖规模分布情况（%）		总存栏量（万头）	养殖存栏量分布情况（%）	
		10~199 头	200 头以上		10~199 头	200 头以上
合计	2146	89.98	10.02	24.196	41.98	58.02

(二)截污建池严察监,收运还田全大体

确定了这 1931 户治理对象后,针对这些养殖场存在的环保意识不强、畜禽粪污直排现象严重等问题,福绵区政府及时调整工作重心,在汲取过往治理经验教训的基础上,强调以兼顾环境保护和百姓生计为基本前提,推进生产和生态协调发展。于是福绵区从资源

化利用出发，提出了整县推进"截污—建池—收运—还田"的种养结合型粪污资源化利用模式（见图 5-1），有效缓解了生态环境与经济发展之间的矛盾。

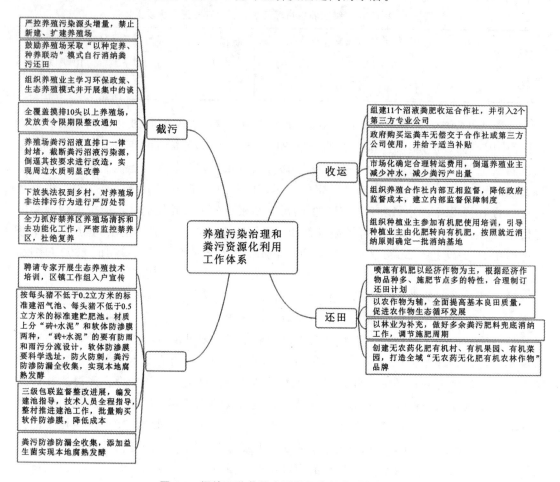

图 5-1　福绵区种养结合型粪污资源化利用模式

1. 截污

截污环节最主要的任务是对小散养殖场的粪污直排口进行封堵。政府要求养殖场粪污（或沼液）直排口必须封堵，以截断粪污（沼液）污染源，这倒逼小散养殖户按要求进行改造，实现了周边水质的明显改善。福绵区在开展截污过程中所采取的具体方案有以下三种：其一，抓好禁养区养殖场清拆和去功能化工作，禁养区内严格禁止新建或扩建养殖场；其二，限养区内责令养殖规模为 10～199 头的养殖场限期整改，养殖场排污口一律封堵，坚持"养猪就必须堵口"的原则；其三，依章依规将执法权下放至乡镇。

在执行截污的过程中，最主要的任务是监督，这就使得执法权的明晰与否直接决定了截污环节的成败。为使各部门权责与法律规范相匹配，在监督执法时有法可依，福绵区水产畜牧兽医局从养殖污染相关政策法律出发，帮助梳理法律法规，明确执法主体（见表 5-4），并对违规的养殖场进行严厉的处罚。

表 5-4　福绵区为落实各级监督所整理的法律法规条文

层级	条文	执法主体	内容
国家	《畜禽规模养殖污染防治条例》	市级（区）环保局	从事畜禽养殖以及畜禽养殖废弃物综合利用和无害化处理活动，应当符合国家有关畜禽养殖污染防治的要求，并依法接受有关部门的监督检查
地方（广西壮族自治区）	《广西壮族自治区环境保护条例》	市级（区）以下环保局	禁止在县级以上人民政府划定的禁养区域设置畜禽养殖场、养殖小区
	《广西壮族自治区乡村清洁条例》	镇政府	村民委员会应当指定人员对乡村卫生公厕、垃圾和污水处理等乡村清洁设施进行日常管理和维护
福绵区	《福绵区开展环境综合整治联合督查工作方案》	福绵区各级政府	从养殖污染、生活污染、工业污染和河道综合治理、生活垃圾处理等方面，对区直部门、乡镇、村（社区）层面明确重点工作内容、核验标准、督查细则等
	《福绵区南流江流域环境综合整治问责办法》	福绵区各级政府	以治理成效达标与否分类倒追责任和，以问责促落实

根据相关要求，福绵区组建由处级领导"挂帅"的区、镇、村三级联合工作组和督察组，对全区整改情况进行"地毯式"大督察，每个工作组和督察组固定包联乡镇，研究出台相关挂点包联的配套文件。在县区规模养殖包联挂点的基础上，针对全镇养殖规模为10头以上的养殖户建立包联挂点工作方案。不仅把责任落实到村、到片、到干部，还组织工商、市场监督管理、交警等相关部门对禽畜养殖运输、销售环节进行联动监管。在镇一级也建立了镇级监督巡查机制，通过包村干部、村支书、包片干部多次巡查，反复做思想工作，把粪污资源化利用工作做细。同时，建立整改达标的村委验收机制，如果村委验收不通过，村委有权阻止其继续开展养殖工作。此外，将监督工作与绩效评估挂钩，提高禽畜粪污治理和资源化利用工作在年度绩效考评中的占比，通过绩效考核形成压力，保证监督机制正常、有序、高效地运行。

数字资源 5-4
明确执法依据后各级监督得以落实到个人

数字资源 5-5
粪污资源化利用——截污

2. 建池

既然粪污（沼液）不能直接排入河流，那么生猪养殖过程中所产生的这些废弃物就需要特定的场所来收纳。建池就是对收纳粪污沼液的场所进行的建造工作。首先，通过对养殖户开展生态养殖技术培训和宣传等方式，提升养殖户对建池必要性、重要性的认识。其次，按照每头猪不低于0.2立方米的标准建设沼气池，同时按照每头猪不低于0.5立方米的标准建设贮肥池,并通过添加益生菌的方式实现粪污的本地腐熟发酵。再次,池子材质分为"砖+水泥"和"软体防渗膜"两种,其中"砖+水泥"需要有防雨和雨污分流设计,"软体防渗膜"需要科学选址、防火防刺。最后,三级包联监督整改,编发建池指导手册,由技术人员全程指导,整村推进建池,批量购买软体防渗膜,降低成本。

数字资源 5-6
粪污资源化
利用——建池

3. 收运

小散养殖户粪污资源化利用模式顺利运作的最大挑战在于,需要有成熟的沼液粪肥收运还田体系作为支撑。福绵区在收运环节采用了产业化的运行模式,以沼液粪肥收运合作社为纽带,连接上游的生猪养殖户和下游的种植户,并基于此开展养殖污染的"异地循环"治理。具体做法为:在福绵县域范围内成立了 11 个沼液粪肥收运合作社,并投资 300 万元为合作社采购和改造了 25 辆运粪车,给予合作社适当的补贴来维持收运平台的正常运转。由此通过沼液粪肥收运合作社等第三方组织,为养殖户提供粪污的收集转运服务,同时为种植户提供沼液粪肥的灌溉与喷施服务。在沼液粪肥收运合作社的日常管理方面,福绵区引入市场化的方式来确定转运的费用和相关服务的价格,有效地实现了粪污的及时消纳和粪肥的有效转运。

数字资源 5-7
收运环节运行
模式

4. 还田

沼液的水质特征使得作物能对其进行快速吸收,因此其在促进作物生长上具有速效性。同时,沼液的有机性质能使其与作物实现天然融合,实现良好的缓效性,享有"肥中之王"的美称,是世界上作物营养最全、最均衡、最绿色无公害的有机肥料。因此,对于沼液还田,广大种植户十分欢迎,形成了规模较大的沼液市场需求。福绵区对于有机肥的喷施,采用"以经济作物为主、以农作物为辅、以林业为补充"的总体思路(见表 5-5)。围绕该总体思路,福绵区计划通过粪污消纳还田,创建无农药、无化肥的现代有机生态循环农业产业园,通过养殖业带动全域有机作物种植业,从而打造福绵区的绿色有机农产品品牌。

数字资源 5-8
粪污资源化
利用——收运

表 5-5 沼液还田总体思路

思路	内容
以经济作物为主	根据经济作物品种多、施肥节点多的特性,合理制订还田计划
以农作物为辅	全面提高基本良田质量,促进农作物生态循环发展
以林业为补充	做好多余粪肥的兜底消纳,调节施肥周期,确保"收运—还田"的畅通

数字资源 5-9 福绵区福绵镇收运还田总体部署情况

数字资源 5-10 粪污资源化利用——还田

三 秀美丰腴的"母亲"

据监测，南流江福绵区支流 6 个监测断面水质从 2018 年第一季度的 5 个超标，逐渐变为实施"截污—建池—收运—还田"之后的 5 个达标（见图 5-2），污染因子浓度逐月下降。其中，2018 年 11 月时水质首次达到Ⅱ类水标准，这显示福绵区南流江的污染治理取得了明显成效。现在的南流江，鱼虾又回来了，水清岸绿的样子让沿岸居民又不由得对美好生活心生向往，很多人没想到还能在有生之年看到南流江清新秀丽的模样。

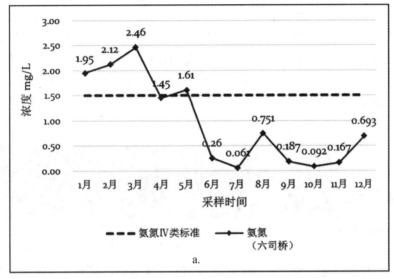

a.

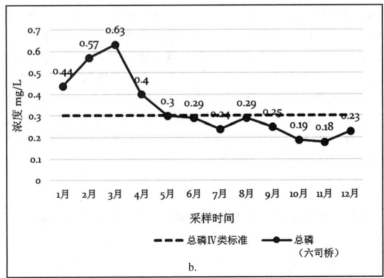

b.

图 5-2　2018 年南流江福绵段六司桥断面水质变化对比

（a 为 2018 年氨氮浓度变化趋势；b 为 2018 年总磷浓度变化趋势）

2019 年，非洲猪瘟蔓延，福绵区也有大量生猪死亡。绿保合作社的廖书记说："我家旁边的猪场原来有 66 头母猪，猪瘟一来，死了 61 头，只剩下 5 头了。"当地的小散养殖受到严重打击。

2021 年伊始，胜利村的张大姐买了十头小猪苗，罗冲村的梁大爷买了几十包饲料喂猪，樟木镇的村民又操持起了养猪的家业，家家户户又热闹起来。合作社的廖书记也说："我一年多没响的电话又不断响起来了，人们嚷嚷着让我去拉粪呢，我们合作社的运粪车终于又开起来了！"

与外出打工相比，生猪养殖收入要高得多，因此在非洲猪瘟影响消退后，福绵区生猪小散养殖逐渐复苏。随着生猪粪便污染问题的卷土重来，"截污—建池—收运—还田"的治理模式也重新运作起来，收粪车开始一车车地从养殖场拉粪，合作社也再次顺利运转。粪污资源化利用模式继续服务于生态与经济的平衡，福绵区生猪养殖又恢复了往日的生机。

可以看到，在新的"养猪热"开始之际，人们不再诉诸粪污直排，而是自然而然地运用了"截污—建池—收运—还田"的粪污资源化利用模式。可见福绵区粪污资源化治理的措施，已经深入人心。对于这个模式，人们想用、乐意用，并已然成为人们主动参与南流江治理的不二选择。

第二节 案例分析

源自顶层设计的国家政策，往往要有自下而上的地方性制度与之匹配，才能实现国家战略的有效落地。过去很长一段时间，我国的乡村治理面临生态环境保护与农村经济发展之间的矛盾，使得河流污染、生态破坏等问题在我国的乡村地区较为常见。面对经济发展与生态环境保护之间的矛盾，若政府不管不顾，或采取的措施不当，必然会驱使人们为降低成本而不断地消耗生态环境资源，造成"公地悲剧"。"公地悲剧"问题是人类在过去半个多世纪以来所面临的重大问题（Hardin，1968）。长期以来的理论与实践探索表明，当乡村面临"公地悲剧"的威胁时，需要建立行之有效的制度，这样才能够实现"公地悲剧"问题的有效解决（Ostrom，1990；Ostrom，2009），确保农村经济发展与乡村生态环境保护之间的平衡。

一 问题的提出：南流江的污染是典型的"公地悲剧"问题

（一）问题的背景

本案例中，玉林市福绵区的村民向来以生猪养殖为主要经济来源，玉林市 GDP 总量的将近一半也来源于生猪养殖产业。玉林市生猪养殖以小散户养殖为主，属于典型的传统养殖农业形式。生猪养殖对水的依赖性较强，因此，玉林市福绵区是玉林市生猪养殖户最为密集的地区之一，其中的绝大多数生猪养殖户分布在流经玉林市境内的南流江周边。福绵区的传统小散生猪养殖户由于缺乏科学的管理理念和现代化的排污处理技术，在行动上选择将未经处理的粪污直接用水冲进江中，由此导致南流江被严重污染。

（二）科学问题界定

公共池塘资源（common-pool resources，CPR）是一类在资源系统的使用上具有非排他性，而在资源单位的获取上又具有竞争性的资源（Ostrom，1990）。现在有越来越多的学者将具有这种特征的资源统称为公共事物。公共池塘资源的非排他性决定了其无法低成本地将潜在用户排除在外。这主要包含以下两层含义：一是不能排除潜在用户对公共池塘资源的获取；二是不能排除潜在用户向公共池塘资源系统内排放污染物。理性的经济人向公共池塘资源系统排放污染物的目的是提高自身的收益水平，然而个人对利益的不断追求并不必然会产生符合公共利益的结果，最终就会导致资源被过度消耗的"公地悲剧"的发生（Hardin，1968）。

本案例中，南流江作为自然形成的河流，其流经地域大、跨越的行政区域广，使得任何人都无法低成本地将潜在的使用者排除在外，比如任何人都无法低成本地将小而分散的生猪养殖户排除在外，或监督其向江中排放粪污。因此，南流江在资源性质上属于公共池塘资源。由于南流江在排除潜在获益者方面存在困难，生猪养殖户为了降低生产成本，简化了粪污处理的流程，竞相选择直接将粪污和废水排放于南流江中，致使南流江超出了其生态循环的自然净化能力，水质遭到严重污染，最终陷入了"公地悲剧"。

我们可以用如图 5-3 所示的博弈过程来呈现南流江"公地悲剧"的产生过程。具体而言，虽然粪污控制排放能够使得养殖户从南流江的生态环境中获得长期而稳定的收益，但是理性的养殖者都知道，向江中直接排放未经处理的粪污能够最小化养殖成本，从而能够使自己获得最大化的收益。因此，在任何情况下，自由排放都成为养殖者的纳什均衡选择，由此产生的结果就是大部分养殖户都选择将粪污直接排放，导致南流江被严重污染，最后所有养殖者都无法享受南流江的生态环境，而各项禁令的压力也使得所有养殖户的生计受到威胁。

		养殖户B	
		控制排放	自由排放
养殖户A	控制排放	（10，10）	（10，11）
	自由排放	（11，10）	（-1，-1）

图 5-3 南流江"公地悲剧"的形成过程

个人边际产出与社会边际产出的差异如图 5-4 所示，向南流江这个公共池塘资源进行粪污直排的个体养殖户获得了收益，所产生的成本却由社会来承担（负外部性），由此导致进行粪污直排的个体养殖户总是在平均产出的基础上做出决策，由此养殖户对粪污的排放的均衡数量总会大于南流江对污染的容纳量，最终造成南流江被过量的粪污污染。

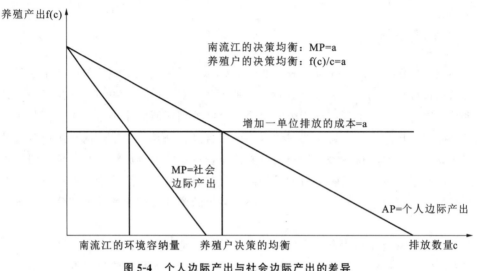

图 5-4　个人边际产出与社会边际产出的差异

二　解决"公地悲剧"的制度分析框架与相关理论基础

（一）社会生态系统（SES）分析框架

"公地悲剧"的解决需要行之有效的制度。制度就是一套可以不断重复的规则（Ostrom，2005）。以制度解决"公地悲剧"问题的关键，就是以符合当地社会和环境条件的制度来控制公共池塘资源的非排他性（Araral，2014），使资源能够得到合理利用。Ostrom（2009）运用社会生态系统（SES）分析框架来研究因地制宜的制度的形成过程，为探讨不同社会环境条件下如何形成有效的制度以克服"公地悲剧"，提供了具有一般解释力的框架。SES 分析框架由如图 5-5 所示的八组第一层级变量组成，其中资源系统（RS）、资源单位（RU）、治理系统（GS），以及行动者（A）的变化共同影响着行动情境中相关行动者的互动（I）和结果（O）。同时，社会、经济、政治背景（S）以及相关的生态系统（ECO）属于情境变量，代表对行动情境中人们的互动过程产生影响的外部冲击因素。

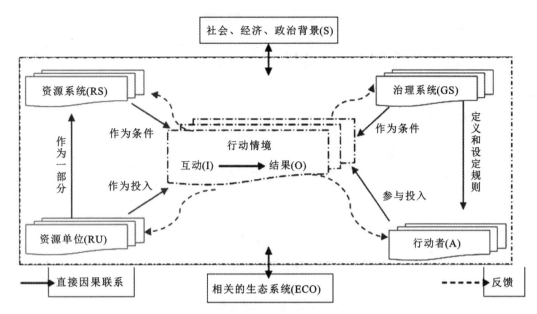

图 5-5　社会生态系统（SES）分析框架第一层级变量及其关系

由互动（I）和结果（O）共同组成的行动情境是 SES 分析框架的核心部分。行动情境是行动者采取行动时所面临的具体社会境况。Ostrom（2005）用行动者、位置、行动、信息、控制、净成本和收益以及潜在结果这七个变量，来刻画行动者内部的互动过程和内部体征。这其中，每个变量都存在一种规则来对其进行限制，由此构成了由不同规则组成的互动过程，如图 5-6 所示。具体而言，行动者是指被边界规则分配到具体位置的决策个体，并从决策过程中的备选方案中做出选择后开展行动的人；位置由位置规则来决定，位置的数量通常少于参与者数量，参与者可以同时占领多个位置；行动是行动者通过个体行动来影响结果的桥梁，其将行动者和位置与结果产生联结；信息是行动情境中的行动者可以获得的关于行动情境的全部或部分信息；控制代表了行动者在聚合规则的限定下，对行动所可能产生的结果的控制程度；净成本和收益即以报酬规则奖励或制裁采取不同选择决策的行动者；潜在结果包括行动者的物理结果，以及由支付规则决定的物质奖励或成本（王亚华，2017）。

SES 分析框架的最大特点是具有可分解性，可基于如图 5-5 所示的第一层级变量不断地向下进行纵向分解。由此，SES 分析框架可以从第一层级向下进行纵向分解得到第二层级变量，以便精确地发现影响制度形成的具体因素及各因素间的相互作用。表 5-6 为研究团队根据 McGinnis et al.（2014）对 SES 分析框架第二层级变量的分解，结合 Ostrom（2005）对行动情境内部特征的描述，所分解出的 SES 分析框架的第二层级变量。SES 分析框架的可分解性意味着，在具体的研究中，研究者不一定必须使用 SES 分析框架中的所有变量，而是可以根据具体研究所面对的特殊情境，从 SES 分析框架中选择相关变量进行理论构建和模型分析（苏毅清等，2020）。

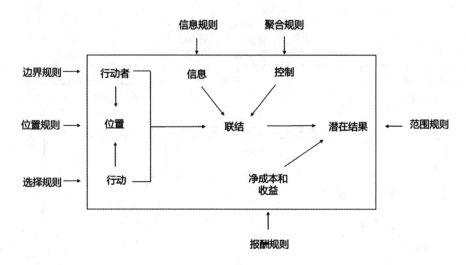

图 5-6 行动情境中的互动（O）过程

图片来源：Ostrom（2005）

表 5-6 SES 框架第二层级变量列表

社会、经济、政治背景（S）
S1—经济发展；S2—人口趋势；S3—政策稳定性；S4—其他治理系统；
S5—市场化；S6—媒体组织；S7—技术

资源系统（RS）	治理系统（GS）
RS1：部门（比如水、森林、牧场、渔场） RS2：系统边界是否清晰 RS3：资源系统规模 RS4：人造设施 RS5：系统生产力 RS6：系统平衡力 RS7：系统动态可预测性 RS8：系统可储存性 RS9：位置	GS1：政府机构 GS2：非政府组织（或第三方组织） GS3：网络结构 GS4：产权系统 GS5：操作规则 GS6：集体选择规则 GS7：宪制规则 GS8：监督和制裁规则
资源单位（RU）	行动者（A）
RU1：资源单位可移动性 RU2：增减或更替率 RU3：资源单位交互性 RU4：经济价值 RU5：单位数量 RU6：可区分特征 RU7：时空分布特征	A1：相关行动者数量 A2：行动者的社会经济属性 A3：资源利用历史和经验 A4：行动者和资源的地理位置关系 A5：行动者的领导力/企业家精神 A6：约定俗成的社会规范（特别信任和互惠的约定）/社会资本 A7：对所聚焦的 SES 的认知/思维方式 A8：资源的重要性（依赖性） A9：可选技术

续表

互动（I）→结果（O）	
I1：行动者的行动 I2：位置 I3：信息 I4：控制 I5：净成本和收益 I6：潜在结果	O1：社会绩效测量（比如效率、公平、责任、社会可持续性） O2：生态绩效测量（比如过度利用、恢复力、生物多样性、生态可持续性） O3：对其他SES的影响/外部性

表格来源：在McGinnis et al.（2014）基础上进行修改得到。

（二）理论基础

1. 帕累托改进

帕累托改进（pareto improvement），是指在不使任何人境况变坏的前提下，使得至少一个人的境况变得更好的情况（高培勇，2012）。帕累托改进是达到资源最优配置的帕累托最优的路径。在本案例中，治理南流江所涉及的主体包括政府、养殖户、种植户以及南流江沿岸的居民等。因此，判断南流江是否获得了有效的治理，就要观察相关的治理措施是否能够在保证养殖户"能够养猪"的境况不变的情况下，使得政府、种植户以及南流江沿岸居民中至少一方的境况变得更好。

2. 外部效应内部化

外部效应内部化是通过激励的改变，使人们考虑到其行为所产生的外部效应，由此主动支付（或承担）其行为的外部性所带来的收益（或成本），从而恢复市场对资源的配置能力。外部效应内部化的实质，是通过明晰产权、达成协议或强制征税等方式，使个人的成本与社会的成本一致，由此避免资源配置效率的扭曲，达到资源配置的有效状态（大卫 R. 哈克斯，2004）。外部效应内部化在实践中运用的困难在于，外部效应所导致的成本通常很高，这使得很少有个体愿意将这些高昂的成本进行内部化处理。对应到本案例所涉及的问题，养殖户向江中直排粪污的行为是具有明显的负外部效应的行为，因此养殖户愿意承担并且有能力承担其排污行为所导致的成本，就成为成功治理南流江污染的关键。

3. 科斯定理

科斯定理指出，产权界定和交易成本能够显著影响资源配置的效率（罗必良，2016）。产权一旦界定，市场中的价格机制就会推动资源进入交易过程，并将资源配置给使用效率最高或出价最高的主体。然而，在实际生活中，产权的界定时常存在争议，交易成本也难以被忽略。对应到本案例所涉及的问题，最初粪污被视为毫无价值的事物，其是否能够获得应有的价值，同时人们是否能够通过适当的方式把粪污的价值配置给相关的主体，由此开启市场对于粪污资源的合理配置，也是评判南流江治理是否成功的重要内容。

三 理论分析

本部分将基于SES分析框架来说明玉林市福绵区"截污—建池—收运—还田"粪污资源化利用模式为何能在南流江的"公地悲剧"治理中取得成功。结合福绵区的案例，首先，我们基于行动情境中互动（I）所引发的七个制度规则的变化，揭示了"截污—建池—收运—还田"是如何通过实现帕累托改进、外部效应内部化以及粪污产权界定，形成行之有效的制度规则的。其次，我们通过SES分析框架中的变量变化，呈现了"不管不顾"时期、"一刀切"时期以及"截污—建池—收运—还田"时期，不同的治理制度所取得的不同的治理效果。

（一）"截污—建池—收运—还田"促进制度规则的形成

从理论上看，"截污—建池—收运—还田"的治理模式，贡献了制度在形成过程中所需要的七大制度规则（见图5-7），由此促进了治理南流江"公地悲剧"的有效制度的形成。

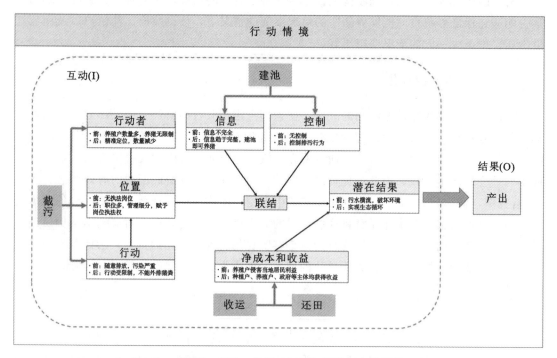

图5-7 "截污—建池—收运—还田"促进制度规则的形成

1. 截污减少行动者数量，形成良好的范围规则、位置规则和选择规则

在福绵区粪污治理的行动情境下，一方面，精准定位了主要的截污对象，从而将行动者（养殖户）的数量从 3602 户减至 1931 户，界定了行动者的范围，形成了明确的范围规则；另一方面，福绵区政府出台畜禽粪污治理和资源化利用保障体系相关文件，梳理法律法规，明确执法主体，确保各个层级各个部门在治污过程中有法可依，使得更多的部门具有了监督执法的权力，使得位置规则能够涵盖更多的参与者。由此，执法岗位的增多保证了管理职责可以细分到人，使得养殖户的行动得到了相应的监督，每个参与方在行动舞台中均明确了自己的选择规则。

2. 建池实现信息的明确，控制了养殖户的粪污直排，形成了良好的信息规则和聚合规则

建池成功地解决了"限养区内到底能养多少头猪"的问题。在"一刀切"时期，治污之所以失败，其中一个重要的原因就是政府只规定了禁养区、限养区、放养区，而对于限养区的养殖量没有提出明确的标准。由此，信息的不完全使得养殖户人心惶惶，也导致村民赖以生存的生猪养殖业受到严重冲击。建池后，养殖户可根据养殖数量规划建池规模，以较低的成本实现了"家中有池、心中不慌"的安心养殖状态，这是信息规则的改善所带来的结果。此外，建池改变了原来粪污随意排放、村民居住环境又脏又臭的境况，较好地解决了养殖户的粪污直排问题，形成了力度较大的聚合规则。

3. 收运、还田为多方参与主体创造了共同获益的报酬规则

收运、还田在净成本和收益上使得多方主体实现了合作共赢。对养殖户而言，养猪带来的收入足以覆盖建池投入的成本，相较于"一刀切"时期的不能养不敢养，养殖户更愿意用较低的成本换取持续的安心养殖，从而实现经济利益和宜居环境的双向盈收。对种植户而言，用于还田的沼液价格低于市场上销售的化肥，养分充足，这使得使用本地的沼液能够实现"节本增效"的效果，提高了种植经济作物的效益。对第三方收运组织而言，由于其使用的运粪车是政府财政补贴的，其只需要投入运营过程中必要的人力成本和运输维护成本，就可以连接养殖户和种植户，提供双向的收费服务，从中

数字资源 5-11
福绵区与周边
地市粪污治理
投入对比

获得收益。对政府而言，投入 300 万财政资金购买专业运粪车，引入第三方收运组织将粪污的源头和末端形成一条完整的产业链，实现了成本收益的改善。相较于周边地市投入巨资治理粪污污染，福绵区政府实际上已经获得了巨大的收益。综上所述，收运、还田为多方参与主体创造了能够获得收益的报酬规则，最终推动了涵盖多方参与的制度的形成。

（二）"截污—建池—收运—还田"的制度功能

1. 截污使得帕累托改进成为可能

实施截污后，养殖户仅需支付较低的建池成本，而政府、种植户与南流江沿岸居民的

收益均得到了不同程度的提升：其一，通过截污，南流江水质和周边环境的改善使得政府因有效的治理获得了人民群众的信任和认可；其二，实施截污后，粪污在池中自然发酵为粪肥，周边的种植户得以通过低价获得高质量的沼液，提高了种植农作物的经济效益；其三，实施截污前，南流江因为生猪养殖户的直排，污水横流，周边居民生产生活深受影响，而实施截污后，南流江江水由污转清，周边居民的生活环境得到极大的改善；第四，对于养殖户而言，用于建池的费用并不高，成本最低的收集池仅需挖个土坑并在池底铺一层软体防渗膜即可，养殖户支付较低的建池成本后，依然能够通过养猪获得收益，因此养殖户的境况基本不发生改变。因此，在实施截污后，福绵区在不改变养殖户境况的情况下，实现了其他各方主体境况的好转，实现了帕累托改进（见表5-7）。

表 5-7　玉林市福绵区生猪养殖户截污的帕累托改进

	养殖户	政府	种植户	南流江附近居民
截污前	获益	受损	受损	受损
截污后	获益	获益	获益	获益

2. 建池将粪污直排的负外部效应内部化

在整改前，福绵区的中小养殖户将生猪养殖产生的粪污直排入南流江，不需要支付任何费用；而这种粪污直排行为使得南流江水质变差，水体浑浊，氨氮、总磷含量超标，造成了严重的环境污染，需要投入大量人力、财力、物力进行治理，同时增加了南流江沿岸居民的生产生活成本，因此生猪养殖户的粪污直排行为具有极为明显的负外部效应。实施截污通过建设粪污收集池储存猪粪，并购买服务，委托合作社等第三方组织将收集池中的粪污运走，收运费用按粪污体积收取。在这个过程中，养殖户自费建池，实际上是将养殖污染治理成本纳入养殖户私人边际成本，实现了生猪养殖户的个体成本与社会成本的协调一致，由此解决了生猪养殖所产生的负外部效应问题。

在"截污—建池—收运—还田"这一模式中，养殖户的治污成本由建池成本和收运成本两部分组成。其中，建池成本较为低廉，养殖户可根据自身经济情况来修建粪污收集池。收运成本由养殖户和种植户共同承担，其中养殖户承担33%，种植户承担67%，这也在一定程度上降低了养殖户的经济负担，由此提高了养殖户对生猪养殖负外部效应边际价值定价的接受程度，从而使得负外部效应成功内部化。

3. 建池界定了粪污产权，使得粪污通过市场机制得到有效配置

建池解决了"粪污应该配置到哪里"的问题。建池之前，由于粪污没有任何价值，养殖户纷纷将粪污直排入南流江。建池之后，粪污在养殖户自家的池中变为沼液，养殖户获得了对沼液的产权，进而能够将沼液通过市场机制进行配置，即沼液经市场定价可进行买卖，并供给种植户来满足有机作物对沼液的需求。在这个过程中，养殖户、收运组织、种植户这三方主体通过市场化的方式运作，实现了粪污的合理利用和沼液的有效配置。

（三）"截污—建池—收运—还田"的制度成效

表 5-8 通过对 SES 分析框架的纵向分解，呈现了"截污—建池—收运—还田"的制度成效。"截污—建池—收运—还田"所形成的制度规则使福绵区在南流江的治理过程中实现了帕累托改进、外部效应内部化以及粪污产权界定，成功地将粪污变废为宝，让曾经饱受粪污污染困扰的人们围绕粪污的收储和消纳，实现多方主体的收入增加和境况改善，生动地展现了一个从"污水横流"到"粪涌钱进"的变化过程。

具体而言，制度规则的形成给南流江的污染治理带来的巨大的变化，主要表现在两个方面：一方面，报酬规则为多方参与主体创造的收益，使得养殖户、种植户、政府和第三方收运组织等主体因"粪"得"钱"，促使他们积极参与南流江的治理，使得"截污—建池—收运—还田"相比前两个时期实现了更多主体的主动参与；另一方面，各项制度规则的系统实施，形成并完善了整个南流江的治理体系，使得"截污—建池—收运—还田"的模式相比前两个时期，呈现更系统、更全面、更精确、更有效的特征。

1. "不管不顾"时期的污水横流

这一时期，南流江由于工业污水和养殖粪污直排污染严重（O2-a），其中大量粪污直排是主要致污原因，当地的生猪养殖场户"量大（AY1-a）、面广、分散、零小"，相当一部分小散养殖户仍然采用传统的养殖技术（AY9-a），并将养殖粪污直接用水冲入南流江，使得南流江无法有效发挥自净功能（RU2-a），加重了水体污染。

2. "一刀切"时期的污水仍流

这一时期，福绵区政府在地方财政有限（S1-a）和环境高压政策（S3-a）的双重压力下，规划了禁养区、限养区和放养区（GS5-a）。然而，这种手段并没有从根本上解决污染问题。一方面，小散养殖户基数大（AY1-a），虽然每户的养殖量不大，但总的粪污排放量大，相较于另外投入治污成本，养殖户更愿意采取传统的低成本直排方式（AY3-a）；另一方面，"一刀切"的划分缺乏细化的标准，影响了养殖户的生计（O1-a），同时严厉的惩罚机制和信息不完全使得限养区的养殖户担忧养殖量是否超标、是否今日合规明日超标等，对政府的信任度直线降低（AY6-a）。

3. "截污—建池—收运—还田"时期的"粪涌钱进"

这一时期，福绵区政府吸取教训，重新制定了治污方案，在摸清养殖户的基本情况后，将治污重点放在了中小养殖户（GS6-a）身上，通过"截污—建池—收运—还田"模式（GS5-a）推进粪污治理，实现了多方参与主体的共赢。这种多方参与主体共赢具体表现在以下几点。

首先，养殖户获得了稳定的收入增长源。由于福绵雨水充沛（ECO1-b），粪污经常被雨水冲刷带入南流江（RS1-a），而截污使得雨污分流，从源头上阻断了粪污污染，是治南流江污染的有效手段。建池在政府的监督和指导下进行,使排污得到控制,同时养殖户在该模式下依然能够通过养猪、储存粪污、消纳粪污来实现收入的增加(AY8-a)。

表 5-8　SES 框架下福绵区南流江治理所经历的三个阶的成效体现

	"不管不顾"时期	"一刀切"时期	"截污—建池—收运—还田"时期
社会、经济、政治背景设定(S)			
S1：经济发展	S1-a：福绵区财政有限	S1-a：福绵区财政有限	S1-a：福绵区财政有限
S3：政策稳定性	—	S3-a：环保政策持续高压	S3-a：环保政策持续高压
S5：市场化	S5-a：猪肉价格上涨	S5-a：猪肉价格上涨	S5-a：猪肉价格上涨
资源系统(RS)			
RS1：部门(比如河流、森林、牧场)	RS1-a：南流江	RS1-a：南流江	RS1-a：南流江
治理系统(GS)			
GS1：政府机构	—	—	GS1-a：水产畜牧兽医局
GS2：非政府组织(或第三方组织)	—	—	GS2-a：粪污收运组织
GS5：操作规则	—	GS5-a：划定禁养区、限养区、放养区	GS5-a：截污—建池—收运—还田
GS6：集体选择规则	—	—	GS6-a：定位1931户中小养殖户
GS8：监督和制裁规则	—	—	GS8-a：各层级执法权文件
资源单位(RU)			
RU2：增减或更替率	RU2-a：南流江无法自净,出现污染	RU2-a：南流江无法自净,出现污染	RU2-a：南流江恢复自净能力,水质改善
行动者-养殖户(AY)			
AY1：相关行动者数量	AY1-a：3602户	AY1-a：3602户	AY1-a：1931户
AY2：行动者的社会经济属性	AY2-a：预算约束 AY2-b：风险规避 AY2-c：低弹性	AY2-a：预算约束 AY2-b：风险规避 AY2-c：低弹性	AY2-a：预算约束 AY2-b：风险规避 AY2-c：低弹性

续表

	"不管不顾"时期	"一刀切"时期	"截污—建池—收运—还田"时期
AY3：资源利用历史和经验	AY3-a：粪污直排	AY3-a：粪污直排	AY3-a：粪污排入收集池
AY6：约定俗成的社会规范（特别是信任和互惠的约定）/社会资本	—	AY6-b：不信任政府	AY6-a：养殖户与种植户双方互惠 AY6-b：农户信任政府
AY8：资源的重要性（依赖性）	—	—	AY8-a：储存与消纳粪污
AY9：可选技术	AY9-a：传统的养殖技术	AY9-a：传统的养殖技术	AY9-a：传统的养殖技术
行动者-种植户（AZ）			
AZ1：相关行动者数量	—	—	AZ1-a：种植面积大
AZ2：行动者的社会经济属性	—	—	AZ2-a：种植经济类作物 AZ2-b：种植对沼液需求量大
AZ3：资源利用历史和经验	—	—	AZ3-a：沼液使用效果好
AZ4：行动者和资源的地理位置关系	—	—	AZ4-a：与养殖户邻近或位于养殖户周边
AZ6：约定俗成的社会规范（特别是信任和互惠的约定）/社会资本	—	—	AZ6-a：与养殖户关系融洽
AZ8：资源的重要性（依赖性）	—	—	AZ8-a：依赖沼液提升作物质量
AZ9：可选技术	—	—	AZ9-a：灌溉、喷淋
结果（O）			
O1：社会绩效衡量（比如效率、公平、责任、社会可持续性）	—	O1-a：养殖户的生计受到影响；政府政策效果不佳	O1-a：养殖户与种植户均实现生计改善；政府获得更好的声誉；第三方组织获得经济效益

续表

	"不管不顾"时期	"一刀切"时期	"截污—建池—收运—还田"时期
O2：生态绩效测量（比如过度利用、恢复力、生物多样性、生态可持续性）	O2-a：南流江污染严重	O2-a：南流江污染严重	O2-a：南流江转污为清
相关的生态系统（ECO）			
ECO1-气候情况	ECO1-a：高温 ECO1-b：雨水充沛	ECO1-a：高温 ECO1-b：雨水充沛	ECO1-a：高温 ECO1-b：雨水充沛

其次，第三方粪污收运组织（GS2-a）通过提供粪污转运服务增加收入。第三方粪污收运组织收纳粪污进行发酵再利用，为种植户和养殖户提供了连接的桥梁，并在提供服务的过程中实现了收入的增加。

再次，种植户实现了更好的经济效益。福绵区当地的高温气候（ECO1-a）和作物丰富的地理条件，加速了粪污的资源化利用过程。由于沼液使用效果好（AZ3-a），种植户的种植面积大（AZ1-a），因此形成了对沼液的大量需求（AZ2-b）；同时，养殖户与种植户的地理位置（AZ4-a）邻近，相互间的人际往来（AZ6-a）也较为融洽，养殖户为尽快处理粪污，常常以较低的价格将沼液半卖半送给种植户，而种植户由于用沼液灌溉、喷淋作物（AZ9-a）的成本较低，更愿意通过沼液还田实现其种植各类经济作物（AZ2-a）的高收益，从而实现种植收入的增加。

最后，政府通过"截污—建池—收运—还田"模式，以较低的财政投入获得了良好的河流污染治理成效，赢得了人们的赞誉和信任（AY6-b）。

四 案例启示

玉林市福绵区以较低的成本，调动了多方主体的积极性，实现了对南流江粪污污染的成功治理，这为国内其他地区开展乡村生态宜居建设和全面推进乡村振兴提供了一定的借鉴，也可以为与福绵区情况类似的其他发展中国家和地区提供"中国之治"的治理经验。

（一）"精准识别、分类施策"是在有限资源下实现公共治理的重要基础

实现发展的关键，是抓住事物的主要矛盾；而要解决发展过程中遇到的问题，就必须准确把握矛盾的主要方面。在福绵区，解决南流江污染面临的主要矛盾，是政府财力有限

和污染普遍之间的矛盾；而在这一对矛盾中，用有限的财力去解决养殖规模为10~199头的养殖户对河流造成的污染，就是矛盾的主要方面。福绵区通过"数猪"精准定位了矛盾的主要方面，按照存栏量将所有养殖场（户）分为10头以下、10~199头、200头以上三类，并对这三类养殖场（户）采取不同的治理办法，实现了治理对象的精确化管理以及治理资源的精确化配置，最大限度地发挥了有限资源的治理效力。因此，福绵区在财政能力有限的条件下，依然出色地完成了南流江治理的重要原因，就在于采用了"精准识别、分类施策"的策略，为后续良好的制度规则的建立打下了坚实的基础。

（二）发展中的问题必须用发展的办法来解决

福绵区对南流江的治理经历了"不管不顾"时期、"一刀切"时期和"截污—建池—收运—还田"时期。其中，后两个时期治理效果具有明显差异，主要原因就在于后者使用了发展的办法来缓解经济发展与生态环境保护之间的矛盾。具体而言，在"一刀切"时期，强行拆除养殖场的举措以及明令禁止养殖的条例，虽然在短时间内起到了一定的作用，但由于这些强制举措截断了广大养殖户的生计之路，最终导致治理失败，具体表现为广大养殖户利用限养区的模糊标准，形成养殖和污染的大反弹。而在"截污—建池—收运—还田"时期，福绵区采取了只要"截污建池"就能继续养猪这样一种发展的办法来缓解矛盾。最终，养殖户因为能通过养猪保住生计而积极参与，南流江的污染也由此得到良好的治理。因此，对于发展中出现的问题，不能简单地以"断血、输血"的方式来应对，而要以"造血、畅气"的发展的方式来解决，坚持用发展的方式来解决发展中的问题。

（三）充分调动广大人民群众的内生动力是实现良好公共治理的重要途径

福绵区在财政有限的情况下实现了对南流江的污染治理，"精准识别、分类施策"所提供的坚实基础，通过"截污—建池—收运—还田"的模式实现了多方参与主体的获益，成功地调动了广大人民群众参与治理的内生动力也是一大成功因素。从案例分析部分我们可以看到，在"截污—建池—收运—还田"的治理阶段，参与主体由原来的政府和养殖户增加为政府、养殖户、种植户和第三方粪污收运组织，形成了多方参与主体因互惠而凝聚的局面。这种多方主体相互凝聚、共同参与的局面，将治理成本进行了有效的分担，从而能够极大地减少政府的投入和开支。因此，在治理过程中，通过互惠互利的制度规则，充分调动广大人民群众的积极性和主动性，激发社会发展的内生动力，是在治理资源有限的情况下实现有效公共治理的重要途径。

 案例点评

绿水青山就是金山银山，保护社会生态环境就是保护社会生产力。本案例以南流江为研究对象，借助社会生态系统（SES）分析框架来解释玉林市福绵区

"截污—建池—收运—还田"的粪污资源化利用模式为何能在南流江的"公地悲剧"治理中取得成功。从南流江"污化"到"去污化"这一过程,我们可以知道,"精准识别、分类施策"是确定主次矛盾、矛盾主要方面的基础,以"造血、畅气"代替"输血、断血"是破解主要矛盾的手段,"多主体参与、多元互惠"是破解主要矛盾的重要途径。

第六章 从"酸雨之都"到"宜居花城"的绿色蜕变
——柳州市探索环境治理和经济建设新发展之路的政策体系分析[①]

 案例导入

本案例描述了柳州市经综合治理,从"酸雨之都"到"宜居花城"的华丽嬗变。20世纪八九十年代,以重化工业为主的粗放型发展模式给广西柳州市带来可观的经济效益的同时,也不可避免地造成了环境污染。近20年来,柳州市经过酸雨治理、生态建设和新型工业化探索三个阶段,实现了从"酸雨之都"到"宜居花城"的绿色蜕变,全市森林覆盖率达65%,建成区绿化覆盖率达43.9%,市民走出家门不超过500米就有休闲绿地,街头四季都有鲜花盛开。案例分析部分基于混合扫描决策模型,对柳州市近20年的环境保护和新型工业化政策采用"全景扫描+近景聚焦"方式,从政策分层、政策机制和政策领域三个维度展开具体观察。最后本案例从上述三个维度出发,提炼出相应的对策建议,即政府在理论和实践方面都要健全政策体系,优化发展环境,以更好地践行创新、协调、绿色、开放、共享的发展理念,探索新的发展之路。本案例可以为我国同种类型的工业城市综合运用各类政策工具组合建立环境保护和经济建设政策体系提供有益借鉴。

第一节 案例故事

一 引言

20世纪八九十年代,以冶金、化工等传统工业为主的"十雨九酸"的"酸雨之都"

[①] 案例团队:德鲁克203分克。指导教师:汪晗;团队成员:吴君馨、覃衍海、蒙昕、蓝俊杰、刘跃鹏。

柳州,"出门有工厂,抬头见烟囱",空气中二氧化硫浓度严重超标,年酸雨率高达98.5%,被人戏称为"连飞过的麻雀都是黑的""傻大黑粗"的老工业基地。

到了 2020 年 11 月,柳州市工厂里的机器声依然轰鸣不绝,但街道上的紫荆花芳香四溢,蜿蜒流长的柳江穿城而过,美好得犹如苏东坡诗句里描绘的山水画卷。

数字资源 6-1　之前工厂长期超标排放　　数字资源 6-2　柳州市的蓝天白云　　数字资源 6-3　柳州市汽车产业的高速发展

不只是空气质量与水体质量有了极大的提升,柳州工业还积极践行绿色发展新理念。柳州市工业和信息化局覃东林局长表示:我们的目标是通过创新驱动,加快新旧动能转换,推动柳州工业高质量发展,把柳州打造成生态宜居、经济实力较强的工业城市。

如今的"宜居花城"柳州市,谁能想到多年之前竟是"酸雨之都"!从"酸雨之都"到"宜居花城"的绿色蜕变,柳州市发生这种转变的背后有着怎样的故事呢?

二　蓝天:绿色发展的象征

(一)"老柳州"眼中的"酸雨之都"

20 世纪八九十年代,柳州市不仅是广西壮族自治区最大的工业发展基地,也是全国最重要的几大工业城市之一。柳州市有大大小小的工厂,它们就是柳州市酸雨的首要来源。

"工厂在城中,城在工厂中"。这是柳州市老市民对过去柳州市的调侃,当时的工厂紧紧依靠柳江建立,市区烟囱林立、浓烟滚滚。建立在市区里的化工、冶炼、造纸等大型生产企业,长期超标排放废气废水废渣,严重污染周边环境。位于柳州市北部上风处的几家大型重化工厂,在不到 9 千米的河段上设置了 30 多条排污沟渠,大量工业污水、生活污水直接排入柳江。大量排放的二氧化硫废气积聚在城市上空难以散去,成为城市酸雨的主要原因,百姓也苦不堪言。由于酸雨频繁,城市绿化美化工作难以推进,城市环境建设缓慢,柳州市也因为陈旧的市容市貌一度被人们戏称为"广西最大的县城"。

数字资源 6-4　20 世纪八九十年代酸雨侵扰下的柳州工业

徐锦江(化名)大爷 1995 年 2 月因工作调动,从当时的柳城县来到当时的柳州市卫生局工作。和他一同来到市里的,还有从老家带来的两盆罗汉松。它们让初来异地的徐大爷得到了一丝慰藉。但一场雨过后,他辛苦栽培的罗汉松都死掉了。

"两盆都没了,那场雨之后都枯萎了。"徐大爷在和我们的调研人员交流时,依然轻声叹气,"首先是叶子慢慢变黄,我还以为是水浇多了,或者是刚刚搬过来,植物有点'水土不服',后来朋友告诉我,柳州这边酸雨太严重了,其他植物基本都养不活,更不用说罗汉松这样需要精心呵护的植物了。"

随后,调研人员又采访了一位从柳州市环保局(现为柳州市生态环境局)退休的老干部。他告诉我们,20世纪80年代,他刚刚调到市里工作,一场春雨之后,他发现市郊很多农作物都死了,他本科所学的环境工程专业知识让他意识到,这是具有强腐蚀性的酸雨导致的。随后,酸雨成为柳州市的"常客",其不仅影响市区市郊,还波及柳州市下属的县城。

(二)"酸雨之都"正名大作战

"十五"期间(2001—2005年),为促进清洁生产、提高资源利用效率、减少污染物的产生、保护和改善环境、保障人体健康、促进经济和社会可持续发展,我国于2003年1月1日开始实施《中华人民共和国清洁生产法》。在此期间,柳州市开展了二氧化硫排放总量控制工作,并发放二氧化硫排污许可证,对二氧化硫排放工厂按排放指标考核的方式进行控制。此外,为进一步规范市级二氧化硫排放总量控制和许可证制度的管理,完善相关运行和技术支持体系,柳州市还制定或修改、补充了《柳州市大气二氧化硫总量控制管理办法》《柳州市大气二氧化硫排污交易管理办法》《柳州市污染源自动监控工作管理暂行办法》。

同时,针对一些重点排放工厂,柳州市采取了从市区迁出、异地重建、扩建等措施。如,柳州市跃进化工厂迁至柳江县(如今的柳州市柳江区)里雍乡,柳州花红药业迁至柳江县拉堡镇,并推动广西柳州发电有限责任公司 2×200 兆瓦机组烟气脱硫工程建设。

"十一五"期间(2006—2010年),广西壮族自治区人民政府印发《生态广西建设规划纲要》,同时,柳州市开展19项二氧化硫减排工程。同时,市民也自发响应政府号召,用固硫型煤替代原煤散烧以及民用燃气。到"十一五"末期,柳州已经摘掉了"酸雨之都"的帽子。

"十二五"期间(2011—2015年),国务院印发《大气污染防治行动计划》,文件要求,到2017年,全国地级及以上城市可吸入颗粒物浓度比2012年下降10%以上,优良天数逐年提高,京津冀、长三角、珠三角等区域细颗粒物浓度分别下降25%、20%、15%左右。为确保完成"十二五"节能减排降碳目标,加快推进生态文明建设,促进广西壮族自治区绿色发展、循环发展、低碳发展,根据《国务院办公厅关于印发2014—2015年节能减排低碳发展行动方案的通知》精神,结合自身实际,2015年1月,广西壮族自治区人民政府办公厅印发《2014—2015年节能减排低碳发展行动方案》。基于以上政策文件,柳州市发布了《城镇污水处理厂污泥处理处置及污染防治技术政策(试行)》,主要涉及重点工业企业减排、落实淘汰落后产能、落实农业源减排和实施机动车减排等。至"十二五"收官之时,柳州市已依法关停以柳州市静兰电镀厂(外排重金属废水,逾期未完成限期治理任务)为代表的35家高污染、高耗能企业。柳州市"十一五"至"十二五"期间相关年份二氧化硫监测结果如图6-1所示。

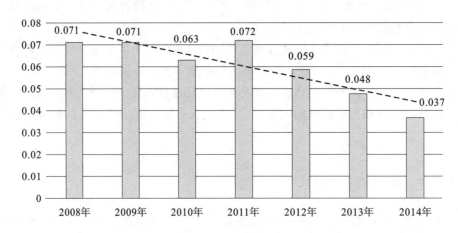

图 6-1　柳州市"十一五"至"十二五"期间相关年份二氧化硫监测结果（单位：毫克/立方米）

"十三五"时期（2016—2020 年），国务院印发《"十三五"节能减排综合工作方案》。相比"十二五"期间对二氧化硫、氮氧化物分别下降 8% 的减排目标，"十三五"期间大气污染治理目标大幅提高，二者减排目标分别为 15%、10%。2017 年，广西壮族自治区人民政府办公厅印发《广西节能减排降碳和能源消费总量控制"十三五"规划》。基于以上政策文件，柳州市委、市政府坚决贯彻落实中央关于生态文明建设的大政方针，印发《柳州市大气污染防治攻坚三年作战方案（2018—2020 年）》，同时，按照《柳州市 2019 年冬季—2020 年春季大气污染综合治理攻坚行动方案》的要求，全市进一步开展大气污染防治工作，重点加强"散乱污"企业冒黑烟、市区及县城周边垃圾和秸秆焚烧及施工工地和道路扬尘的管控，为"十三五"收官之时打赢蓝天保卫战做了政策铺垫。

（三）转型有阵痛，百姓有话说

柳州白莲花淀粉厂于 1995 年 6 月被柳州市环境保护局依法责令停产，并处以罚款，直接导致工厂投入上千万的设备和机械停用。这个建于 1964 年的工厂，于 2008 年被关停。该工厂排放的废水废气未达到环保要求，但由于当时不完备的财政政策和偏向"一刀切"的环保政策，工厂无法依靠自身力量再进行环保投入。此次关停让 107 名职工失去工作，且其中 40 岁以上的职工占 60% 以上，加上工厂在关停的前几年效益并不好，很多职工都处于低保生活水平。

接到这一仿佛"晴天霹雳"消息的老一辈企业职工里，少数具备上进精神的员工开始找工作，然而他们再就业的技能十分匮乏。大部分还是在家等候消息、打麻将度日，指望依靠政府安置。当年厂里的门卫甘伯十分惊慌地表示："我真不知道再去哪儿找工作了！像我这个年纪，又没有技术，哪里还能再就业？"

拥有同样遭遇的还有柳州市锌品厂。这家在柳州可以说家喻户晓的企业，有不少产品位居亚洲第一，但其每年在柳江倾倒的废渣有几万吨之多。该工厂搬迁计划 10 年未实现，于 2006 年被关停。工厂下岗职工纷纷上论坛发帖、寻求上访。

与这些工厂遭遇形成鲜明对比的是，周边市民燃放鞭炮庆贺。柳州发电厂曾经是广西最大的火力发电厂，于"十三五"期间提前实现了关停。调研人员采访了柳州发电厂退休老员工邓老。邓老操着一口"老柳州"标志性的"柳普"告诉调研人员："我感觉我们的这个空气啊，在厂（指柳州发电厂）关了以后，质量明显好多了。我的心情也很好，感觉比原来幸福多了。"据之前的柳州发电厂相关工程师反馈，柳州发电厂关闭以后，每年二氧化硫约减少 2500 吨，氮氧化物约减少 2000 吨，粉尘约减少 100 吨，空气质量明显改善。随着广西水电、核电等清洁能源的发展，市里类似柳州发电厂这样高成本、高能耗的工厂，正式退出历史舞台。

数字资源 6-5
柳州发电厂原厂址

三 绿水：生态建设的标志

（一）昔日的污水横流

流经柳州市区的柳江，原本清澈见底，但随着上游工厂、房屋越来越多，人们将生产生活污水直排柳江，柳江一度成为一条大型排污沟，水又浑又臭，成了条"纳污河"，这让老柳州们苦不堪言。蒙毅（化名）从 20 世纪 90 年代初开始在广西糖业集团柳兴制糖有限公司工作，一家六口人居住在距离生产车间只有数百米的公司集资房里，居住地和生产车间之间只隔着一条排污水沟。因为生产一线 24 小时连续不间断地运行，工人们都是实行"三班倒"的轮班制，公司考虑到上夜班的工人们熬夜比较辛苦，为了减少他们在路上奔波的时间和降低其在路上发生意外的概率，特地把集资房选择在距离生产车间较近的位置。没想到工人们对此苦不堪言。原来每到生产旺季，集资房附近的排污水沟就满是黝黑的污水，并散发出阵阵恶臭。风一吹，臭味全飘进屋里，家家户户根本没法开窗户，严重影响人们的生活。而且，排污水沟附近都是光秃秃的，什么植物都不能生长。蒙毅的父亲是一位野钓"发烧友"，退休之后每天都要出去垂钓几小时。他告诉调研人员：刚刚退休的时候还能在附近几千米的水域垂钓，后来附近的水域都是污水，没有鱼虾能生存，只能到偏僻的小水溪旁垂钓。

数字资源 6-6
20 世纪八九十年代污水横流的柳江

（二）铁拳治污保一江碧水

2000 年，柳州市开始铁拳治理水污染，重点抓柳江饮用水河段保护工作，进一步加强对工业和生活污染源的管理和治理。柳州市对已发放污水排放许可证的单位配套安装废水治理设施，工业废水治理设施正常运转率均为 90% 以上；在居民住宅小区推广应用简单、高效的小型地埋式生活污水处理装置。

2001 年，柳州市在污染防治方面有了新的思路，即走"竞标、竞技、竞价"（"三竞")的技术路线。柳州锌品二基地废水治理、啤酒厂生产废水治理等通过"三竞"引进的项目均达到了预期的效果。2003年，配套污水处理厂及管网设施建设，全面铺开建设龙泉山污水收集系统、河东片排水干渠工程，河北环岛、河东沿江截污工程、全市废水排放企业废水深度治理等水环境综合治理工程。之后，污水处理设施网络逐步由市中心区域向周边散开。柳州的"三废"治理工作在"十五"期间取得了可喜的成绩。

"十一五"和"十二五"期间，随着我国《城镇污水处理厂污泥处理处置及污染防治技术政策（试行）》《生活垃圾处理技术指南》《水污染防治行动计划》，以及广西壮族自治区《关于印发广西壮族自治区全面推进城镇污水生活垃圾处理设施建设工作方案的通知》、《广西壮族自治区环境保护条例》（2010年9月29日修订）等文件的颁布实施，为加大水污染防治工作力度，柳州市规划建设"百里柳江、百里画廊"，先后制定或印发了《"十一五"后三年城镇污水垃圾处理设施建设项目实施方案》《柳州市水污染防治行动计划工作方案》《柳州市水污染防治2016年度工作计划》等文件，采取重点监管、禁止在柳江饮用水保护河段新增排污口、抓好工业废水达标排放、投资23.44亿元建设城市污水处理设施项目、与企业签订减排责任书等有力措施，提高了城市生活污水处理率和污染物去除率，有效削减了生活废水COD（化学需氧量）的排放量。

2008年开始，柳州市集中式饮用水源地水质监测达标率为100%，市区饮用水源地水质全年监测结果为满足Ⅲ类水质标准要求。这期间，柳州市先后对城市饮用水保护河段22千米内的37个排污口进行截流，投入80多亿元，建设五大污水收集系统，收集管网长度超过1万米，让柳江饮用水保护段常年保持国家地表水Ⅲ类到Ⅱ类水质，同时引得世界摩托艇锦标赛等赛事竞相在此落户。

"十三五"期间，环境保护部、财政部联合印发《关于开展水污染防治行动计划项目储备库建设的通知》，对水污染防治项目储备库建设工作提出明确要求。柳州市坚持绿色发展理念，根据《重点流域水污染防治"十三五"规划》中流域水生态环境功能分区结果，建立完善的水污染防治项目储备库，并制定了《柳州市洛清江流域水污染防治实施方案》，实施网格化精细管理，建立流域统筹设计单元。2018年，柳州市人民政府办公室印发了《柳州市柳江河流域水污染防治总体方案》，争取到中央专项资金600万元，对响水河等9条主要支流开展水质调查，编制相关水环境综合整治方案和环境工程项目可研性分析报告。通过抓住响水河等9条支流这一重点，改善其余支流水质，进而推动全流域水质提升。据统计，2012—2017年，柳州市市级集中式饮用水水源地水质年度达标率为100%。

（三）碧水长存见证发展变迁

多年来，柳州市坚持绿色发展理念，不间断地治水、护水，水生态环境得到了有效改善。在保护柳江市白天碧水蓝天的同时，柳州在夜景灯光上也下了不少功夫。柳州市委、市政府在主城区的柳江两岸，修建了数十千米的亲水步道和滨水自行车道，让市民享受亲水乐趣；市民和游客白天可以乘坐水上公交、晚上可以乘坐游船欣赏"百里柳江、百里画廊"美景；通过大力发展摩托艇、帆船、帆板等水上运动，将柳江打造成为中国南方重要的水上运动基地。2009年,柳江建起了能喷出100米高水柱的音乐喷泉。喷泉旁边,还有柳州水上明珠大舞台,成为一道美丽的风景线。干净的水源、清新的空气造福了柳江两岸的居民,也引来了万科、碧桂园、荣和、绿城、中国铁建、彰泰等品牌房企。它们带着对柳江的爱慕与敬仰之心,纷纷扎根柳江之畔,造就一个个人居传奇。

数字资源 6-7
百里柳江夜景

百里柳江的一江碧水见证着柳州的发展变迁,已成为柳州亮丽的城市名片。柳江是柳州重要的生态走廊、经济走廊和文化走廊,更是柳州积极践行习近平"绿水青山就是金山银山"理念的生动写照。

四 金路:新型工业化的奋进

(一)加快发展,挺起脊梁,肩负重担

"龙城工业兴则八桂工业兴,龙城工业强则八桂工业强。"用这句话来形容柳州工业做大做强关系着广西工业的全局一点都不为过!

"十一五"期间,我国《国民经济和社会发展第十一个五年规划纲要》指出"以科学发展观统领经济社会发展全局",这要求我国从过度依赖廉价劳动力、资金、自然资源和环境投入,以量的扩张实现增长,转向更加依靠劳动者素质和科技进步,以提高效率、获取发展。也就是说,我国经济不仅要既"多"又"快"地增长,还要既"好"又"省"地发展。《广西壮族自治区工业化十一五发展规划》也提出了广西壮族自治区的工业发展重点,即发展工业循环经济,加强工业品牌建设。基于此,柳州市在"十一五"开局之年便推出以下几项举措:一是设立新产业的扶持资金和创业的风险投资资金;二是针对柳州市的产业发展状况设立专门办公室,加大引导力度,鼓励开发;三是完善政府相关职能、更新相关发展理念,营造良好的新型工业化营商环境。在此期间,柳州市大力培育新产业,重点围绕新材料、机电一体化与电子信息、新能源等加大培植力度。

汽车产业是柳州市第一支柱产业。"十一五"期间,规模以上汽车制造业总产值由2005年的228.93亿元迅速上升到2010年的992.1亿元。"十一五"收官之年,规模以上汽车制造业总产值是开局之年的4.33倍,5年增长3.33倍,年均增长34.08%。

(二)"化鲲为鹏"

当调研人员在柳州上汽通用五菱宝骏基地陪同人员的指引下,来到汽车车身焊接现场时,正看到一架又一架的车身被准确传送到生产线的预定位置,成排的机器人流畅地伸出智能焊臂,焊点轻促,一道工序就轻松且准确无误地完成了。据柳州上汽通用五菱宝骏基地智能设备工程师谢工介绍,早在2012年的时候,柳州市就有至少40家企业使用工业机

器人，其中骨干企业在相应生产工序上应用率达 60% 以上；在汽车与机械产业关键焊接工序上，机器人应用率可达 100%。

推广应用工业机器人，只是柳州工业创新的冰山一角。仅 2012 年，柳州推进技术创新项目至少 140 项，其中有上汽通用五菱"乘用车零部件实验能力建设"项目、柳钢集团的"集装箱用钢板研究开发"、柳工集团的"传动件可靠性试验能力建设"等 71 个项目被列入广西壮族自治区工业创新发展项目计划。

数字资源 6-8
五菱生产基地
检具自动定位
机器人

"十二五"期间，为加快推进中国特色新型工业化进程，工业和信息化部财政部、国土资源部（现为自然资源部）联合发布《关于进一步做好国家新型工业化产业示范基地创建的指导意见》。该指导意见强调，加强自主创新和技术改造，提升产业层次；促进绿色低碳发展，增强可持续发展能力；积极培育自主品牌和区域品牌。2014 年 1 月，广西壮族自治区人民政府办公厅印发《广西循环经济发展实施方案》。该方案提到，构建循环型工业体系，在制糖、冶金、有色金属、石油石化、造纸及木材加工、建材、火力发电、机械制造、电子信息、汽车制造等工业领域全面推行循环型生产方式；推进企业间、行业间、产业间共生耦合，形成循环链接的产业体系。基于国家和广西壮族自治区的宏观导向政策，柳州市的新型工业化探索依然坚持做好顶层设计，积极发展循环经济，构建"低碳+"新型工业产业体系。2014 年 6 月，柳州市人民政府办公室印发的《柳州市鼓励工业园区新引进重点工业项目若干政策》指出"战略性新兴产业投资 5000 万元以上的项目作为招商引资重点工业项目给予扶持"，优惠措施包含但不限于优先安排土地、减按 15% 的税率增收企业所得税等。

构建低碳产业体系、调整能源结构、加强低碳基础建设，柳州市通过"低碳+产业""低碳+能源""低碳+交通"等方式，在冶金、化工、建材等行业发展以热电联产、余热余压利用为重点的循环经济模式，培育了一批循环经济示范企业和示范行业。目前，柳州市已成为国家低碳试点城市、国家循环经济示范城市。

（三）新能源汽车，环保"接地气"

在柳州市穿梭的宝骏小 E，是市里一道亮丽的风景线。调研人员来到市八一路的一家宝骏新能源 4S 店门口，正看到市民刘女士兴冲冲地从里面走出来。"太便宜了，今天赚到了！"刘女士笑眯眯地对调研人员说，"我刚刚还和我女儿说，现在买宝骏小 E 是非常便宜的，有补贴，国家和柳州的（补贴）都有。省了我两三万呢！"此时，该宝骏新能源 4S 店依然门庭若市。据 4S 店销售人员介绍，基本上每天这里都爆满，甚至还有外地顾客专程坐高铁过来看车，其他宝骏新能源 4S 店也是如此盛况。

"十三五"期间，为支持新能源汽车这一新型工业化产物的推广应用，2016—2020 年，财政部等四部委印发《关于调整完善新能源汽车推广应用财政补贴政策的通知》，明确对新能源产业的乘用车、货车、客车进行中央财政补贴的补贴标准和技术要求。在此期间，广西壮族自治区人民政府办公厅先后发布《支持新能源汽车发展的若干措施》《推进广西汽车工业转型升级发展工作方案》等政策文件，提出加速现有产品转型升级，加快新能源产业发展，打造升级版的广西柳州汽车城。

进入"十三五"时期以来，为加快汽车产业转型升级，创新培育柳州市经济增长点，柳州市积极落实中央与广西壮族自治区推广新能源汽车的要求，市里财政累计安排 6.12 亿元，用于支持新能源汽车产业基地集群建设；同时出台《柳州市新能源汽车推广应用财政补贴资金管理实施细则》，从列入工信部推荐目录的汽车名单、消费者购车等五大方面给予政策优惠补贴。通过一系列举措，柳州市的新能源汽车推广应用取得良好成绩。据统计，截至 2020 年 11 月底，柳州市共生产新能源汽车 25.99 万台，销售 25.73 万台，产销率高达 99%。

数字资源 6-9
上汽通用
五菱智能化
应用再获央视点名

五 红花："宜居花城"的蜕变

（一）"宜居花城 1.0"：规模种植显成效

阳春三月，柳州市 28 万株洋紫荆进入盛放期，市区近百条街道和多个公园、小区盛开的粉红色花朵，把城市装扮得格外美丽。近年来，柳州市打造"生态花园、五彩画廊"花园城市，打造了"全市绿树成荫、常年景观丰富、四季花开不断"的城市绿化新景象。

2010 年被评为"国家园林城市"时，柳州仍是一座缺乏"颜色"的"硬核"工业城市。2012 年，柳州提出"把柳州打造成花园城市"的目标。柳州市林业和园林局总工程师黄旭慧在接受媒体采访时提到："当时整个城市以绿为多，但'彩''花'不足。我们认为，'花园城市'建设要立足城市特点，选'对的'植物，而不是'贵的'。"后来，专家调研发现，洋紫荆经过引种、驯化和多年观测，能够适应柳州的气候条件。于是柳州市初步打算以洋紫荆为主、以其他植物为辅，打造适合本土气质的"花园城市"。

2013 年 4 月，柳州市委、常委会审议通过了《柳州市"生态花园、五彩画廊"景观规划设计方案（二期）》，在生态花园建设中，开展城市道路、沿江、小游园、公园等绿地彩化提升，突出春季洋紫荆特色，补充完善秋季色彩，实现道路"紫荆盛放、四季花开"，沿江"百里花廊、流光溢彩"，公园"一园一品、各具特色"的目标，让市民足不出城，就能感受到山清水秀、鸟语花香。

从 2012 年到 2014 年，柳州市陆续建设了 183 个绿化项目，种植了 60 多个园林花木品种共 560 多万株，初步显现了"全市绿树成荫、常年景观丰富、四季花开不断"的城市绿化新景象，尤其是打造了春季洋紫荆道路网，突出了满城盛放洋紫荆的特色景观效果。

数字资源 6-10
弯塘路被
洋紫荆包围

(二)"宜居花城 2.0":品牌升级获关注

2016—2018 年,柳州市对于'花园城市'的精心打造,使得柳州园林景观上了一个新台阶。2015 年,在巩固'花园城市'建设成果的基础上,柳州市继续提出了打造"宜居花城 2.0"的思路,计划在未来三年时间里,将柳州打造成为以"紫荆花都"为品牌、绿地更充足、分布更均衡、品种更多样、功能更完善、景观更独特、内涵更深刻的"缤纷花园之城、灿烂人文之城、绿色生态之城"。

洋紫荆盛开期间,柳州市还会适时地组织谱写传唱文艺作品、柳州紫荆①主题网络散文大赛、摄影大赛、市花评选辩论赛、紫荆婚纱摄影等系列文娱活动,为洋紫荆推波助澜,也赢得了社会更多更广阔的关注。

数字资源 6-11
洋紫荆
盛开的"龙城"

(三)"宜居花城 3.0":实体法规再升级

2018 年 4 月 28 日,柳州市人大常委会在文昌会议中心召开新闻发布会,宣布从 5 月 1 日起,正式实施《柳州市城市绿化条例》。该条例是柳州市行使地方立法权后,制定出台的第二部实体法规,将进一步推动"紫荆花城"和"花园城市"的建设。

2019 年 2 月 2 日,柳州市委常委会议审议并原则通过了《柳州市紫荆花园规划方案》。该方案提出,柳州现有公园较为传统,急需风格鲜明、设施完善、活动多样的"城市公园 2.0",进一步打造柳州紫荆品牌,在鹧鸪江大桥南端东南侧的河东路北片区打造一个中国第一个品种最全、花期最长的紫荆主题园,并将其作为柳州市"宜居花都"的重要展示平台。

数字资源 6-12
紫荆花园
效果图

目前,柳州市人均公园绿地面积达到 12.89 平方米,全市森林覆盖率稳定在 65% 以上,建成区绿化覆盖率增至 43.97%。值得一提的是,从 2007 年起,柳州市属公园就全部向公众免费开放。此后,大量新建的公园亦全部免费开放。其中,国家 AAAA 级旅游景区中有 15 个免费对外开放。

经过多年治理,如今柳州的景观常年丰富、四季花团锦簇。有不少"老柳州"在接受团队成员调研时表示,现在自己的归属感、自豪感、幸福感连年攀升。每年 4 月,他们都习惯了走进紫荆花海,用手机或相机捕捉"宜居花城"的美丽,将美图上传至微博、朋友圈,开启紫荆花海"霸屏"模式。如今的柳州,清晨的柳江边,青草茵茵、空气馨香,晨跑的柳州市民挥汗如雨,散步的人们闲适悠然,老年人成群结队地伴着音乐吟唱、起舞,一派幸福宜居的景象。柳州市政府坚守人民情怀、提高治理能力的初心在此时得到了最大限度的彰显。

---

① 洋紫荆与紫荆花并非同一种,本文中所说的紫荆是指洋紫荆。

六 结束语

柳州市利用 20 来年的时间,在环境保护、新型工业化发展之路上努力探索。它紧紧跟随中央政府、广西壮族自治区政府的宏观政策引导,积极作为,动员社会多元组织进行广泛参与,响应了从国家至地方"既要金山银山,又要绿水青山"的可持续发展要求,探索出属于自己的可持续发展之路。柳州市探索的环境保护和经济发展的政策体系,值得我们进行全方位、深层次的探讨,以便为国内其他城市探索适合自身的新发展之路提供有益的借鉴。

第二节 案例分析

通过不断探索,柳州市实现了从"酸雨之都"到"宜居花城"的绿色蜕变,在重工业城市兼顾经济发展与生态环境保护中探索出一条新路子。在前文的案例故事部分,我们不难看出,柳州市政府面临较为复杂的政策环境,这些治理实践也是一项涉及工业发展、城市建设等方面的错综复杂的多系统工程。这一复杂问题的政策制定,比较适合运用混合扫描决策模型进行分析和指导。因此,这一章的案例分析部分将基于混合扫描决策模型,对柳州市 20 来年的环境保护和经济建设新型发展道路政策采用"全景扫描＋近景聚焦"方式,从政策分层、政策机制和政策领域三个维度进行观察,尝试构建立体的、全维度的政策分析模式,最后结合实际提出相应的对策建议,以期更好地为促进我国同种类型的重工业城市探索转型发展道路建言献策。

一 理论基础

(一) 混合扫描决策模型概述

1. 形成过程

在政策研究中,理性决策和渐进决策是两种最基本、最常用的政策分析模型。理性决策模型将政策的制定认定为从可能的备选方案中择优选择的过程,包括完全理性决策模型和有限理性决策模型。完全理性决策模型认为,决策者在政策制定过程中会遵循效益最大化的原则，在收集所有与问题相关的信息后，列出所有可供选择的政策方案并准确评估、遴选最优方案，从而完美地达到预期目标。由于完全理性决策模型过于理想化，在对其进行批判和争辩的过程中衍生发展出了有限理性决策模型和渐进决策模型。有限理性决策模型认为，由于信息和资源的限制，决策者不可能预知所有的策略及其结果，因此无法追求最大限度的理性，决策者实际寻求的是最令人满意而非最优的方案；渐进决策模型则认为决策过程只不过是决策者基于过去的经验对现行决策稍加修改，政策要在稳定的情况下，通过一系列的微调达到政策执行的目的。

为吸收以上决策模型的优点并克服其不足，1967年，美国哥伦比亚大学社会学教授阿米泰·埃泽奥尼（Amitai Etzioni）在《混合扫描理论：决策的第三种方法》中，提出了混合扫描决策模型。他在书中指出：从概念上讲，混合扫描决策模型旨在把握理性决策模型的政治视野，以充分考虑政策选择，激发政治创造力，并深化政治核心问题；同时，该模型有效截取渐进决策模型中的政策弱点，重点关注、选择和评估行动方案，以有效指导政策和解决政策问题。混合扫描决策模型可以根据现实的政策环境和政策条件，有机结合理性决策和渐进决策过程。它既不像理性决策模型那样要求决策者拥有完备的决策资源，又避免了渐进决策模型易于忽视重大变革机遇的缺点；既强调了理性决策模型在政策决策中的科学分析，又肯定了渐进决策模型在政策制定中的现实可行性；既避免了理性决策模型对于决策条件的苛刻要求，又避免了渐进决策模型保守、缺乏创新的缺点。

2. 基本原理和内容

混合扫描决策最早是在医学领域运用。医生运用这种方法制定治疗方案。不同于渐进决策模型的缺乏目标，混合扫描决策模型能够帮助医生有针对性地检查患者的某些身体部位；不同于理性决策模型的全面综合，混合扫描决策模型能够帮助医生避免在得到关于个人病史的所有资料后才开始治疗。如此一来，医生既可以全盘考虑患者的健康情况，又可以根据患者的具体症状集中检查某些身体部位，并进行尝试性的治疗，如果没有产生良好效果，再尝试其他方法。

阿米泰·埃泽奥尼借助广角低分辨率镜头与变焦高分辨率镜头形象地阐明混合扫描决策模型的原理。在这两个镜头中，第一个镜头进行多角度拍摄，但由于是低分辨率，所以它虽然能观察全部空间，但是观察不了细节；第二个镜头进行变焦高分辨率扫描，对之前多角度拍摄未观察到的区域进行深入观察。混合扫描决策模型要求决策主体将这"两种镜头"结合起来运用，既对政策各个环节进行全面、广泛的观察，又在此基础上进行细致观察，防止因仅仅使用广角低分辨率镜头扫描而遗漏了政策的细节信息。

不同的政策模型有不同的关注焦点以及不同的适用条件、环境和范围，针对不同问题合理运用政策分析的理论模型，有助于人们更好地识别政策问题的重要方面，为人们开展公共政策的调查和研究提供指导。柳州市的环境治理是一项庞大的系统工作，包括不同层次的政策问题，因此既要有战略性的基本决策，又要有实质性的具体措施和行动；同时，该项工作还涉及政府、企业、群众等不同行为主体，利益关系复杂，既面临长期的矛盾（如节能减排和促进工业发展的矛盾），也受到短期现实利益的影响（涉及社会维稳问题，如分流安置停产企业工人），涵盖城市发展的诸多方面，无论是理性决策模型，还是渐进决策模型,都较难解释和指导柳州市环境治理政策的形成过程和体系构建。相比之下,混合扫描决策模型对该项政策的研究和制定更具解释力和指导性。

(二)混合扫描决策模型运用于柳州市探索环境保护和经济建设政策体系的适用性分析

1. 政策结构符合混合扫描决策模型的层次划分

混合扫描决策模型分为两个层次,即战略性决策和操作性决策。战略性决策是在高层次上进行全面性、根本性的考虑;操作性决策是把高层次上所选定的方案付诸实践,做出具体的执行决定、采取必要的措施,也就是说,将执行过程分解成若干小决定或具体步骤。在本案例中,国家决策层认识到我国当代经济发展对生态环境带来的巨大冲击,提出了经济建设与生态环境协同发展的政策理念,制定了包括治理水污染、治理大气污染、发展新型环保产业等在内的多项关于环境保护的大政方针;柳州市遵循国家和广西壮族自治区层面各项政策法规,结合自身特点,将政策法规进一步细化,制定了关于环境保护和新型产业发展的一系列实施方案和管理办法,采取了一系列行之有效的措施,走出了一条符合自身特点的新型发展之路,这在政策结构上符合并印证了混合扫描决策模型的特点。

2. 决策过程符合混合扫描决策模型的特点

所谓混合扫描,就是在选择与执行的过程中对信息的不断寻求、收集、加工、评价和权衡。在本案例中,柳州市的环境保护和经济建设新发展之路就是在不断的探索中得出的实践成果。柳州市从"十五"时期开始,紧紧围绕中央和广西壮族自治区针对环境保护的各项方针政策,结合柳州本地发展实际,形成了极具柳州特色的"三步走"战略。第一步,通过加强对二氧化硫和工业及生活污染源的管理和治理,依法关停高污染、高耗能企业,迅速切断污染源头;第二步,大力发展新型环保产业,在汽车、冶金、制糖等多领域全面推行循环型生产方式,构建"低碳+"新型工业体系,并针对新兴产业制定多项优惠、补贴政策;第三步,提出"把柳州打造成'花园城市'"的理念,结合城市特点,大面积发展洋紫荆种植,并在巩固"花园城市"建设成果的基础上提出了打造"花园城市2.0",形成了有鲜明特色的"城市名片"。柳州市环境治理和经济发展的道路,在决策过程上符合并印证了混合扫描决策模型的特点。

3. 在不断探索中实现了理性决策模型和渐进决策模型的有机结合

经过20来年的探索和不断变革,柳州市在环境保护和经济建设之间逐步实现了平衡和协同发展,这既充分发挥了综合扫描决策模型将理性决策模型与渐进决策模型相结合的优势,也在一定程度上调和了理性决策模型和渐进决策模型在思维方式和操作方法上的矛盾。因此,运用该模型对政策过程和效果进行分析,有利于为综合扫描决策模型理论的发展提供一定的参考价值。

二 案例分析

(一) 分析框架的建立

这里首先采用"全景扫描"方式(广角低分辨率镜头),对柳州市污染治理的政策体系进行划分,认为污染治理的政策体系可以从政策分层、政策机制和政策领域三个维度进行分析(见图6-2)。其中,政策分层维度包括中央、自治区层面政策和柳州市层面政策,也就是,共包括两个层面的纵向政策系统;政策机制维度主要是从政策工具的视角出发,结合实际划分为约束控制型机制、经济激励型机制和社会参与型机制;政策领域维度包括产业领域、环保领域、交通领域、文明领域的横向政策系统。之后,采用"近景聚焦"方式(变焦高分辨率镜头),对这三个维度共同构建的政策系统进行细致考察,并对柳州市实施的具体措施进行深入探究。"全景扫描+近景聚焦"的分析思路如图6-3所示。

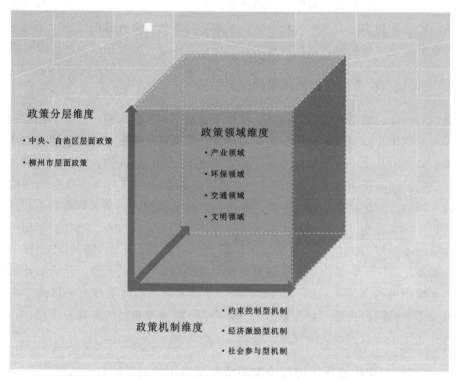

图6-2 柳州市污染治理政策体系的分析框架

由于政策分层维度属于从中央到地方的自上而下的政策执行体系,对地方开展各项环境污染治理行动具有指导性、统筹性的作用,因此,在这里我们将其作为第一点进行分析。政策机制维度和政策领域维度共同构成了一个政策交集的平面,且由于在第一点中已经对中央、自治区层面的政策进行了分析,故在这两部分的内容分析中,将侧重于考察柳州市本级层面政策的施行效果,以期达到更为精准的分析目的。

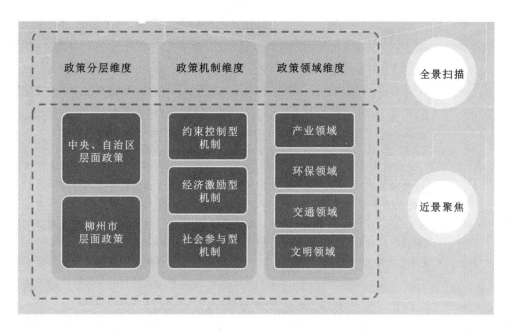

图 6-3 "全景扫描＋近景聚焦"的分析思路

（二）政策分层维度的分析

中央、自治区政府制定的基本政策，主要是用于规范和指导环境污染治理行为，更多的是站在宏观、全局的角度出发，对各地级市开展具体的环境保护行为提出理念、基本方向以及行动准则和指南，具有很强的理性色彩；柳州市政府制定的具体政策，则是在中央、自治区政策的总体方向、总体目标基础上，结合当地实际（如兼顾工业发展、文明建设等），进一步提出实现环境保护和经济发展共同促进的实质行动和具体措施，具有较强的针对性、操作性和时效性，从这个视角出发又具有渐进性。具体如表 6-1 所示。

表 6-1 政策分层维度分析的设计框架

政策层面	政策特点	主要任务	相应政策文本
中央、自治区	·宏观、统筹与全局性 ·理性色彩较强	·制定环境治理总体目标、方针和要求等 ·为地方结合实际开展政策落实提供方向性指导	·《中华人民共和国清洁生产促进法》 ·《水污染防治行动计划》 ·《广西节能减排降碳和能源消费总量控制"十三五"规划》

续表

政策层面	政策特点	主要任务	相应政策文本
柳州市	·与上级政策相对应 ·微观、具体与可操作性 ·可调适空间较大 ·渐进性较强	·制定环境治理具体目标、方针和要求等 ·符合上级政策框架，同时结合地方实际有所创新	·"十五"期间 《实施排放水污染物许可证制度的若干规定》 ·"十一五"期间 《柳城县人民政府关于印发柳州市创建国家环境保护模范城市柳城县工作实施方案的通知》 ·"十二五"期间 《城镇污水处理厂污泥处理处置及污染防治技术政策（试行）》 《柳州市鼓励工业园区新引进重点工业项目若干政策》 ·十三五期间 《柳州市大气污染防治攻坚三年作战方案（2018—2020年）》 《柳州市柳江河流域水污染防治总体方案》

1. 中央、自治区层面政策

针对我国日益严峻的环境污染形势，中央政府相继出台一系列重要政策和法规文件，"十五"到"十三五"期间，中央相继针对大气污染、水污染治理出台了《大气污染防治行动计划》、《中华人民共和国水污染防治法实施细则》（2000年版）等。相应地，根据科层级管理体制的特性，广西壮族自治区人民政府也对应制定了诸如《生态广西建设规划纲要》《广西壮族自治区全面推进城镇污水生活垃圾处理设施建设工作方案》等具体细则。这些政策都是从大方向、全局的角度出发的，对柳州市环境保护政策的制定起到了指导性的作用。

2. 柳州市层面政策

根据中央、自治区出台的政策文件，柳州市分别在大气污染、水污染治理以及新型工业化发展三个方面，对应上级文件的目标和要求进行了细化，在此过程中体现了理性决策模型和渐进决策模型的有机结合。这里以大气污染、水污染治理为例进行分析。

在大气污染治理方面，根据国务院批复实施的《重点区域大气污染防治"十二五"规划》中基本原则之一"总量减排与质量改善相统一"，以及自治区《广西节能减排降碳和能源消费总量控制"十三五"规划》的对应要求，柳州市在"十二五"期间，出台了《柳州市主要污染物减排三年工作方案》等政策，采取了系列措施，重点对城镇污水处理厂及配套管网建设、规模化养殖场整治、钢铁行业脱硫设施、燃煤电厂、水泥行业脱硝工程建设以及机动车减排等工作明确了整改时间表、责任单位，在改善空气环境的同时，确保经济发展质量稳步提升。

在水污染治理方面，2017年，环保部（现为生态环境部）、发改委、水利部联合印发《重点流域水污染防治规划（2016—2020年）》，明确了"加强流域分区，划定控制单元并实施分级分类管理"等基本原则，确立了全国各地重点流域水污染防治的基本思路和方针。柳州市根据该文件基本原则要求以及流域水生态环境功能分区的结果，结合本地实际对应制定了《柳州市洛清江流域水污染防治实施方案》和《柳州市柳江河流域水污染防治总体方案》，重点对上述两条河流的9条主要支流开展水质调查，并制定相关水环境综合整治方案和环境工程项目可研性分析报告，因地制宜地通过改善两条河流的支流水质，推动全流域的水质实现提升。

（三）政策机制维度的分析

在对柳州市环境保护政策体系进行分析的过程中，我们建立了政策机制这一维度，以期在不同的条件下对不同类型政策的相互配合和协同作用进行有效分析。本文参考王满船教授的观点[①]，根据政府、企业、公众三个行为主体参与和协同的实际情况，将政策工具类型划分为规制工具、经济工具和宣传教育工具三种；并在此基础上，结合柳州市实际出台的一系列政策文件以及采取的相关措施，将该市环境保护政策机制划分为三类，即约束控制型机制、经济激励型机制和社会参与型机制。三类政策机制的对应政策工具类型、适用情形和相应政策举例如表6-2所示。

表6-2 政策机制维度分析的设计框架

政策机制	政策工具类型	适用情形	相应政策举例
约束控制型机制	规制工具	·问题较为紧迫 ·政策目标群体较小 ·现状比较严重	·开展二氧化硫排放总量控制、发放二氧化硫排污许可证 ·禁止在柳江饮用水保护河段新增排污口、抓好工业废水达标排放；依法关停高污染、高耗能企业 ·加强对"散乱污"企业冒黑烟、市区及县城周边垃圾和秸秆焚烧、施工工地和道路扬尘等行为的整治力度

---

① 王满船.公共政策手段的类型及其比较分析[J].国家行政学院学报，2004(5)：34-37.

续表

政策机制	政策工具类型	适用情形	相应政策举例
经济激励型机制	经济工具	·问题相对不紧迫 ·政策涉及面较广 ·现状形势不大紧迫	·设立新产业的扶持资金和创业的风险投资资金 ·对战略性新兴产业投资5000万元以上的项目提供减按15%的税率增收企业所得税等优惠政策 ·安排财政6.12亿元，用于支持新能源汽车产业基地集群建设
社会参与型机制	宣传教育工具	·政策的目标人群较多，且分布广泛 ·问题与思想观念有关 ·针对的行为比较微观、具体	·向市民家庭推广民用燃气以及用固硫型煤替代原煤散烧 ·组织发动市民参加谱写传唱文艺作品、市花评选辩论赛、紫荆花婚纱摄影系列文娱活动，推动生态文明建设深入人心

1. 约束控制型机制

约束控制型机制对应的政策工具类型是规制工具，这是形成环境污染治理约束机制的重要手段。这类政策工具是指政府通过具有强制性的行政管制手段，限制、约束政策客体的行为，为达到政策目标而采取的各种措施；其具备针对性强、见效明显、易于操作的特点，适用于问题较为紧迫、现状比较严重以及政策目标群体较小的政策环境。约束控制型机制在柳州市早期开展污染治理的过程中是主导性的政策机制，并在环境保护取得一定效果后逐渐进行细化完善，进一步提高了其在整个政策体系中的效力。

"十五"至"十二五"期间，柳州市通过开展二氧化硫排放总量控制、发放二氧化硫排污许可证等工作，加强了对大气源头污染物的排放控制。同时，针对一些重点排放工厂，柳州市分别采取从市区迁出、异地重建、扩建等措施进行转移，并依法关停柳州市静兰电镀厂等35家高污染、高耗能企业，在一定程度上缓解了污染物对市区大气环境的影响。在这个时期，约束控制型机制主要作用于解决"短痛"问题、快速改变环境污染现状等。

"十三五"期间，随着柳州市环境质量逐步改善，约束控制型机制的主要作用方向也进行了调整完善，重点聚焦屡改不停的"老问题"以及市区周边环境改善问题，整治范围也不再局限于工业领域，而是逐步扩散至城市设施建设、市容市貌管理等领域。比如，加强对"散乱污"企业冒黑烟，以及市区及县城周边垃圾和秸秆焚烧、施工工地和道路扬尘等行为的整治力度，将规制工具的效用延伸到更细的角落，实现了环境动态监管，也体现了柳州市在运用约束控制型机制时，根据形势的变化进行了细化调整。

2. 经济激励型机制

探索环境保护与经济发展相结合的政策体系离不开经济激励型政策工具的有效运用。这类政策工具具有政策执行成本低、能够发挥积极的"杠杆效应"、灵活性强、易于形成可持续的长效机制等优点。柳州市在大力推动污染治理的同时，出台了一系列经济激励政策，从引进培育新产业和推动汽车产业转型升级两个方面优化产业结构，以期通过产业转型升级踏上与环境保护有机结合的新工业发展道路。在本案例中，经济激励型机制产生了积极的"杠杆效应"。比如，在引进培育新产业方面，柳州市通过设立新产业的扶持资金和创业的风险投资资金，以及对战略性新兴产业投资 5000 万元以上的项目进行鼓励扶持等措施，推动了新材料、机电一体化与电子信息、新能源等新兴产业的引进和快速壮大发展；再如，在推动汽车产业转型升级方面，柳州市加大财政支出，支持新能源汽车产业基地集群建设，并对部分新能源汽车名单、消费者购车等给予政策优惠补贴，既提高了车企生产的积极性，又刺激了消费者购车的欲望，形成新能源汽车推广的"柳州模式"，取得了较为显著的成效。

3. 社会参与型机制

全社会的共同参与是生态文明建设的基本保障，在政策机制维度的分析中必须重视社会参与型政策工具的运用。这种政策机制建立在具有一定价值导向的基础上，社会群体达成了共识性的行为目标或规范，从而主动、自愿地参与共同的社会活动。

促进生态文明建设，可运用的社会参与型政策工具主要有信息公开、宣传劝导、环保理念构建、模范表彰等。

在本案例中，柳州市采取了宣传劝导和环保理念构建两种方式来综合运用社会参与型政策工具。比如，在"十一五"期间，柳州市宣传发动市区居民家庭使用民用燃气和用固硫型煤替代原煤散烧，在减少市民生活产生的废气量的同时，潜移默化地培养市民的环保意识；又如，提出打造"花园城市""紫荆花都""宜居花都"等城市新名片并付诸实践，且通过发动市民参与摄影大赛、市花评选辩论赛等，推动市民塑造生态文明和环保生活理念，主动参与维护城市环境的共同行动。

（四）政策领域维度的分析

考虑到本章分析的环境治理措施的主要目标为改善柳州市城区生态环境、兼顾推进城市经济社会各领域发展建设，在此对第三个维度——政策领域维度进行分析。政策领域维度具体包括产业、环保、交通、文明四个重点领域。具体的划分依据主要包括以下几点：一是柳州市作为广西乃至我国整个西南地区的工业重镇，产业发展与城市建设发展息息相关；二是柳州市作为中国主要的汽车产业集聚地之一，交通运输行业发展较快，如何兼顾城市交通发展与环境保护，是一个重要的问题；三是近年来国家大力提倡生态文明建设，如何将城市文明建设与环境保护相结合，也是不容忽视的问题。四个政策领域主要任务、具体要求以及相应政策举例如表 6-3 所示。在这里，我们将从不同政策领域出发，对柳州市实施的措施进行归类梳理，并分析政策执行在该领域取得的成效。

表 6-3 政策领域维度分析的设计框架

政策领域	主要任务	具体要求	相应政策举例
产业领域	探索符合生态文明建设和可持续发展的产业发展道路	• 降低产业能耗 • 推动工业技术改造提升 • 大力发展新型产业	• 在汽车、冶金、制糖等多领域全面推行循环型生产方式 • 构建"低碳＋"新型工业体系 • 针对战略性新兴产业提出多项优惠、补贴政策
环保领域	大气、水环境有效改善并呈现向好态势	• 从源头入手，控制污染物排放 • 加强生态环境修复	• 开展节能减排，控制二氧化硫等污染物排放等 • 开展重点流域水污染治理、城镇污水垃圾处理设施建设等活动
交通领域	通过改变人们的交通方式，有效地巩固环境治理成果，同时助力产业发展	• 支持新能源汽车产业技术研发与升级 • 支持新能源汽车使用与推广	• 大力倡导"低碳＋交通""绿色交通、绿色出行" • 通过财政补贴等各项政策，大力推广新能源汽车的使用
文明领域	以生态促文明，通过推动生态文明建设发展，绘制富有本地特色的城市名片	• 进一步科学规划柳州城市绿化建设 • 打造柳州绿化品牌和城市名片	• 提出"把柳州打造成'花园城市'" • 出台《柳州市"生态花园、五彩画廊"景观规划设计方案（二期）》 • 提出了打造"花园城市 2.0"思路 • 实施《柳州市城市绿化条例》 • 出台《柳州市紫荆花园规划方案》

1. 产业领域

作为广西重点工业城市，柳州市产业结构较为完整、类别比较丰富，主要包括机械制造、汽车生产、重化工等产业。在这样的背景下，柳州市在产业领域采取的政策措施主要任务是探索出符合生态文明建设和可持续发展的产业发展道路，故在该维度分析中将其置于第一点进行分析。具体而言，产业领域的具体要求主要包含以下三个方面。

第一，降低产业能耗。柳州市出台一系列约束性的政策，降低高污染、高排放企业的污染物排放量，甚至采取硬性措施搬迁、转移或关停一批高污染、高耗能企业。

第二，推动工业技术改造升级。柳州市以奖励补贴等形式刺激汽车、冶金、制糖等企业推行循环型生产方式，通过技术改造降低能耗的同时，建立"低碳＋"新型工业体系。

第三，大力发展新兴产业。柳州市设立对新兴产业引进的扶持资金和创业风险投资资金，并对原有的战略性新兴产业项目进行鼓励和扶持，推动了一批新材料、机电一体化、电子信息、新能源等新兴产业的引进和壮大发展。

这些产业领域中政策措施的综合运用，不仅促成了柳州市产业结构的转型升级，还有效降低了污染及能耗，产生了兼顾生态环境保护和促进经济发展的良好效果。

2. 环保领域

环保领域的工作在柳州市整个环境治理政策体系中起着重要的作用，也是见效较快、政策执行成本较高的一个施政领域。在这个领域，柳州市主要针对大气、水污染开展治理，运用的政策工具主要是规制工具。在大气治理方面，采取诸如整治市区周边垃圾和秸秆焚烧、管控施工工地和道路扬尘、控制二氧化硫等污染物排放等措施减少污染物排放。在水环境治理方面，对柳江饮用水河段开展保护工作，加强对工业和生活污染源的管理和治理，对洛清江等重点流域的水污染开展整治等。

结合实效来看，虽然在环保领域中投入的政策成本相对较高，但也取得了空气质量改善、地表水环境质量排名前列等显著成效，使市民享受到了政策施行带来的生活福利，实现了较好的政策效果。

3. 交通领域

柳州市作为中国汽车生产的主要基地之一，汽车产量、居民汽车保有量较大。在交通领域的政策出发点主要是改变人们的交通方式，降低汽车尾气排放量，有效地巩固环境治理成果。柳州市在这一领域主要采取了以下两方面的措施。

第一，完善推广新能源汽车的支持政策。通过财政补贴、税费优惠等政策手段，加大对广西汽车、宝骏汽车等本地车企在新能源汽车、节能新技术研发应用的支持力度，完善鼓励购置和使用新能源汽车的配套政策，刺激市民购买需求，在本市提高新能源汽车普及率。第二，加强对居民绿色出行的政策引导，宣传倡导"低碳＋交通""绿色交通、绿色出行"，推进共享新能源汽车在城市主干道、主要商场和居民聚集处入驻，提高居民使用新能源汽车出行的便利性。

从实践上来看，新能源汽车推广应用在柳州市取得了良好的效果，无论是车企的产销率还是居民购车热情的居高不下，均体现了柳州市在交通领域的政策探索成效明显，逐步朝着"尾气排放减少—出行方式转变—促进经济发展"的良性循环方向转变。

4. 文明领域

对于探寻环境保护和经济发展共存的道路而言，推动生态文明理念建设、打造富有本地特色的城市名片是较为可行的办法之一。在文明领域的探讨中，本章主要基于柳州市在生态文明建设中的政策举措进行分析。

"十二五"期间，在环境质量逐步改善优化的基础上，柳州市提出"把柳州打造成'花园城市'"的生态文明理念，并投入财力、物力陆续建设了一批园林、花木等绿化项目，初步呈现了"全市绿树成荫、常年景观丰富、四季花开不断"的城市绿化新景象；"十三五"期间，柳州市着力打造"紫荆花都"城市新名片，并广泛发动市民通过摄影大赛、市花评选辩论赛等方式参与其中。综上所述，柳州市在文明领域的政策执行主要是以合作治理的方式，让市民参与全市生态文明建设，这不仅提高了市民的环保意识，还让市民共享了政策带来的生活福祉。

三 对策建议

习近平总书记指出，强调发展不能破坏生态环境是对的，但为了保护生态环境而不敢迈出发展步伐就有点绝对化了。因此，统筹环境保护和城市建设发展，需要在持续推动经济社会发展和生态环境改善的基础上，采取不同类型的政策组合去综合实施，而地方政府在这方面所发挥的举足轻重的作用，值得我们深入探讨和总结。在本案例中，我们聚焦不同政策维度在执行过程中所发挥的作用，并探索在这一政策执行过程中如何有效达成政策目标、发挥政策实效，以期为国内同种类型的工业城市探索适合自身的新发展之路提供更多的借鉴。基于上述混合扫描决策模型的三个维度，我们提出如下三点建议。

（一）在政策分层维度上，地方政府应充分结合本地实际制定政策

目前，就环境保护和经济建设领域来说，国家层面制定全国性的指导性计划与规划，省级层面出台相应的省级发展规划及系列方案、措施、管理办法。具体到市级层面，其在执行中央和省级政策的同时，应注重因地制宜，充分结合本地的环境污染程度、工业发展特点以及城市建设规划，制定具有当地特色、符合本地实际情况的政策细则。比如，不仅应有定性的环境保护愿景，还要有可核算的温室气体减排、水环境治理相关指标，这样才能使各地依据自身条件，循序渐进地推进环境保护工作，同时有效结合减排目标，增强创新工业转型发展方式的主动性，提高政策实施的效果。

（二）在政策机制维度上，决策者应充分吸纳多种政策机制和工具

柳州市乃至全国其他同种类型城市的环境治理经验显示，如何协调保护和发展经济建设和生态环境保护之间的关系，实现两者的有机结合和协同发展，是环境治理最终要聚焦和面对的问题。在探索两者如何并存共促的过程中，应注重灵活运用多种政策机制和工具。比如，通过经济激励型机制，推动传统污染型企业转型升级，并努力引进新兴产业、培育壮大产业集群，发掘新的经济增长点；又如，通过社会参与型政策机制，打造城市绿

色生态新名片,调动城市各组织、社会团体、企业和市民充分参与本地生态环境保护活动,潜移默化地培育人们的生态文明理念。

(三)在政策领域维度上,应将环境保护理念渗透于各领域各行业

环境污染涉及工业生产和人们生活的方方面面,环境整治也必然涉及全行业全社会的各个领域。因此,环境保护政策的制定,需要考虑各领域的发展情况,将环境保护理念渗透于各领域各行业,继而实现生态环境的可持续发展。例如:在环保领域,可重点运用约束控制型机制切断污染源头、控制污染物排放;在产业领域,可重点运用经济激励型机制扶持一批新型绿色、低碳产业发展,并建立高污染、高能耗产业退出或转型升级引导机制;在文明领域,可重点运用社会参与型机制,通过举办一系列活动,推广特色植物的种植,在美化环境的同时,营造良好的环境保护氛围,提高市民的幸福感和获得感。

四 结束语

柳州市用 20 来年的时间对环境保护和经济建设如何并存共促进行了不断的改革创新,成功探索出一条经济社会新型发展道路。该案例也为我们提供了一个基于混合扫描决策模型的分析方式,为我国同种类型的工业城市综合运用各类政策工具组合构建环境保护和经济建设政策体系提供了有益借鉴。与此同时,本案例分析报告也存在一些不足之处,比如未对下岗工人安置分流等问题进行深入探讨、缺乏与国外同种类型的城市发展经验的对照比较、各分析维度还可以进一步细化出更多角度等。未来,混合扫描决策模型如何更加有效地运用于解决其他问题(如城市管理、产业发展等复杂政策体系的分析等),留给了我们更大的思考和研究空间。

◆ 案例点评

对于一个工业型城市来说,评估城市建设成效,其核心要素不是当前的经济效益,而是在长期发展过程中产生的综合效益,也就是看城市能否实现可持续发展。促进可持续发展,就是坚持以人为本、坚持生态优先,实现绿色生产,以"生态+经济"的综合性系统性发展观代替传统的"经济"单一性发展观。柳州市之所以能从骇人听闻的"酸雨之都"华丽嬗变为宜居宜业宜人的"宜居花城",就在于其遵从了人与自然和谐共生的理念,进行了新型工业化道路的探索,将以重化工业为主的粗放型发展理念升级为改善生态环境的绿色发展理念,以"全景扫描+近景聚焦"的方式从政策分层、政策机制和政策领域三个维度克服发展弊端,探索可持续的新型发展之路。

和谐乡村篇

乡村有效治理

第七章 问水那得清如许
——如何以多方之"桨"划动万峰湖之"舟"①

 案例导入

  万峰湖是我国五大淡水湖之一，位于广西、贵州、云南三省交界处，其水质情况关乎沿岸三省居民的生产生活质量。近年来，随着万峰湖流域沿岸工业排污、非法网箱养殖、生活污水直排的情况日益严重，万峰湖水质明显变差。2016年，第一轮中央生态环境保护督察组通报了百色市隆林各族自治县万峰湖流域水质下降问题。当地政府虽然紧急开展了水污染整治行动，但是成效并不明显，且2018年万峰湖水质再次变差。万峰湖作为典型的公共池塘资源，其治理涉及多方主体的利益，因此，当地政府转换工作思路，推动多方主体达成共识，形成治理合力，形塑了政府统筹、企业共治、村民自治、社会力量参与的多中心自主治理新模式，大大提升了万峰湖水体治理成效。本案例聚焦万峰湖百色市隆林各族自治县流域的治理全过程，通过深度访谈等调查方法，借助IAD-SES组合分析框架，探讨万峰湖百色市隆林各族自治县流域多中心自主治理模式变革的内在逻辑，为中国情境下的开放性公共池塘资源治理实践提供了启示和参考。

第一节 案例故事

一 引言

  "万峰之湖，西南之最，南国风光，山水画卷。"横跨广西、贵州、云南三省（自治

---

① 案例团队：万峰湖护卫队。指导教师：黄六招；团队成员：梁晓欣、苏显梧、李丹煜、赖宏婷、覃涛。

区）的万峰湖，就像一颗镶嵌在云贵高原上的明珠。说起万峰湖，必然要提及南盘江。南盘江发源于云南省曲靖市马雄山，流经贵州省兴义市，最后在广西汇于红水河。1998 年天生桥水电站修建，高坝建成后，南盘江水被水电站拦腰截断，"大坝横深谷，高峡出平湖"，碧波万顷的万峰湖由此形成。

说起万峰湖，现在的人们想到的是去万峰湖小住两天，在湖边民宿看看湖景、钓钓鱼，在农家乐摘摘果、聊聊家常，一家老小欢声笑语的悠闲场景。然而，时光倒回 2018 年，当时的人们提起万峰湖却是连连摇头，纷纷表示万峰湖没救了。前后不过 5 年时间，万峰湖到底经历了什么呢？让我们跟着王芸、王叔等当地群众一起回到当时的万峰湖。案例人物介绍如表 7-1 所示。

表 7-1　案例人物介绍

姓名	简介
王芸	隆林各族自治县天生桥镇人
王叔	王芸的大伯，之前从事网箱养殖，之后改为种植沃柑
小黄	隆林各族自治县天生桥镇国土资源管理所工作人员，住在王叔家隔壁
杨总	鑫坚公司（化名）负责人
张大姐	在万峰湖进行网箱养殖的村民
赵主任	隆林各族自治县河长制办公室专职副主任

二 高原明珠万峰湖：从山清水秀到乌烟瘴气

（一）万峰湖的前世今生

自 1998 年因天生桥水电站的修建而诞生，仔细算来，万峰湖形成只有 20 余年，却已经成为西南地区知名淡水湖之一，湖面面积 176 平方千米，相当于 2 个大理洱海，76 个杭州西湖。万峰湖最深处有 170 余米，长 140 千米，蓄水量可达 108 亿立方米。万峰湖流域总面积达 62424.7 平方千米，涉及云南省、贵州省、广西壮族自治区三省三个地级市（自治州）29 个县（市），包括云南省曲靖市罗平县、贵州省黔西南布依族苗族自治州兴义市和安龙县、广西百色市隆林各族自治县和西林县，共 21 个乡镇 26 个村。万峰湖如同一艘狭长的龙舟，在云、黔、桂的高山之中悠然前行。

万峰湖地势西北高东南低，相对高度大，山势陡峭，是云南、广西和贵州三省的水上黄金运输线，是国家"西电东送"的重要能源基地。位于广西隆林各族自治县与贵州省安龙县交界处的天生桥一级水电站不仅库容大，而且大坝是世界第二、亚洲第一高的面板堆石坝，堪称国家级水电站。万峰湖同时是珠江三角洲水质调剂的重要源泉以及珠江三角洲经济区的重要水源供给地，其水质状况与珠江三角洲经济区的经济社会可持续发展息息相关。

1999年出生的王芸在万峰湖边的隆林各族自治县天生桥镇长大。在她的印象里，小时候的万峰湖就像它的名字一样，被群山环绕，万峰叠翠，峰水相映。微风徐徐吹过，湖面荡起阵阵涟漪，山中有水，水中有山，山水如画，美不胜收。因为住的地方离万峰湖只有十分钟左右的车程，每逢假期，父母都会带上王芸和她的哥哥到万峰湖边去玩——父亲钓鱼，母亲在一旁看着王芸和哥哥打闹，不时招呼一家人围坐在一起吃糕点。直至夕阳西下，一家人才带着满满一桶鱼回家。这是王芸关于小时候、关于万峰湖的美好记忆。

数字资源 7-1
万峰湖风光

（二）万峰湖为何变了模样

随着时间流逝，王芸慢慢长大。为了接受更好的教育，2015 年她离开天生桥镇，到隆林县第一中学读书。她逐渐适应了寄宿生活，只有寒暑假才回家，再加上课业繁忙，去万峰湖的机会非常少。只是听父亲偶然提起，家中大伯跟着镇上的人在万峰湖搞起了网箱养殖。

再次见到万峰湖是在 2018 年，王芸高考前的那个春节假期。在题海中闷了太久，王芸约上小伙伴，打算一起去湖边钓鱼，放松下心情。他们来到万峰湖边时，被眼前的场景吓了一跳：万峰湖已经不似儿时印象中那般碧绿，而是微微泛黑，很多死鱼翻着白肚皮浮在湖面上，湖面还时不时冒出一股异味。万峰湖这是怎么了？

数字资源 7-2
万峰湖天生桥
坝首整治前
水污染情况

1. 网箱多了，水质差了

万峰湖位于北回归线附近。得益于得天独厚的地理环境，湖水全年最低水温13℃，最高水温32℃，每年有 240 天水温在 20℃以上，非常适宜温水性鱼类生长。除此之外，万峰湖还具备水源充沛、库容量大、流动性好、溶氧量高等优秀的本底条件，因此成为人们进行网箱养殖的首选之地。从 2000 年开始，就有村民自行在万峰湖养鱼。渔业逐渐成为万峰湖沿岸村民赖以生存的产业之一。

沿岸村民法律意识淡薄，他们为了降低养鱼成本，多是无证养殖，实际存在的网箱面积远远超过渔业规划面积，甚至占用了主航道。面对"蜂拥而上"的无证养殖现象，王芸的大伯并不在意，他说："别人能养我也能养嘛，办证太麻烦了，我们这种小打小闹，不需要办证吧！"不只是王芸的大伯有这种想法，几乎所有在万峰湖养鱼的散户都是抱着这种想法。对他们来说，万峰湖就像自家的鱼塘，在自家的鱼塘里养鱼哪里需要办手续啊！

久而久之，万峰湖中的网箱数量越来越多，鱼的数量随之剧增，其排泄物和食物残渣同样暴增。万峰湖的水体虽是流动的，但网箱养殖的数量已经超出水体的负荷能力，水体无法完全自净，最终导致水质不断恶化。

据统计，高峰期的万峰湖广西流域有渔业养殖网箱 2000 余口，每年投入养殖饲料接近 2 万吨，而饲料中各种药物及饲料残渣也会对水体造成污染。除此之外，村民还会向网箱中投放防治病害的鱼药。大量饲料及鱼药的投放加剧了万峰湖流域的水质污染。监测数据显示，万峰湖库区水质一度下降至劣Ⅴ类，水质恶化严重。

网箱养殖的急剧发展导致万峰湖水质逐年恶化、水体富营养化程度日趋严重，再加上外来入侵植物"水白菜"一度爆发式增长，万峰湖一些水域严重缺氧，曾多次发生大面积死鱼现象。

2. 企业来了，污水排了

万峰湖流经的隆林各族自治县，既是山区、老区、经济落后地区，又是少数民族聚居区。这里资源丰富，水能、煤炭、有色金属等资源组成了混合型资源体系，拥有发展矿产业与能源产业的先天优势。值得一提的是，隆林各族自治县有锑矿、白煤、水晶等20多种矿产资源。同时，全国锑矿最大矿区就位于百色市，锑含量为30%~60%。

由于隆林各族自治县矿产资源丰富、用工成本低，众多工业企业前往该县投资建厂。为满足当地经济发展的需要，隆林各族自治县政府也搭建了一个招商引资平台，希望能够通过这一平台发布各项优惠政策，将企业引进来，让隆林名声传出去。

2018年，万峰湖隆林各族自治县辖区内工业企业只有5家，主要集中在天生桥镇，涉及水泥、焦化、饲料、采矿4个行业，这些行业的主要污染物为废气，废水排放量较少。

2007年10月，位于天生桥镇祥播村坡陇屯附近的金龙矿业有限责任公司（以下简称金龙矿业），向政府提交了金矿年开采处理5万吨矿石的项目环境影响报告书并获得批复。2015年3月，金龙矿业新建堆淋场项目通过环境保护竣工验收。2019年3月，金龙矿业获得有效期为两年的采矿许可证。

然而，企业家并不会满足于眼前的既得利益，层层审批的烦琐手续也挡不住企业家对于更多利润的渴望。据隆林各族自治县生态环境局执法人员反映，金龙矿业存在堆淋场防渗措施不到位、堆淋场排水沟不完善、弃土场堆土过高、金矿越界开采等问题。金矿越界开采、堆淋场防渗措施不到位看起来是小事，但日积月累的防渗层漏水，使得污染物超标的采矿废水直接通过地表径流流入万峰湖，这也是造成万峰湖水质恶化的原因之一。

向万峰湖排放工业污水的不仅有隆林各族自治县的企业，还有处于上游支流沿岸的工业企业。这些企业每年向万峰湖排放的工业污水有230多万吨，万峰湖的水质"岌岌可危"。

3. 生活好了，生态坏了

百色市隆林各族自治县位于云贵高原的东南边缘，地势以中山为主。地势不平、与百色市区距离较远、交通条件落后等诸多因素使得隆林各族自治县一、二、三产业起步较晚，经济发展水平较为落后。即使到了2021年，隆林各族自治县全县年生产总值也仅为73.45亿元，而同年南宁市青秀区的年生产总值已达到1324.77亿元。相比之下，隆林各族自治县生产总值不足青秀区的十分之一。2018年，两者这一经济数据更是相差20倍。隆林各族自治县境内主要有苗族、彝族、仡佬族、壮族4个少数民族聚居，对外交通多依靠公路，多山的地形造成交通不便，可以说是名副其实的"老少边穷"地区。在国家脱贫攻坚的政策扶持下，隆林各族自治县于 2020 年 11 月摘掉了贫困县的"帽子"，是广西最后一批退出贫困县序列的 8 个深度贫困县之一。

王芸家祖祖辈辈都是隆林人，家里以前住的房子是楼上住人、楼下养牲畜的木制干栏式房屋。在脱贫攻坚时期，政府为她家建了更为坚固的水泥房，一家老小搬进了更宽敞、更明亮的房屋。

数字资源 7-3
隆林各族自治县
典型木制干
栏式房屋

王芸家住房的变化，是隆林各族自治县脱贫攻坚的缩影。众多生于斯、长于斯的群众生活水平都得到了明显提高。天生桥镇的村民多以种植业、养殖业为生，种水稻、玉米用的农药肥料，杉木初种时所需的磷肥等会随着雨水流入万峰湖。养猪、养牛等养殖业的粪污也会对万峰湖的水质产生影响。

但对万峰湖水质造成更大影响的，还是沿岸居民的生活污水。王芸回忆道，小时候整个村都很难看见一个污水处理设施，更不用说屯里了。大部分生活污水未经处理直排入湖也是万峰湖水质变差的原因之一。由于经济条件较为落后，万峰湖沿湖乡（镇）的生活垃圾采用的依旧是原地抛弃等原始方式，缺少垃圾收集站、垃圾收运车辆。隆林各族自治县辖区几个乡镇虽然都建有垃圾收集池或垃圾收集中转站，但因为交通不便等，垃圾没有得到及时清运或进行无害化处理，长期露天堆放，经受雨水冲刷、河水浸泡，有部分垃圾直接被冲刷入河、入湖，对万峰湖水质形成很大的威胁。"还有一点，来万峰湖边游玩的游客，多是附近文明卫生意识不强的村民，他们将产生的垃圾随手一扔，这些垃圾也有可能直接被风吹、被雨水冲进万峰湖。"王芸痛心地说道。她对湖边遍地垃圾感到既难过又无奈。

三 划动万峰湖治理之舟：从各自为营到多方联动

（一）停滞不前——政府、企业、渔民各自为营

1. 龙头乏力：政府单打独斗，效果欠佳

小黄是土生土长的隆林各族自治县天生桥镇人。2016 年 7 月，他从广西民族大学毕业。为方便照顾父母，他毕业后一直想回家乡工作。幸运的是，他顺利通过了公务员考试，成为隆林各族自治县天生桥镇人民政府的基层公务员。因为镇里人手不足，被分配到天生桥镇国土资源管理所的小黄还要兼顾办公室的工作。本以为乡镇办公室的烦琐工作已经够让人焦头烂额了，没想到更让人头疼的事情还在后头。

2016 年，第一轮中央生态环境保护督察组入驻广西，指出"2015 年全区 11 个重点湖库中有 5 个水质下降明显"，其中就有万峰湖的名字。小黄跟着同事多次前往万峰湖监测水质、走访调查，为隆林各族自治县出台一系列万峰湖水质问题整改工作方案（见

图 7-1)、采取相关措施提供宝贵的一手数据和资料。同时，小黄还配合环境保护部门开展了网箱养殖面积排查登记、入湖排污口排查和整治等工作。

为了规范万峰湖渔业发展，隆林各族自治县出台了《隆林各族自治县天生桥水库与平班水库隆林辖区渔业规划（2016—2025 年）》；同时，在流域内组织建设了一批生活污水、垃圾处理等工程项目。

图 7-1 隆林各族自治县出台方案保护万峰湖生态环境

到 2017 年，万峰湖达到地表水Ⅲ类水质。广西壮族自治区相关部门也同意了万峰湖问题销号的申请。小黄回忆道："为了庆祝这难得的治理成效，当天晚上，我和同事到镇上的饭馆庆祝了一顿！"领导拍着小黄的肩膀说："这段时间辛苦了！但万峰湖的治理工作还任重而道远啊！"

进入 2018 年，因降雨量减少、库区水位下降，万峰湖水体自行交换能力减弱，加上库区水面群众养鱼投料过多，水质下降问题"卷土重来"。2018 年 2 月到 4 月，万峰湖连续三个月水质超标，隆林各族自治县收到了广西壮族自治区有关部门的问题通报。小黄回忆道，当时百色市委、市政府拉响了"警报"，时任百色市市长周异决亲自到现场指导清理整治工作，并约谈了隆林各族自治县的主要领导。此刻，小黄意识到作为天生桥镇人民政府的一员，接下来一段时间要全身心投入万峰湖的治理工作了。

小黄说："从 2018 年前的初步整治结果来看，单靠政府某个部门单打独斗，效果并不明显。"他不免感慨，一艘船仅靠龙头的力量是无法使船正常航行的。如何调动多方力量、完成协同治理，是小黄和同事们下一步需要考虑的问题。

2. 鼓手离心：企业利益至上，整改缓慢

涉及本次万峰湖水质恶化问题整治的还有当地一家名为鑫坚公司的企业。据鑫坚公司负责人杨总介绍，2016 年，鑫坚公司通过招商引资平台进入隆林各族自治县，与县政府签订了协议开展网箱养殖。杨总说："由于是规模化养殖，前期网箱购置、设备购买等费用投资较大，终于等到鱼苗一批批长大售出，前期投入的费用也收了回来。"他笑称："在 2018 年初的公司新年工作布置会上，公司还立下了'军令状'——扩大养殖规模，争取盈利金额比去年增长 30% 以上！"公司上下全体员工也斗志昂扬，准备大干一场。

杨总继续回忆道："2018 年 4 月，我们突然收到了隆林各族自治县渔政管理部门的整改通知书，拿到通知书的那刻，我不由得紧张起来。"

因为万峰湖水质不断恶化，隆林各族自治县渔政管理部门对存在违规养殖问题的鑫坚公司下达了限期整改通知，要求鑫坚公司停止超出养殖证许可范围的养殖活动，立刻拆除无证养殖的网箱。同年 5 月，隆林各族自治县环境保护部门因未批先建问题责令鑫坚公司立即停止养殖，停产整治并处以 40 万元的罚款。

杨总说："当时交了罚款，也按要求进行了整改，大家都以为这件事就算过去了。站在经营的角度，公司要养这么多人，不扩大规模怎么把当时停产整治造成的损失挣回来？"抱着整治行动不过是走个过场的侥幸心理，在大家都以为问题整改已经告一段落时，鑫坚公司重启了扩大养殖规模的计划。

3. 划手不齐：村民众口难调，整治受阻

2018 年 4 月，一则贴在公告栏的隆林各族自治县万峰湖水面整治公告在附近村民中"炸了锅"。很快，天生桥镇、革步乡、金钟山乡的政府门前陆陆续续有村民前来询问情况。

小黄尤其记得，天生桥镇以养鱼为主业做了大半辈子的张大姐生气地质问："我们在万峰湖养鱼十多年了，凭什么说拆就拆？拆了之后大家靠什么来养活自己？"

"就是啊，我们家才刚借了钱开始养鱼，现在没卖出去的鱼怎么办？""这要是拆了，我们的网箱有没有补偿？标准又是怎么定的？有什么凭据？可不能随随便便就把我们的网箱都拆了。"围观的村民七嘴八舌，疑问一个接着一个。整治工作涉及自身利益和未来生计，村民们都十分担忧。

小黄说："在乡镇专项工作组的安排下，我和同事在第一时间安抚了群众情绪，对群众提出的现实问题做了记录，并耐心做好政策解释，但在具体实施的政策方案下来之前，我们也不敢轻易向群众做出任何承诺。"

那天晚上，小黄拖着疲惫的身躯回到家，饭还没扒拉几口，就看见家门口有一个黑影。定睛一看，原来是隔壁家王叔，也就是王芸的大伯。寒暄几句后，王叔便直入主题："小黄啊，政府这回说要清除网箱，是真的吗？"得到肯定的答复后，王叔愁得直挠头。最终他还是决定"随大流"——别人不拆，自己也不拆。若是自家拆了，最后别人的网箱却不了了之，自己可就亏大了。

这边的村民发愁，另一边的村民却是喜上眉梢。原来，万峰湖下游的人们因为泛黑的水体向县、乡政府反映过无数次，听到隆林各族自治县这次下定决心全面整治万峰湖生态环境的消息，他们心里乐开了花，希望政府部门大力整治万峰湖违规养殖现象，早日让万峰湖重新焕发生机，这样他们可以在闲暇时到万峰湖边欣赏碧波荡漾，重温水清、河畅、岸绿、景美的美好回忆。

（二）重新起航——多方联动，打破困境

1. 重整旗鼓：组建一支精干队伍

随着全面整治万峰湖的号角吹响，隆林各族自治县成立了以四家班子领导为总指挥长的工作领导小组，层层部署、层层落实，并根据整治进展情况适时设立各类工作小组，如现场指挥部、库面指挥部、存鱼处置组、销售服务组、工业污染整治组、农业污染整治组、生活污染整治组、证据材料收集组、信访维稳组、后勤机动组、案件调查组、政策宣传组、后勤保障组等，全面开展整治工作。整治期间，从农业农村、海事、生态环境（环保）、市政、住建、交通、公安、水利部门及有关乡镇抽调200余名党员干部驻组开展联合整治工作。

隆林各族自治县河长制办公室专职副主任赵主任想起那段每天往万峰湖跑的日子仍觉得历历在目。由于先前执法装备、监测水质装备不足，他不得不多次向上级领导汇报、申请资金，以添置可用于夜间执法的装备。但县里财政吃紧，赵主任只能白天在县里跑部门、开会，晚上在万峰湖带领组里的同事用较为落后的装备巡逻、拆网箱。那段日子的"两边跑"让他整个人都瘦了一圈。"为了万峰湖的整治开过的全县动员大会、党委常委会、现场研究会等有20多次。我基本上每天都会去现场看看整治进度，隔一周就要向县委、县政府领导汇报进度，总指挥部会全面分析研判整治工作遇到的难点问题并加以研究解决。"赵主任回忆道。

数字资源7-4
隆林各族
自治县
天生桥、
平班库区
水面整治
工作动员会

为做好集中整治工作，隆林各族自治县紧急招聘20名渔政执法大队工作人员，购置6台执法记录仪、8艘橡皮艇，整合海事、交通、渔政、水利等部门5艘执法船、租用36艘船参与。集中整治期间，每天有500多人、49艘船舶、65辆车参与工作。

这支涉及多个部门、人数众多的精干队伍航行在万峰湖湖面、穿梭于天生桥镇的各村各巷，一步一个脚印地做好每一项工作。每个人都像是船头的一个零件，共同引领着万峰湖整治之舟前进的方向。

数字资源7-5
万峰湖拆除
网箱现场

2. 统一步调：做好群众思想工作

小黄被分配到政策宣传组，他说："写有'重拳整治、依法整治、退渔还湖、和谐发展'的横幅，我挂了十几二十条。"除了在各村悬挂横幅，政策宣传组的工作人员还通过

发放政策宣传单、制作大型固定宣传牌、利用宣传车巡回库区广播宣传等方式进行宣传。他们制作、发放各类宣传资料3万余份，争取让退渔还湖的观念深入人心。

但宣传本身能够发挥的作用微乎其微。证据材料收集组和政策宣传组的工作人员两人一组，挨家挨户敲开村民的家门，进行全面的排查摸底，详细核对养殖户、养殖面积和浮动设施情况并登记造册，掌握每个养殖户的基本情况，同时，为他们讲解自行拆除养殖网箱的奖励方案和存鱼的处置方案，明确每户整改措施并下发整改通知书，做到一户一策、不漏一户、不少一网。

数字资源 7-6
多种方式进行宣传

随着整治工作的不断推进，各类矛盾纠纷涌现。让小黄印象最深刻的是张大姐一家。小黄说："张大姐跟亲戚朋友借钱，好不容易建好自己的养殖网箱，买了上千尾鱼苗，正准备靠养鱼发家致富。万峰湖水面整治的公告对她来说犹如晴天霹雳，她对整治工作也极度抗拒，对政府意见大，对前来帮助她解决纠纷的法院工作人员也极度不信任。"通过多次登门拜访和耐心解释，小黄和同事终于让张大姐打消了疑虑。针对张大姐一家的情况，小黄和同事因户施策，帮助张大姐销售现有存鱼，不仅通过补贴政策卖出存鱼，每斤还能获得0.5元的资金奖励；对于张大姐家未养成的鱼，预留缓冲时间，采用"多箱并单箱"的模式进行生态养殖。同时，小黄还联系了法院的工作人员帮助张大姐调解与渔具供应商之间的买卖合同纠纷，最终，双方达成调解协议，握手言和。

数字资源 7-7
隆林各族自治县
干部开展入户座谈

小黄说："大多数村民平时卖鱼都是自行到市场贩卖，一下子有这么多存鱼要出售，他们既担心自己没有销售渠道，卖不出鱼，又担心市面上鱼的数量过多，自家的鱼只能亏本卖出。"为了打消村民的顾虑，隆林各族自治县政府从机关食堂入手，号召各单位食堂优先购买村民的存鱼。除此之外，存鱼处置组的工作人员积极联系隆林各族自治县周边，甚至更远的成都、重庆的市场、饭店等，帮助村民打通销路。

数字资源 7-8
对自行拆除
网箱的村民
发放奖励金
并进行公示

小黄回忆道："当时，王叔看到整治行动进行得如火如荼，拆除养殖网箱已经是板上钉钉的事儿了，便趁着《隆林各族自治县万峰湖水库环保专项整治养殖网箱自拆奖励方案》出台，奖励机制刚刚开始，一鼓作气地拆掉了自家的网箱。一直看着别人行事的王叔也起到了带头作用啊！"

不仅如此，王叔还自发组织了村民小分队。他拜托村中几个德高望重、讲得上话的村民陪着小黄一起挨家挨户地劝说村民拆除网箱，自己则带上村里身强力壮的年轻人帮执法人员一起拆浮房。"我也想通了，政府要整治万峰湖环境是'前人栽树后人乘凉'的好事情嘛！我们当然要全力支持。小黄年轻，不一定讲得通那些'老顽固'，那就让屯长、大家长去给他撑撑腰、壮壮胆。我们几个出出力气，浮房就能拆得快一点。一点小事罢了！"王叔的语气中带着自豪，爽朗地笑了。

数字资源 7-9
干部、群众
协力拆除
网箱、浮房

为了做好整治工作，做好群众的思想工作，回应群众诉求，在综合集中整治期间，80多名党员干部在库区驻点和下沉，累计接访900余人次，为打赢"碧水保卫战"提供了优质的司法服务。

经过大家的共同努力，到2020年底，隆林各族自治县共拆除网箱325万余平方米，浮房1000余个，为还万峰湖一片清澈打下了坚实的基础。

3. 突破重点：引导企业率先整治

在整治过程中，最难推进的部分是鑫坚公司。由于鑫坚公司养殖规模大，存鱼数量多，未成鱼数量也多，若是一下子将存鱼全部卖出，鑫坚公司将损失惨重。赵主任没少和杨总讨论这件事。在不断的沟通中，杨总明白政府整治万峰湖污染不会朝令夕改，赵主任也体谅鑫坚公司想要将损失降至最低的心情。

许多村民看着鑫坚公司的网箱并未全部拆除，也一直处于观望状态，迟迟不肯将自家网箱拆除。赵主任说："鑫坚公司这块'硬骨头'一定要啃下来。只有将鑫坚公司的网箱清除完毕，这场整治行动才算真正胜利。"

赵主任将鑫坚公司这一情况向上级领导反映，县里也多次召开专题会议进行研究部署，最后隆林各族自治县政府工作人员按照《天生桥、平班水库辖区水域水面综合整治工作库湾网箱暂时养殖管理办法》规定，给鑫坚公司2018年6月1日至9月1日为期3个月的暂存鱼养殖期，并要求其在暂存鱼养殖期不准再进鱼苗。

考虑到鑫坚公司的实际困难诉求，隆林各族自治县一直没有强制拆除鑫坚公司的网箱、浮房等设施，然而鑫坚公司却在各部门集中精力开展违规散养户网箱拆除时，趁着监督和执法力度不严，偷偷增加鱼苗、扩大养殖规模，并向广西壮族自治区非公办单位办公室（以下简称非公办）反映隆林各族自治县拆除网箱措施致其经济损失过大，致使非公办介入协调。借此契机，赵主任软硬并施，一方面陪着多位上级领导到鑫坚公司养殖基地实地调研，掌握实情，并多次会同县生态环境局、农业农村局、乡镇分管领导等主动上门与鑫坚公司有关负责人沟通交流，努力做其思想工作，把网箱拆除的意义讲透彻、道理讲明白、政策讲清楚，让他们正确理解、主动配合开展网箱拆除工作；另一方面将鑫坚公司违反整治约定，继续违规养殖的情况向上级反映，并建议有关执法部门加强日常监督管理和执法力度，如发现企业违反约定继续违规养殖，将依法取证，依法整治，采取强硬措施予以警示。隆林各族自治县采取多种形式（如联系外地客商、倡议全县干部职工购买爱心鱼等）拓宽销售渠道，加快存鱼销售，至2021年，鑫坚公司将存鱼全部卖出，并及时配合拆除所有水面养殖设施。赵主任高兴地说："这块最硬的'骨头'终于啃了下来，心里的一块大石头也终于安稳落地了。"昔日负重前行、网箱密布的万峰湖，得益于网箱整治，终于恢复了往日的容颜，只见两岸青山如黛，碧水倒映蓝天。

4. 找准方向：推动经济结构转型

万峰湖库区的村民大多没有一技之长，很多人养鱼养了大半辈子，且库区移民补贴较低，村民无法依靠补贴维持生计。隆林各族自治县政府考虑到这一点，因户施策，通过劳务输出、培养种植和养殖能手等，扩宽村民的增收渠道。王芸的大伯参加过几届镇政府举办的培训班，掌握了种植的本领。他不养鱼后承包了村中的闲置土地，种起了沃柑。他家的沃柑品质好，销路也稳定，一年下来，收入比养鱼时高了不少。

此外，隆林各族自治县万峰湖具有得天独厚的自然风景优势，是开发全域旅游的绝佳地点。隆林各族自治县政府组织百色市文化旅游发展有限公司等企业到四川南部县升钟湖、浙江淳安县千岛湖进行实地学习考察，探索隆林万峰湖生态开发之路。现在的万峰湖沿岸民宿林立，每到周末或假期，农家乐、垂钓基地等活动场所全都爆满。一条集各种休闲娱乐活动于一体的万峰湖旅游路线正在形成，吸引国内外游客慕名前来。

5. 清除障碍：消除工业污染影响

赵主任带着工业污染整治组逐一走访万峰湖辖区的工业企业。这些企业主要集中于天生桥镇，涉及水泥、焦化、饲料、采矿等行业。幸运的是，大部分企业的废水排放量较少，并采取了严格的污水处理措施。为了避免工业污水对万峰湖水质造成影响，隆林各族自治县有关部门对有环境安全隐患问题的企业下达关停通知，并直接采取断电断水的强制措施。水泥厂也对水泥粉磨站进行了技术改良，极大地减少了粉尘污染，进而减少对周边环境的影响。

对于影响较大的金龙矿业越界开采、防渗排水措施不到位等问题，天生桥镇政府督促金龙矿业重新维护防渗排水设备，全部复垦越界开采破坏的 20984.42 平方米耕地，重新种上水稻、玉米，这在保障粮食安全的同时，降低了工业污染的影响。

6. 提供保障：加快基础设施建设

万峰湖辖区内生活污水的排放也是让赵主任头疼的一大难题。万峰湖周围的马窝村、祥播村、蒙里村等常住人口超过两万人。这么多人的生活污水排放也形成了万峰湖的主要污染源。针对这个问题，隆林各族自治县政府积极筹措资金，申请中央环保专项资金及山水林田湖草项目专项资金，新建或修缮生活污水处理设施 16 座。同时，增加垃圾中转站，既能有效地处理生活垃圾，又能落实"生态宜居"的乡村振兴要求。生活污染整治组的工作人员在通往饮用水水源保护区的路上设立警示牌和水源保护宣传牌，在饮用水水源一级保护区范围内采取隔离防护措施，实行封闭管理。

同时，小黄和政策宣传组的同事在各乡镇加大对农业污染防治的宣传力度，向村民们普及水源地保护的法律法规，包括禁止在饮用水水源一级保护区内建设与供水设施和水源保护无关的项目，禁止设立污水口，禁止从事旅游、游泳和其他可能造成水体污染的活动。随着宣传工作的铺开，法律法规的普及逐渐取得了成效，在库区周边生活的村民环境保护意识有所提高。王芸读大学期间放假回家后，跟随家中大人去田里插秧、除草，她发现父母会要求她把用过的农药瓶及时捡起来并扔到垃圾池中。周围的村民也都会自觉地清理农药瓶、化肥袋、残余农膜等废弃物。天生桥镇政

数字资源 7-10
万峰湖天生桥
坝首整治后

府帮助村民配套建设畜禽粪污存储设施，实行干清粪还田利用，减少粪污或沼液直排，进而减少农业、生活污水对万峰湖的影响。

目前，万峰湖库区已实现了退渔还湖、山清水秀，生态环境质量得到明显提升。监测数据显示，万峰湖库区水质已由原来的劣Ⅴ类变为优于Ⅲ类考核目标，大部分时间总体水质为Ⅱ类以上，部分监测点水质可达到Ⅰ类标准。2016—2022年万峰湖水质变化情况如图7-2所示。在生态环境部公布的国家地表水考核断面水环境质量状况排名中，万峰湖库区多次排在全国前列。万峰湖整治取得明显成效。

图7-2　2016—2022年万峰湖水质变化情况

数据来源：百色市生态环境局官网

四　让万峰湖治理之舟行稳致远：从集中整治到长效维持

万峰湖水污染治理不应仅是一时的集中整治工作，更需要长远谋划、多方配合，这样才能使万峰湖治理之舟行稳致远。

（一）多措并举防止网箱养殖"死灰复燃"

集中整治结束后，为了让万峰湖保持清澈，隆林各族自治县采取了多项措施防止网箱养殖"死灰复燃"。

2020年，万峰湖集中整治行动基本结束后，隆林各族自治县从农业农村、生态环境、水利等部门抽调20余人成立了万峰湖整治工作监测组。万峰湖整治工作监测组长期在万峰湖负责整治工作。赵主任仍在隆林各族自治县河长制办公室任职，直接负责万峰湖日常水质监测、水污染治理等工作。他说："我对万峰湖已经有了感情，也有了治理经验，有信心让万峰湖保持清澈，让它持续在祖国西南处发光。"

同时，隆林各族自治县加强区域合作。2022年，隆林各族自治县组织公安、水利、生态环境、农业农村、交通、自然资源等部门共12人积极参与贵州、云南、广西三省联合整治活动，全年累计拆除零星网箱养殖 500 多平方米、地笼网 200 个、钓鱼台 308 个、"三无"船舶 12 艘、浮房 5 个，对违规网箱养殖整治持续保持高压态势，有效防止了网箱养殖"死灰复燃"。

（二）法律"护身符"提供有力保障

为保障万峰湖长期的清澈，百色市研究制定出台了《百色市万峰湖保护条例》，并于 2023 年 1 月 1 日实施。该条例对于人们在百色市行政区域万峰湖保护范围内从事万峰湖保护、资源利用、可持续发展以及有关管理活动进行了明确规定。该条例全文共 32 条，为保护和改善万峰湖生态环境、推进生态文明建设、促进经济社会可持续发展提供了法律"护身符"。

数字资源 7-11 《百色市万峰湖保护条例》新闻发布会现场

《百色市万峰湖保护条例》出台后，小黄赶紧打印了几份送给左邻右舍，顺便给他们讲解，引导他们学法懂法、遵纪守法。

（三）成立跨省联合企业携手开发

2022 年 6 月，万峰湖流域内五县（市）党委政府就万峰湖大水面生态养殖项目达成共识，并会签《黔桂滇三省（自治区）五县（市）万峰湖产业发展框架协议》，合作成立"黔桂滇万峰湖渔业开发有限公司"，五县（市）携手走上万峰湖流域长效保护、绿色发展和乡村振兴之路。赵主任表示，仅仅隆林各族自治县、百色市出台相关措施显然不足以维持整个万峰湖的清澈，只有通过沿湖五县（市）统一、严格规范下的生态养殖，统一联合执法和检察协同督促，才可能有效根治违法养殖导致的污染问题，守住一湖碧水。万峰湖整治也是助力脱贫区域实现乡村振兴、造福一方百姓、守住绿水青山的样板。

五 结束语

在万峰湖前期治理中，政府单打独斗，水体污染治理效果欠佳；企业利益至上，超许可养殖整改一拖再拖；村民众口难调，整改关乎生计谈何容易。在治理前期积累的教训和经验基础上，隆林各族自治县大胆创新，建立"政府主导、企业共治、社会参与"的综合治理新模式，组建多部门联动的工作小组，引导企业率先整治违法养殖，优化当地农村经济发展结构，全面协调企业、村民等各方利益，形成治理合力，有效破解了万峰湖整治初期各方利益主体各自为营的矛盾，最终有效完成了万峰湖的治理工作。

一是全面完成了网箱养殖清理工作。自 2017 年部署开展网箱清理工作以来，隆林各族自治县始终坚持"绿水青山就是金山银山"的发展理念，坚持不懈狠抓网箱整治工作。在各方共同努力下，隆林各族自治县于 2021 年全面完成网箱拆除工作，累计拆除网箱 325 万余平方米，清除了万峰湖水体的主要污染源。

二是加大对库区内企业的清理整治力度。隆林各族自治县多次组织开展库区排查，结合"散乱污"整治等行动，对库区的问题企业进行处罚或强制关停，全面清理整顿了库区的问题企业，有效阻止了工业污染对万峰湖生态环境的破坏。

三是积极解决农村污水直排、农业面源污染等问题。积极争取有关资金完善沿岸村屯生活污水处理系统，申报乡村振兴污水处理设施项目等，不断提升库区治污能力。同时积极开展库区农业农村污染防治工作，通过宣传动员，引导农户使用无害农药及肥料，回收农业废弃物集中进行无害化处理，大力发展有机农业，加强投入品日常检查，逐步控制农业面源污染，降低对万峰湖水体的影响。

经过系统治理，万峰湖水环境质量、生态面貌得到明显改善，人民群众环保意识全面提升，获得感、幸福感不断增强。隆林各族自治县在万峰湖治理过程中所蕴含的社会治理逻辑，为多中心治理模式提供了有益借鉴，也为中国情境下的开放性公共池塘资源治理实践提供了启示和参考。

第二节 案例分析

一 引言

党的二十大报告明确提出，"坚持山水林田湖草沙一体化保护和系统治理"，"持续深入打好蓝天、碧水、净土保卫战"，"统筹水资源、水环境、水生态治理，推动重要江河湖库生态保护治理"。深入学习党的二十大报告，可以从中发现人与自然和谐发展的重要性及我国水环境、水生态治理的迫切性。为深入贯彻落实党的二十大精神，我国各地区都在努力推进江河湖库的生态治理工作。如何实现水环境、水生态的有效治理成为当前的热门话题。

万峰湖是我国五大淡水湖之一，跨广西、贵州、云南三省（自治区），其水质情况关乎沿岸三省（自治区）居民的生产生活质量。万峰湖隆林各族自治县流域沿岸曾面临工业排污、非法网箱养殖、生活污水直排等问题，使得万峰湖水质恶化。早期隆林各族自治县政府针对万峰湖水污染问题采取了一定的措施，但是治理效果不佳，多方主体不配合，陷入了严重的治理困境。之后，隆林各族自治县政府变革治理模式，万峰湖隆林各族自治县流域水治理出现了转机，治理效果显著：一方面，这几年万峰湖隆林各族自治县流域水质稳定达标，非法网箱养殖和生产生活排污均得到了有效控制；另一方面，万峰湖隆林各族自治县流域水治理形成了有效的多元主体共同参与的局面，沿岸企业和居民积极配合政府的整改工作。

这里的案例分析将根据团队成员深度访谈得到的一手资料和相关文献等二手资料，结合公共池塘资源理论和多中心治理理论，以万峰湖隆林各族自治县流域为研究对象，探讨以下几个问题：一是哪些因素推动了万峰湖隆林各族自治县流域水治理模式的转变，以及该流域水治理模式发生了怎样的转变；二是在万峰湖隆林各族自治县流域多中心治理过程中，各治理主体是如何被组织起来并最终影响治理效果的；三是中国情境下有效的多中心治理模式是怎样的以及有怎样的内在逻辑。

二 理论基础与分析框架

（一）公共池塘资源理论

公共池塘资源（common-pool resources）是一种特殊的公共资源，具有非排他性和竞争性，意指在公共池塘资源系统中，一群人共用整个资源系统，但是分别获得资源收益，比如地下水、渔场、牧场等都是典型的公共池塘资源。在公共池塘资源治理过程中，个体理性和集体理性会产生矛盾，从而出现"公地悲剧"或集体行动困境。有学者认为，公共池塘资源有双重属性，即开放性和封闭性。其中，开放性公共池塘资源具有所有权主体不明确、资源占有者之间关系陌生等特征；封闭性公共池塘资源具有所有权主体明确、资源占有者之间较为熟悉等特征。例如，村庄共有的宅基地资源就是标准的封闭性公共池塘资源。在本案例中，万峰湖隆林各族自治县流域的水资源具有非排他性和竞争性，沿岸的工业企业、渔民和居民共同使用万峰湖这个资源系统，个体在获得资源系统的收益时，会导致其他个体的资源损失，属于典型的开放性公共池塘资源，所有权主体身份模糊，而且资源占有者之间的关系较为陌生、行为相互独立，因此治理过程较为复杂。

（二）多中心治理理论

多中心治理理论是奥斯特罗姆夫妇基于迈克尔的多中心秩序创立的。多中心治理理论以自主治理为基础，弥补了官僚制理论的缺陷，对公共池塘资源治理研究做出了突出的贡献。多中心治理理论克服了单中心治理理论的弊端，强调决策权下移，鼓励基层组织和公民参与公共池塘资源的治理。奥斯特罗姆夫妇在大量田野调研和对小型公共池塘资源进行分析研究的基础上，提出了公共池塘资源成功治理的八项原则，即界定边界、确立合适的规则、建立监督机制、集体选择安排、冲突解决机制、设立分级制裁、对组织权最低限度的认可和嵌套式层级组织。依托公共池塘资源的多中心自主治理，中国情境下的渔业资源治理、矿产资源开采治理、宅基地的封闭性公共池塘资源治理、农村灌溉治理等系统的效率均有了显著提升，减少了"搭便车"和机会主义等行为。

万峰湖隆林各族自治县流域的水污染前后期治理效果具有显著差异，正是因为后期采取了公共池塘资源多中心自主治理模式。因此，案例分析部分将多中心治理理论作为重要的理论分析工具，并基于此对万峰湖隆林各族自治县流域水治理案例进行中国情境化的拓展分析。

（三）IAD-SES 组合分析框架

制度分析与发展（institutional analysis and development，IAD）框架和社会生态系统（social-ecology systems，SES）框架被诸多学者用于解释公共池塘资源的治理。例如，王亚华和李星光用 IAD 框架分析数字技术赋能乡村治理问题，侯涛和王亚华用 SES 框架分析非遗资源的治理问题。还有学者基于 IAD 框架探讨了水用户协会在中国情境下的治理效果以及其他影响农村灌溉治理效果的自然环境因素、社会经济因素和制度规则。

IAD 框架包含外部变量、行动舞台、互动、结果和评价标准等关键要件，其聚焦于对行动舞台的分析，在行动舞台上，参与者凭借自己所拥有的资源在特定的行动情境中进行互动，从而产出结果，这个结果又会反馈于外部变量和行动舞台，最终形成循环（见图 7-3）。

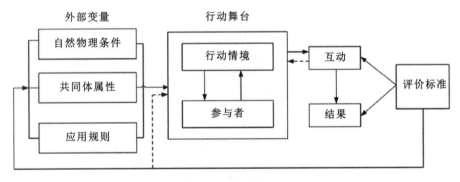

图 7-3　IAD 框架内容

SES 框架包含多级变量，其中一级变量包括资源系统（RS）、资源单位（RU）、治理系统（GS）、行动者（A）、互动（I）、结果（O）、社会经济政治背景（S）和相关的生态系统（ECO）（见图 7-4）。学者可以根据实际案例分解出二级变量、三级变量、四级变量等。

国外学者将 IAD 框架和 SES 框架整合在一起，组成 IAD-SES 组合分析框架，如图 7-5 所示。IAD-SES 组合分析框架避免了 IAD 框架对生物物理属性关注不足及 SES 框架仅注重静态分析的缺点，可以对社会生态系统进行动态分析。因此，本研究将使用 IAD-SES 组合分析框架探析万峰湖隆林各族自治县流域水污染治理模式的变革，进而展现其多中心自主治理模式形成的内在机制。

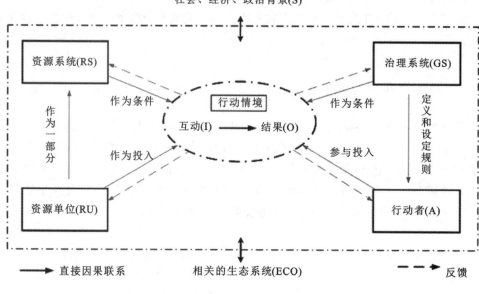

图 7-4 SES 框架内容

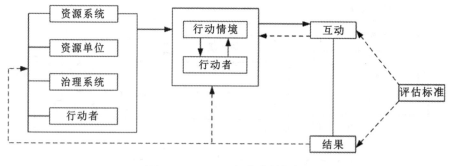

图 7-5 IAD-SES 组合分析框架

三 万峰湖隆林各族自治县流域的多中心治理变革

（一）基于 IAD-SES 组合分析框架的万峰湖治理

这里基于 IAD-SES 组合分析框架，根据相关文献、新闻报道、政策文件及访谈资料对影响万峰湖隆林各族自治县流域"2018 年以前"及"2018 年以后"的 SES 框架及其子系统的关键变量进行筛选和确定（见表 7-2），并展示资源系统的最终变化。

表 7-2 SES 框架及其子系统的关键变量

	变量	2018 年以前	2018 年以后	系统变化
资源系统（RS）	RS3 资源系统规模	资源系统规模较大	分段治理，将资源治理规模变小	2018 年以后，上级转变整改方案，界定水资源治理边界，实行分段治理，有效控制了万峰湖隆林各族自治县流域的水污染
治理系统（GS）	GS1a 治理组织	隆林县人民政府	一核引领，多元共治	2018 年以后，政府部门与沿岸企业、居民合作形成多中心治理模式，取代了自上而下的单中心治理结构，中国情境下的多中心自主治理模式逐步形成
	GS3a 网络结构	强干预的单中心治理结构	柔性动员的多中心治理结构	
	GS3b 网络结构组成单元之间的联系	各主体之间联系较少	各主体之间联系和合作增多	
	GS5a 水资源占用规则	企业和渔民随意排污、乱丢垃圾，网箱养殖不受控制	多管齐下清除网箱、浮房，严格控制工业和生活排污	
	GS6a 自主治理程度	无自主治理	一定程度的自主治理	
	GS8 监督机制	隆林县监督执法人员不足	多元主体参与监督	
行动者（A）	A2 行动者的社会经济属性	忽略治理系统内部的精英	内外部精英强强联合	2018 年以后，政府部门充分利用资源系统内部精英，与外部精英形成强联系，激发了资源占有者的自治动力，各行动者呈现自主治理的特征
	A3 行动者的资源利用历史	忽视企业和居民的传统生产生活方式	通过补贴等方式帮助企业和居民	
	A5 领导力/企业家精神	执法人员较少，执法困难	多元主体参与执法	
	A6 社会规范/社会资本	政府、企业和居民之间信任度不高	各主体相互监督、协商、信任	
	A7 社会生态系统的认知	忽略本地人的传统知识	充分利用各行动者的知识	

之后，结合 IAD-SES 组合分析框架和万峰湖隆林各族自治县水污染治理案例，构建万峰湖隆林各族自治县流域 2016—2021 年水污染治理模式变革的分析框架（见图 7-6）。

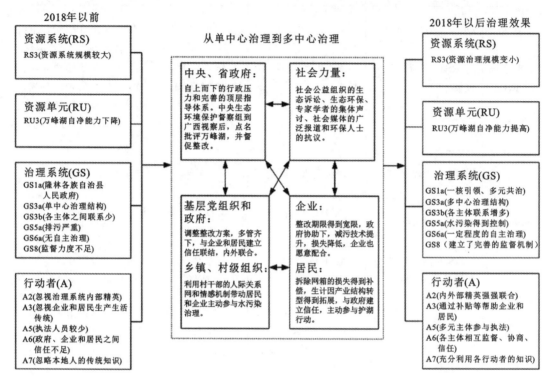

图 7-6　IAD-SES 组合分析框架：从单中心治理到多中心治理的变革

（二）　2018 年以前：强干预的单中心治理模式

万峰湖属于典型的开放性公共池塘资源，处于完全开放的状态。2018 年以前，由于综合执法人员不足（A5①），地方政府的监督力度不足（GS8），万峰湖隆林各族自治县流域沿岸工业企业、渔业企业和居民排污均没有任何限制，排污严重（GS5a）。为了推动本区域经济快速发展，地方政府部门对网箱养殖不加限制，导致大量企业和居民加入网箱养殖大军，鱼类排泄物增加，水体自净能力下降（RU3），流域内水污染情况不断加剧。

2018 年以前，隆林各族自治县人民政府（GS1a）将万峰湖隆林各族自治县流域的水资源治理当作一项普通的行政任务，经过简单的走访调查后即印发整改方案，没有与群众建立紧密联系（GS3b），获取的信息不充分且不准确，导致整改方案缺乏合理性，与群众意愿相背离，呈现政府强干预的单中心治理结构（GS3a）。

由于地方政府的整改方案忽视了当地企业和居民的自主性（A2），没有充分尊重企业和居民赖以生存的生产生活传统（A3），加上政府长期的执法不严及立场不坚定，政府、

---

① 这里对应图 7-6 里的序号，后几处同。

企业和居民之间的信任度低（A6），因此，许多企业并没有配合政府的整改工作，对于地方政府发布的限期整改书也并没有放在心上，虽然缴纳了罚款，但是督查组检查结束后，所有生产工作仍然在继续，企业网箱养殖并没有得到控制。正如鑫坚公司负责人杨总所说："政府的这些检查活动这几年很普遍，都是雷声大雨点小，罚款交了就没事了，过段时间就没人管你了，很多企业都是这样操作的。"

万峰湖隆林各族自治县流域沿岸的居民多以网箱养殖为生，对于政府的整改方案表示并不知情（GS3b），认为政府没有考虑到他们往后的生存问题，强烈反对拆除网箱。如天生桥镇某村民说道："我们住在万峰湖沿岸很多年了，一直以养鱼为生，政府拆了我们的养殖箱，我们以后要靠什么生活呢？"

由此，2018年以前隆林各族自治县政府的一系列强干预整改措施虽然带来了短期的水质达标，但是进入2018年以后，因降雨量减少、水位下降，加之企业和居民网箱养殖"卷土重来"，万峰湖隆林各族自治县流域的水体自净能力持续下降（RU3），其水质在2018年2—4月连续三个月不达标，被广西壮族自治区环境保护厅处以批评警告。

2018年以前，万峰湖隆林各族自治县流域水资源治理没有形成有效的多中心治理模式，有以下几个原因。

其一，万峰湖隆林各族自治县流域水资源治理周期较长，很难马上看到效益，加之地方政府行政工作压力较大，治理工作一直得不到重视，流域内执法人员不足，难以监督整个流域的企业和居民，导致水污染不受控制，愈发严重。

其二，隆林各族自治县政府与乡镇政府、企业、居民之间没有形成互利互惠的集体行动。县政府没有与沿岸企业、居民充分沟通协商，没有兼顾企业和居民的利益，整改方案与基层实际不相适应，遭到群众的抵触和反对，企业和居民均不配合执法人员的工作。

其三，忽视了资源系统内部行动者的自主治理能力。万峰湖隆林各族自治县水资源治理过程中，县政府安排的执法人员均是外来人员，执法时极易与当地群众产生冲突，忽视了村庄内部的治理精英和本地居民的传统知识，没有形成系统内外精英强强联合的局面。

（三）2018年以后：多中心治理模式逐步形成

2018年底，在中央、省政府的政策压力和社会力量的舆论推动下，万峰湖隆林各族自治县流域治理方案开始全面调整和改革。之后，隆林各族自治县流域水资源多中心治理模式开始逐步形成，具体表现为政府与企业、居民之间建立信任关系，内外精英联合，沿岸企业和居民形成自主治理能力，主动参与水污染整治工作。

2018年底，隆林各族自治县人民政府按照中央、广西壮族自治区政府要求修订印发了《隆林各族自治县万峰湖环境综合整治实施方案》。按照该方案，隆林各族自治县进行了如下整改工作。

一是成立以四家班子领导为总指挥长的工作领导小组，层层部署落实，根据整治进展情况适时设立各类工作小组，从农业农村、海事、生态环境（环保）、市政、住建、水利等部门及有关乡镇抽调 200 余名党员干部驻组开展联合整治工作，并增聘 20 名渔政执法大队工作人员，解决了资源系统治理规模过大（RS3）、执法人员不足（A5）、治理组织单一（GS1a）、治理网络结构过于简单（GS3a）等问题。

二是通过政策一对一入户宣传解读、开展信访工作、召开企业和居民代表大会及专题研究会议等方式充分了解企业和居民的困难，让企业和居民参与整改方案设计，从而使得整改方案更具本土特色，兼顾企业和居民的利益，并与企业、居民建立紧密联系（GS3b）。如鑫坚公司的 F 先生提到："跟政府开了几次研讨会议，县政府也决定宽限我们网箱拆除的时间，并帮助我们将所有存鱼卖出去，这极大地降低了公司的损失，我们当然也愿意配合政府的工作。"

三是为村民争取更多的政策补贴，并加快隆林各族自治县产业结构转型，增加村民拆除网箱后的生计选择。考虑到许多村民长年以网箱养殖为生，拆除网箱后必定面临生活上的困难，县政府向上级为村民争取了更多的补贴（A3），并通过盘活村集体土地、开发万峰湖旅游资源的方式加快村里的产业结构转型，拓宽沿岸居民的收入渠道。

四是动员企业和居民减少排污，主动参与保护万峰湖活动。万峰湖隆林各族自治县流域的沿岸企业和居民长年直接将工业废水、生产生活污水直接排入万峰湖。县政府通过物质激励和情感机制动员沿岸企业和居民主动参与监督执法工作（A5），充分利用本地人对万峰湖隆林各族自治县流域的认识（A7），推动政府、企业和居民形成相互监督机制（GS8），降低了监督成本，提高了执法效率，减少了违法排污行为，这在一定程度上凸显了隆林各族自治县流域本地居民的自主治理能力（GS6a）。例如某村的村干部提到："很多问题我们都是依靠本地的村干部解决的，毕竟熟人好办事。"

五是增加技术支持，加快基础设施建设。县政府帮助工业企业提高生产技术，减少污水的产生和排放，并加快各村屯生产生活垃圾处理站建设，以及生活污水净化设施建设等。这些措施切实解决了企业和居民生产生活中的问题，使得本地企业和居民对政府的信任度加强（A6），也更愿意配合政府工作，与政府的联系和合作也逐步增多（GS3b）。例如，有沿岸居民表示："之前我们的生活垃圾不知道如何处置，只能丢到湖里和路边，导致整个村乌烟瘴气，自从政府修建了垃圾处理站和生活污水净化设施，村里改变很大，我们也知道政府是真的为大家付出了很多。"

综上所述，2016—2021 年，万峰湖隆林各族自治县流域水污染治理经历了从单中心治理模式到多中心自主治理模式的变革。治理组织（GS1a）由隆林各族自治县人民政府转变为"一核引领、多元共治"，其中"一核引领"意指基层党组织和政府的核心引领地位，"多元共治"意指在基层党组织和政府统筹引领下，包括本地企业、居民、社会组织在内的多元主体共同参与万峰湖隆林各族自治县流域水治理。网络结构内各主体的联系与合作增多（GS3b），系统内外部精英强强联合（A2），企业与居民积极主动参与执法工作（A5），自主治理程度提高（GS6a），形成多元主体互相监督执法的局面（GS8），冲突减少，政策执行成本也大大降低，水污染得到了有效控制（GS5a），万峰湖污染压力减少，自净能力也得到了极大的提高（RU3）。

（四）多中心治理模式形成的内在逻辑解析

万峰湖隆林各族自治县流域水污染治理形成了有效的多中心治理模式。中央和省级政府、地方政府、企业、村集体、社会力量共同组成了"一核引领、多元共治"体系，这也是中国情境下具有普遍性和特殊性的多中心治理体系。不同于西方国家强调高度自治的自主治理，中国情境下的多中心治理模式强调基层党组织和政府需要融入公共池塘资源治理体系，在体系中扮演四种角色，即制度供给的引导者、自主组织的培育者、利益冲突的外部协调者、制度执行的外部监督者。在"强政府-弱社会"的中国情境下，西方的治理理论适用性不强，加上熟人社会逐步演变为半熟人社会或陌生人社会，要在开放性公共池塘资源系统内形成目标一致的集体行动，离不开基层党组织和政府的统筹、引导、协调和监督。

万峰湖隆林各族自治县流域水污染治理从单中心治理模式变革为多中心治理模式，并不是政府直接退出管理场域然后沿岸村民自发形成自主治理，而是在中央生态环境保护督察的推动下，县政府从先前的"强干预"治理方式逐步转向"柔性动员"方式，通过建立共同体意识和充分利用资源系统内部治理精英来对企业和居民进行有效的动员，激发企业和居民自治的内生动力，从而降低正式制度执行的成本和阻力，逐步引导企业、村集体和社会力量形成多中心治理格局。

第一，治理的网络结构是万峰湖隆林各族自治县流域多中心治理变革的关键变量之一。2018年以后，万峰湖隆林各族自治县流域水污染治理从强干预的单中心治理模式逐步转变为"柔性动员"的多中心治理模式。在"柔性动员"的多中心治理模式中，隆林各族自治县政府处于统筹协调的地位，但不是完全集权，而是将决策权适当下放，将企业、居民、社会力量纳入决策体系，通过监管扶持、赋权增能、支持鼓励的方式动员和引导多元主体参与决策，建立治理网络结构，加强各主体之间的联系，从而结合了资源使用者对社会生态系统的认知，最终设计出科学化、本土化、与基层实际情况相契合的整改方案。

第二，制定水资源占用规则与企业资源使用历史的共同作用形成了政府对万峰湖隆林各族自治县流域企业的监管与扶持。万峰湖隆林各族自治县流域沿岸的企业包括工业和渔业，其中，工业企业在生产过程中会排放大量污水，导致万峰湖水体富营养化，而渔业企业因为进行大规模网箱养殖，投放大量饲料，加重了万峰湖的负担，致使万峰湖自净能力下降。为了解决沿岸企业对万峰湖造成的污染问题，政府多管齐下，以制度化形式督促相关企业清除网箱、控制污水排放，以定时巡查和不定时抽查的方式对企业进行严格监管。但是忽视企业传统的生产生存方式必定会引起沿岸企业的反对。因此，隆林各族自治县政府以政策补贴的形式实现对沿岸渔业的经济扶持，减少企业的经济损失；以引入污水过滤装置等方式协助企业提升污水处理能力，实现对工业的技术扶持，提升政府与企业之间的信任度，使得企业更乐于配合政府的工作，最终推动企业遵守国家规章制度、主动承担社会责任。

第三，自主治理程度是影响万峰湖隆林各族自治县流域水污染多中心治理模式形成的关键变量之一，是中国情境下多中心治理体系的核心部分，表现为一定程度的自主治理。2018年以前，万峰湖隆林各族自治县流域水污染治理工作完全由隆林各族自治县政府包揽，而沿岸居住的村民是自主治理的主体，他们的生产生活与万峰湖息息相关，但是他们的话语权较弱，且许多村民表示对具体整改方案毫不知情，自治治理意识较弱。2018年底，隆林各族自治县政府意识到了村集体在万峰湖水污染整改过程中的重要性，开始调整方案。县政府授权乡镇政府和村级组织负责具体的网箱拆除方案，并鼓励沿岸村民参与方案制定，越来越多的村民和村干部参与到万峰湖隆林各族自治县流域水污染相关的治理、监督和制裁的决策中。县政府通过赋予村集体一定的权利，允许其在不违反国家规定的前提下参与万峰湖水污染治理，再加上村民的社会经济属性的影响，越来越多能力较强、威望较高的村民积极主动地参与到万峰湖治理的监督执法队伍中，完善了监督机制，提高了沿岸村集体自主治理能力，推动了村级自治组织的发展。

第四，社会力量是万峰湖隆林各族自治县流域多中心治理模式中不可或缺的组成部分，是治理网络结构的重要节点，也是构成治理系统外部监督机制的重要主体。社会媒体对万峰湖污染情况、治理情况的广泛报道以及公益组织所发起的环境公益诉讼对万峰湖水污染的治理起到了舆论推动作用。例如，万峰湖流域生态环境受损的公益诉讼案迫使县政府开始重视隆林各族自治县流域内的水污染治理，将万峰湖水污染治理工作上升到"中心工作"级别。各大新闻网站对万峰湖水污染治理情况的实时追踪报道属于治理系统外部的监督，与内部各主体之间的相互监督相结合，形成了万峰湖隆林各族自治县流域水污染治理的监督机制，是万峰湖隆林各族自治县流域多中心治理模式能够长期运行的重要保障。

第五，万峰湖隆林各族自治县流域水污染治理网络结构组成单元之间的联系是实现多中心治理模式有效性的重要因素之一。在隆林各族自治县政府的引导和协调下，沿岸企业与村集体建立了紧密的合作关系，他们一同参与万峰湖隆林各族自治县流域综合执法活动，形成相互监督的关系，提高了社会规范/社会资本，降低了资源系统内部的监督成本。生活受到万峰湖水污染影响的一些村民通过社会媒体向政府施压，从而扩大自身在资源系统内部的话语权。同时，万峰湖隆林各族自治县流域沿岸的环保人士在政府的支持和鼓励下，自发成立环保公益组织，嵌套于村集体内部，由此村集体与社会力量之间建立了联系。在万峰湖水污染治理网络结构中，政府、企业、村集体和社会力量的联系和合作塑造了有效的多中心治理格局。

综上，万峰湖隆林各族自治县流域的多中心治理是典型的中国情境下的多中心治理模式，既离不开政府的统筹协调，也离不开企业、村集体、社会力量的主动参与和推动，各个决策中心都凭借自己的资源在治理系统内部发挥作用。政府凭借其权威性和支配性资源，在多中心治理网络结构中扮演统筹协调各主体之间关系的角色，制定引导性规则，监管与扶持沿岸企业，使其遵守规章制度、承担社会责任，适当赋权村集体，提高其自主治理能力，同时支持和鼓励社会组织发展，形成良好的舆论环境。多方力量在政府的统筹协调下，形成了万峰湖隆林各族自治县流域多中心治理格局（见图7-7）。

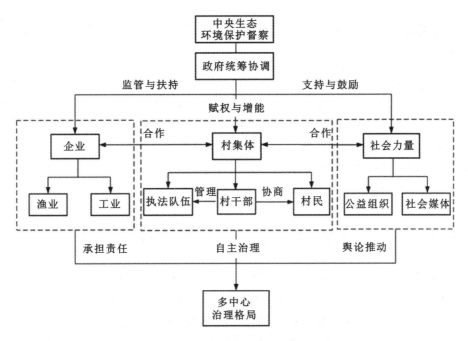

图 7-7　万峰湖隆林各族自治县流域多中心治理格局

四　万峰湖隆林各族自治县流域治理变革中存在的问题

　　隆林各族自治县政府及时意识到多元主体的重要性，解决了"公地悲剧"问题，实现了从单中心治理模式向多中心治理模式的变革，呈现了具有中国特色的多中心治理体系，为中国情境下公共池塘资源的有效治理树立了标杆。但是，根据实地调研和近年水质数据分析，万峰湖隆林各族自治县多中心治理模式存在如何长效维系的问题。

　　2016 年，第一轮中央生态环境保护督察组入驻广西，重点指出了万峰湖广西流域的水污染问题并要求地方政府立即做出整改。在自上而下的行政压力下，隆林各族自治县政府以"强干预"的手段开展整改工作，迫使沿岸企业和居民停工停业，使得万峰湖水质在短期内达标。但是 2017 年底，万峰湖隆林各族自治县流域水质再次变差，到 2018 年底，隆林各族自治县政府开始调整治理方案，动员多主体参与万峰湖水污染治理，形成有效的多中心自主治理格局。然而，调研信息和相关数据表明，近期万峰湖隆林各族自治县流域水质在某些月份水质仍然出现不达标的情况，其主要有以下几个原因：首先，水污染治理风头已过，水质相对稳定，政府工作重心转移，相关治理和监管工作有所松懈；其次，政策补贴不足，部分企业和村民参与执法的积极性难以长期维持；再次，部分村集体有权但是资源不足，自主治理热情逐渐被消磨；最后，县政府没有充分利用社会力量，资源整合能力不足。

五　优化路径

与"九龙治水"不同，有效的多中心治理模式要求多元主体共同参与，且各主体权责明确，各主体严格遵守共同制定的规则，在治理过程中相互监督，形成联系紧密的网络结构。目前，万峰湖隆林各族自治县流域的多中心治理模式已经初步形成，但是仍然面临一些问题。为解决这些现存问题，实现多中心治理模式的持续有效，让万峰湖隆林各族自治县流域的水质能够持续达标，本研究基于奥斯特罗姆的多中心治理理论和以上研究内容，提出如下几条优化路径。

（一）优化顶层设计，充分发挥中央生态环境保护督察的"利剑"作用

基层的执行与操作离不开正式制度和规则的引导。正式制度可以约束各个决策中心的行为，让政策的执行行为合法化。中央政府作为正式制度的供给者，不仅需要具备制定科学政策的能力，还要有敏锐的观察力，能及时察觉基层变化，优化顶层体系设计，为基层政策执行和操作层面的行动者提供切实可行的方案和制度。除此之外，政府还要充分发挥督察的作用，通过中央生态环境保护督察向基层组织传达环境保护治理信息，引导基层组织政策执行。

在万峰湖隆林各族自治县流域治理过程中，中央、广西壮族自治区政府均提供了较为完备的顶层制度体系，并且于2016年对广西开展了第一轮中央生态环境保护督察，引导隆林各族自治县政府开展万峰湖水污染治理工作。隆林各族自治县政府根据基层实际情况对政策文件和整改方案做出了多次调整，最终设计出合理的方案，引领多元主体走向多中心治理模式。未来，政府若想让万峰湖隆林各族自治县流域多中心治理模式持续下去，就需要不断调整优化顶层设计，让其与基层实际情况相适应，并充分发挥中央生态环境保护督察的"利剑"作用，使基层政府时刻关注万峰湖水质变化。

（二）加强统筹协调，"柔性动员"多元主体主动参与

"强干预"的政府管理属于高度集权，会导致基层各主体单向度地应付上级的行政压力，出现形式化行为膨胀的现象。但是，过分强调高度自治的分权治理又会形成"九龙治水"的局面，使得治理系统内部各个主体互相推诿责任，最终导致无人治理。而多中心治理模式的应用正好解决了集权和分权治理的诸多问题，因此，为了让多中心治理模式扎根于万峰湖隆林各族自治县流域水污染治理系统，隆林各族自治县政府要加强统筹协调，在维持政府统筹地位的基础上适当下放决策权，"柔性动员"更多主体参与决策，将多元主体纳入决策体系，并协调各主体之间的关系，解决主体间的冲突，促成多元主体的合作。其中，隆林各族自治县政府的"柔性动员"表现为在企业、村集体、社会组织遵守国家法律制度的前提下，适当扶持、赋权、鼓励其他治理主体，从而与他们建立联系，奠定情感基础，通过非正式制度的方式推动各主体参与治理，降低政策执行成本。

（三）监管与扶持企业，引导企业承担责任

万峰湖隆林各族自治县流域沿岸企业是隆林各族自治县经济发展的主力军。经济发展与环境保护并不是完全对立的，经济发展是环境保护的物质基础，而环境保护是经济发展的内驱动力。因此，未来万峰湖隆林各族自治县流域水污染治理工作必须兼顾环境保护和经济发展，确保环境保护与经济发展同向而行。隆林各族自治县政府要依据国家法律法规严格监管企业的生产行为，在不违背国家环境保护法的原则下，在经济、技术上适当扶持沿岸企业，与沿岸企业维持良好的关系，让沿岸企业更加信赖政府，并主动承担社会责任。针对现有政策补贴不足的问题，隆林各族自治县政府应尽力为企业向上级政府争取资金扶持，并通过协助企业开发更多产业渠道，帮助企业渡过难关，实现产业转型，助力隆林各族自治县经济发展，为万峰湖水资源保护奠定坚实的物质基础。

（四）赋权增能村集体，持续激发自主治理积极性

适当赋权村集体可以让政府与村集体建立信任，让基层操作舞台上的行动者有自由裁量的空间，提高村集体的自主治理能力。在万峰湖隆林各族自治县流域水治理过程中，隆林各族自治县政府很难做到面面俱到，时常会陷入"多中心"工作困境。万峰湖资源系统的享用者会对万峰湖产生更直接的影响，他们更了解自己的行为和万峰湖的具体情况，因此，要适当赋权村干部和村民，充分利用村集体对社会生态系统的本土认知，让更多沿岸居民实现对万峰湖的自主治理。政府在赋权村集体的同时，要考虑政策执行的成本，为村集体提供足够的治理资源，尽力支持村集体自主治理，让村集体自主治理为万峰湖治理之舟的前行增添动力。

（五）支持鼓励社会力量，营造全民参与氛围

社会力量是有效的多中心治理模式中不可或缺的部分。要实现基层治理现代化，必须充分利用社会力量。目前，中国情境下的社会力量包括公益组织、专家学者团队、社会媒体等。其中，公益组织为自然环境发声和社会大众媒体为群众发言都能对政府施加一定的舆论压力；专家学者团队可以为政府规划方案的设计提供科学文化知识的支撑。但是，在万峰湖隆林各族自治县流域水污染治理过程中，县政府未充分发挥社会力量的作用，与社会组织的联系也有待加强。为了维持全方位的多中心治理体系，隆林各族自治县政府应重视社会组织的孵化和发展，培育和激励更多的社会组织参与万峰湖隆林各族自治县流域水污染治理系统，集多方主体的力量于一体，共同划动万峰湖治理之舟，让万峰湖治理之舟行稳致远。

六 结束语

本研究基于公共池塘资源理论和多中心治理理论，运用 IAD-SES 组合分析框架剖析了万峰湖隆林各族自治县流域水治理从"强干预"的单中心治理模式向"柔性动员"的多中心治理模式的变革过程。

第一，中央生态环境保护督察、县政府的统筹协调、企业和沿岸村民的诉求、社会舆论等共同推动万峰湖隆林各族自治县流域水治理从"强干预"的单中心治理逐步向"柔性动员"的多中心治理模式转变。

第二，隆林各族自治县人民政府从前期的大包大揽到后期的适当放权体现了政府角色的转变，从"强干预"的政府转变为有限服务型政府。适当放权意味着没有将权力完全放手，没有照搬照用西方国家的治理理论，而是通过统筹协调、监管扶持、赋权增能、支持鼓励的方式引导、组织各治理主体克服集体行动困境，建立联系和合作，最终形成多中心治理格局。

第三，万峰湖隆林各族自治县流域的多中心治理过程生动地展现了具有中国特色的多元主体共同治理体系。中国情境下的多中心治理是"一核引领、多元共治"，坚持基层党组织和政府的核心引领地位，强调党和政府统筹、引导、协调多元主体共同参与公共池塘资源的治理。

第四，万峰湖隆林各族自治县流域多中心治理的长效维系仍然需要依靠完善的顶层设计、政府的统筹协调和"柔性动员"、企业和村民的主动参与、社会舆论的有效推动。万峰湖隆林各族自治县流域水污染治理的案例为中国情境下的多中心治理实践提供了理论和实践指导，是中国场域众多案例中的一个。未来，我们期待对更多案例进行比较分析，逐步衍生具有中国特色的治理理论。

案例点评

该案例紧密联系我国基层水环境治理实践，具有一定的代表性。案例材料来源于深度访谈等一手资料和媒体报道等二手资料。案例故事描述较为翔实，生动地呈现了基层水污染治理的全过程，起承转合较为分明，事件发展和冲突描述得较为清晰，行文流畅且结构规范。案例分析部分践行"把学问写在中国大地上，用理论提炼中国经验"理念，丰富了中国情境下的多中心治理实践。案例分析所使用的公共管理理论和工具契合所选案例，并且构建了合理的分析框架，分析较为全面准确，逻辑性较强，提出的建议也具有一定的针对性。

第八章　昔日"乔老"惹人嫌，十年共治换新颜
——公共池塘资源治理的一核多元协同治理探索之路①

 案例导入

  水清岸绿的河流是农村生态宜居战略的题中之义，也是农民生产生活所依赖的公共物品。然而，农村河流的公共池塘资源属性、农民的自利行为等，容易使得污水无序排放，引发河流的"公地悲剧"。农村河流的水污染治理是当前公共管理研究的热点问题。本章以广西南宁市马山县乔老河的十年治理实践为例，探讨农村地区河流治理的模式。乔老村位于马山县东部的大石山区，山多地少、资源贫乏，曾是出了名的贫困村；乔老河是乔老村的母亲河，全长约4.5千米，曾是出了名的"臭水河"。2012—2021年，当地政府部门对乔老河进行了长达十年的治理。在乔老河治理过程中，行政主体、自治主体、市场主体多方参与共治，解决了乔老河的"公地悲剧"问题。本案例基于协同治理理论和政治势能理论，提出乔老村水环境一核多元协同治理机制，有效解决了多元主体协同困境，形成了行政主体、自治主体、市场主体三方协同的治理模式，有效推动了乔老河的治理。经过治理，乔老河摇身一变，从"臭水河"变为著名的旅游景点，产生了良好的生态效益、经济效益和社会效益。乔老河的治理模式具有中国治理的特色，能够为我国农村河流治理和乡村生态宜居目标提供一定的有益借鉴。

第一节　案例故事

一　贫穷落后乔老村，患多脏乱母亲河

  曾经，在广西壮族自治区马山县有一个偏僻落后的小山村，一条不宽的小河穿村而

---

①　案例团队：乔老不老队。指导教师：周均旭；团队成员：刘鹏翔、韦力裙、黎砾、蒋艳星、毕宏宇。本案例为2022年第六届中国研究生公共管理案例大赛百强案例。

过，为村民提供赖以生存的灌溉和生活用水。典型的喀斯特地貌限制着它的发展，全村人均耕地面积仅为 0.73 亩，水稻、玉米、甘蔗等传统经济作物只能让村民勉强果腹，村民们在不适合人类生存和发展的"恶水穷山"中一代代繁衍生息——这个村叫乔老村，这条河叫乔老河。

（一）穷山恶水人流走

乔老村位于马山县东部的大石山区，距离县城 12 千米，截至 2016 年，该村有 19 个自然屯 845 户、3613 人，民族以壮族、瑶族为主，山多地少、资源贫乏。2012 年，乔老村人均收入仅 2380 元，村民连温饱问题都难以解决，被定为马山县需要整村推进的贫困村之一，是整个古零镇贫困发生率最高的地方，其中，小都百屯的贫困户数量在乔老村又是最多的。俗话说"靠山吃山，靠水吃水"，乔老村虽有独特的地貌特征和丰富的山水资源，但对村民来说，这里的"穷山恶水"啃也啃不饱，只有离开才是最好的出路。"因为自然环境恶劣，越来越多的年轻人外出，到广东省或南宁市打工，乔老村成了老人和小孩的'留守村'。特别是我们村还有几个瑶族屯在山里面，那时候里面没有路，人们要走一个多小时才能到村委会，他们很多人甚至没有鞋子穿，冬天光着脚，在寒风中瑟瑟发抖。"党总支部副书记罗耀云回想起乔老村的过去，不禁感慨起来。

（二）水涨水落交通难

乔老河是乔老村的母亲河，其发源于马山县古寨瑶族乡，流经石漠化地区，岩洞较多，途经数段暗河，在古零镇羊山村、乔老村一带形成地表河，被形容为"来无踪去无影""水从洞中来也从洞中走"。乔老河横穿乔老村的乔老屯、大都百屯、小都百屯、他卜屯、伏六屯、公条屯等 10 个自然屯，是当地河面最宽、水流量最大、保水期最长、流域面积最广的河流，正常水位能够保持 8 个月以上。乔老河上有 6 座拦河坝，但早已破烂不堪，不仅达不到蓄水防洪的效果，还容易堵塞河道，再加上两岸植被少，保不住水土，很容易发生洪涝灾害。"说起过去的乔老河，那真是一言难尽。你别看现在的小都百桥这么漂亮，以前我们小都百屯只有一座破旧的小桥，一旦下大雨，乔老河水漫上来淹过小桥，我们乔老屯就成了孤岛，进不来也出去。有一次一个村民家里娶媳妇，恰巧前几天下大雨涨水，因为河上没有一个牢固结实的桥，所以接亲队伍无法过去，在定好的吉日，新郎新娘只能隔河遥望，结婚的日子也只能推迟了。"小都百屯原屯级小组长曾佳葵继续说道，"这里的人之前最怕下雨天，老人小孩要有个头疼脑热的，没法去看医生，简直能急死个人。"

数字资源 8-1
乔老河上
过去简易的
拦河坝

（三）垃圾遍布"臭水河"

除了带来洪水隐患，乔老河还是一条远近闻名的"臭水河"。由于环保意识不强，村民直接将生活垃圾、生产垃圾等丢弃到河道中，整个村庄污水横流，水体严重黑臭，水生态系统濒临崩溃。尤其是到了夏季，在高温的发酵作用下，整个村庄都是恶臭味。"过去的乔老河，我们都不敢回想，河面上随处可见垃圾，塑料袋、厨余垃圾、饮料瓶布满了河道，散发出阵阵臭味，沿河家家户户都紧闭门窗，河里面的鱼我们都不敢捕来吃，害怕有毒。"弄落屯村民罗林荣说道。

数字资源 8-2
漂浮在乔老河上的垃圾

二、新官上任立雄志，通力合作启新航

贫穷的乔老村想要发展和破局，领路人在哪里？2011 年 9 月 7 日，乔老村村"两委"换届的时候，潘宏贤满票当选村党总支书记。乔老村村民口中的"潘家老三"，正式成为这个落后乡村的领路人，他也是后来乔老河乔老村段的首任河长。之后的十年，在潘宏贤的带领下，在全体村民的共同努力下，乔老村和乔老河终于实现了蝶变。

（一）产业发展先治河

"2011 年 9 月到 2021 年 2 月，我担任乔老村党总支书记。我上任的时候 34 岁，正是年轻有干劲的时候，想努力做出一番成绩，带领全村父老乡亲改变贫穷落后的面貌。"潘宏贤回忆道，"虽然我自身文化水平不高，但我知道知识就是力量，所以我找到我们村一个福建大学毕业的学生，积极做他的思想工作，将他吸纳进村委班子，共同探讨乔老村的发展之路。"

数字资源 8-3
"潘家老三"潘宏贤

贫穷的乔老村想要发展和破局，路在何方？俗话说"新官上任三把火"，那么，这三把火从哪儿开始烧呢？潘宏贤首先想到的是治理乔老河，不能再让这条河祸害村民了。然而，当他走到河边，看着乔老河水体与空气共臭、垃圾与苍蝇齐飞的景象，再翻看下村集体可怜巴巴的账本，也犯起了愁：治河，钱从哪儿来？即使治好了河，怎样改变村民乱扔垃圾的习惯呢？

在潘宏贤迷茫之时，一束光为这个小山村带来了希望。2012 年，乔老村被列为马山县 75 个贫困村之一，将进行整村脱贫推进。同年 4 月，上级党委和政府开始向乔老村选派驻村"第一书记"，潘宏贤终于等来了"军师"谭统宪。谭书记刚到村上，潘宏贤就迫不及待地把自己对乔老村的"十年发展规划"告诉他：先治理乔老河，进行土地流转，然后发展乡村旅游和特色种植业等。理想很丰满，现实却很骨感。驻村的谭书记认为，乔老村的各项产业基础都太薄弱了，无论是治理乔老河，还是发展旅游业，都要先发展壮大村里的产业，只有资本得到一定的积累，才能想下一步如何进行。特别是乔老村和乔老河的清洁工程，除了需要一定的资金，还要提高村民的环保意识。这对于面朝黄土背朝天的村民而言，谈何容易！

（二）清河治污困难多

倔强的潘宏贤没有被眼前的困难吓倒，他带着"第一书记"多次调研走访，提出了自己的环境治理和旅游发展"行动方略"：借助乔老村依山傍水的生态优势，打造集农业、旅游于一体的乔老河休闲旅游观光带。就在此时，这个一直被忽视的村庄又迎来了一次机遇。2012年4月23日，古零镇政府组织各村召开"农村环境改善·清洁乡村"工作会议，这无疑是一场"及时雨"。会后，潘宏贤马上召集村"两委"成员开会讨论、制定乔老村的具体方案，提出"先治河、后治村"的发展理念，并迅速在乔老村开展清洁乡村运动，一场母亲河的保卫战就此拉开了序幕。

"我们祖祖辈辈都是把垃圾丢到乔老河，不丢河里，难道丢你家吗？"面对村民的质疑，潘宏贤也犯了愁——要让村民不乱丢垃圾，首先要有垃圾桶或者垃圾池，垃圾池里的垃圾也要每天收集，那么，垃圾清运的费用怎么出？收集后的垃圾又怎么处理呢？

"国家给我们安排了一个后盾单位，既然我们现在遇到了困难，就去试试能不能从后盾单位得到帮助，同时我也向上级政府打了报告，看能不能申请到一点资金。"在"第一书记"谭统宪的协助下，后盾单位南宁市质量技术监督局为乔老村提供了10000元资金支持，用于在村内15个自然屯建设29个水泥垃圾收集池。上级政府则同意出资3000元，用于乔老村垃圾收集中心建设。

垃圾收集池和垃圾收集中心建起来了。垃圾清理的费用问题就需要村里自己想办法解决了。于是村"两委"动员每人每月交1块钱的垃圾清运费，但就是这每人每年12块的垃圾清运费，收起来也没想象得那么容易。"有几个村民长年在广东打工，他们不想交垃圾清运费。"我就一个个打电话找他们，问他们是不是过年要回来住、到时候是不是也产生垃圾。"我就过年那几天回来，跟别人天天在家住的以一个标准交垃圾费，这不公平。"听到不交垃圾清运费的村民这样辩解，潘宏贤更生气了："你不在家，就更应该积极主动地交这个钱。大家都主动去清理河道垃圾，参加清洁乡村活动，你在外打工赚钱，不出工就罢了，还斤斤计较这1个月1块钱的垃圾清运费！如果你这样不支持村委的工作，那么你以后有需要村委帮你的事情，也不要说我们不帮你。而且，你们家的所有红白喜事，我们村委班子和屯长、小组长都不会去帮你的！"在"恩威并施"之下，大家都认识到应该交这笔钱，就主动缴纳了。第二年，乔老村的垃圾收费率达到100%，村民也非常支持这项工作了。

"即使有村民不交垃圾清运费，如果他家里真有事，我们也肯定不会不管，但我们必须把事情跟他说明白一点、说严重一点，否则工作很难开展。还有，村民质疑我们是不是把这笔钱装到自己口袋了，为了打消村民的疑虑，我们每一笔收入和支出都记得明明白白，定期公开，确保专款专用。乔老村800多户村民，一年也只有3万多块钱的垃圾清运费，不够的部分我们用村集体的收入来补。垃圾清运费是引导村民形成环保意识的重要开始，可以让大家意识到处理垃圾是要钱的，引导大家形成保护环境、人人参与环境治理的意识。"潘宏贤接着说道，"为了更好地管理村民，我

数字资源8-4
2013年，
乔老村村民
进行垃圾清运

们也制定了村规民约（见图 8-1）。乱丢垃圾尤其是向乔老河扔垃圾的，要通报批评并处罚款人民币 200 元。从环境治理开始到现在，虽然没有任何人受到处罚，但我们也让村民在公共环境治理过程中，逐渐认识到了制定制度、遵守制度的重要性。"

> 十五、"饮水净化"项目之水池、水管等，由全屯管护。凡是发现故意毁坏的，除照价赔偿外，视情节轻重罚款 50-500 元。
> 十六、"道路硬化"项目之所建道路、机耕路，由全屯管护。凡是发现故意毁坏的，除照价赔偿外，视情节轻重罚款 50-1000 元。
> 十七、各居民对生产垃圾如空药水瓶（袋）、农膜、育秧盘等，要通过回收处理，或直接送入垃圾池内，不得在房前屋后、耕作区、田埂、水渠等处乱扔乱放。
> 十八、全体村民都是搞好卫生、爱护环境的主体，每位村民都有参加村内统一组织的卫生集中整治活动的义务。为了落实责任、便于管理，每户每年（或每月）要向村委会交保洁费，专项收支，用于日常保洁、垃圾处理等环境卫生整治项目。
> 十九、提倡勤俭节约，反对婚嫁、丧葬大操大办。

图 8-1　乔老村小都百屯村规民约（节选）

（三）邻避困境携手破

潘宏贤不仅是村里的"一把手"，还是带领村民清理垃圾的"一把好手"。他带领村民跟市县水利、文旅等部门的专业人员一起，成立垃圾清运员和保洁员队伍，清理河道、修复水利设施。垃圾是不乱丢了，可一个新的难题又摆在了潘宏贤的面前——集中收集的垃圾如何处理？

垃圾统一收集后需要集中填埋，在垃圾填埋选址时，乔老村出现了"邻避困境"——大家都认为垃圾填埋点最好设在隔壁屯。在潘宏贤和村"两委"不断做思想工作的情况下，最终小都百屯村民主动服从全村发展大局，愿意将垃圾填埋点放在自己的屯。对此，潘宏贤非常感动，向小都百屯村民承诺："小都百屯的村民顾大局，如果我以后不当村支书了，政府也不帮助大家处理垃圾的话，在小都百集中填埋的垃圾，由我个人出资挖坑深埋。感谢大家对村委工作的支持和配合，以后村里有好的发展项目和资源，我们将优先照顾小都百屯。"之后，全村的垃圾都被拉到小都百屯进行集中填埋处理。

数字资源 8-5
潘宏贤带领村民在乔老村和乔老河清理垃圾

清理垃圾的"乔老模式"大获成功，并成为马山县垃圾处理的典范。2013 年，广西壮族自治区的清洁乡村现场会也定在乔老村召开。山清水秀、天蓝云白的乔老村一下子就有了名气，周围村屯的人纷纷来访，甚至其他县乡也赶来学习治理经验。但在潘宏贤的心中仍然有一大担忧——地面上的垃圾是看不见了，那填埋的垃圾会不会影响土壤呢？于是他上网查询、搜集材料，请教县里的专家，得到的答案都是肯定的。看着每天一车车的垃圾填埋在小都百屯，潘宏贤心里有着说不出的滋味，显然，处理这些垃圾单靠乔老村的力量是远远不够的。

幸好，乔老村这种环境自治模式运行得并不久。2014 年，马山县人民政府开始正式实施垃圾"村收、镇运、县处理"模式。具体来讲，就是垃圾由村民自行放到村垃圾集中收集点，农村公共场所和村道等区域由村保洁员负责清洁，集中收集点的垃圾由镇收集到转运站，转运站的垃圾经压缩后由县负责清运到无害化处理场处理。

三　旅游产业获腾飞，"公地悲剧"又来扰

得益于乔老河和村容村貌的改善，逐渐有人慕名到乔老村参观游玩。潘宏贤认为这还不够，要"炒作"一下才行，他认为"一个明星不是自然而然当明星的，而是要经过包装宣传才能成为明星的"。于是他找到了马山县电视台，亲自当演员录制宣传片，宣传乔老村和乔老河。在地方政府的组织下，他到浙江、河北等发展成效显著的村庄观摩学习，在乡村治理、村民管理、找项目、找政策、找资金等方面有了新的认识，打造乔老村旅游发展的信心和决心更加坚定了："我出去看了很多地方，发现原来我们认为很普通的山水，可以做出'大文章'，我们这里应该叫喀斯特地貌，跟世界闻名的桂林山水很像，哪怕只吸引南宁市区的人来我们村吃吃窑鸡、自驾旅游一下，都应该会有不错的收入。"

（一）山村小河声名起

2013 年，潘宏贤听说南宁市要做一个新农村的示范点，如果得到这个示范村试点机会，就能得到上级政府 1000 万元的建设资金扶持。他立马召集大家开会，呼吁大家一定要抓住这次难得的机遇。大家都十分赞成。经过不懈努力，特别是顺利解决了土地流转难题，2013 年 10 月，南宁市正式将乔老村小都百屯确定为南宁市综合示范村建设项目，小都百屯因此得到外部资源支持，地方政府投资 480 万元修建产业路等基础配套设施，企业投资 600 多万元做了 130 个大棚，以种植蔬菜或进行草莓采摘等活动。

数字资源 8-6
"山水映农家，诗画小都百"

乔老河变为美丽的景观河后，小都百屯围绕乔老河全力书写旅游新篇章，以"山水映农家，诗画小都百"为主题，建设特色水车之乡。2015 年 1 月 15 日，乔老村迎来了高光时刻——中央电视台音乐频道《寻找刘三姐》栏目组到该村慰问演出，这对乔老村、古零镇乃至马山县而言堪称盛大节日。"参加本次活动的各级领导、嘉宾、媒体记者、演职人员及到场观看的群众有几千人之多，仅现场维持秩序的警察就有 100 多人。"乔老村村民回忆道。

数字资源 8-7
中央电视台
音乐频道
《寻找刘三姐》
节目在乔老村
慰问演出

举行了《寻找刘三姐》这个大型会演并经中央电视台播出后，乔老村的名气直接"炒"到了全国，周边许多大城市的人慕名来到这个以前可能从未听说过的美丽村庄走走瞧瞧，但是乔老村明显没有为突然到来的巨大客流做好准备。

（二）河上争利乱象多

有游客来，就有了赚钱机会。村里有经济头脑、有资金的村民开始利用乔老河掘金。第一个在乔老河里出租游船赚钱的是潘耀康，他也是小都百旅游服务有限公司的第一任董事长。他经营了不到一个月时，大家发现有钱赚，开始一窝蜂地买游船在乔老河里经营，做的人多了，就出现了恶性价格竞争。这家游一圈20元，另一家就15元，到最后甚至降到10块钱。慢慢地，大家争执越来越多，村民关系越来越不和谐。

"我记得是7月26日，码头有两个经营游船的阿姨。客人已经与一家谈好价格上船了，因为村委要求所有游船的客人必须穿救生衣，她到岸上拿救生衣的时候，码头另一边的阿姨就来鼓动游客上她的船，'你坐这个旧船还要15块，我的船是刚买的新船，而且只要10块钱'。拿救生衣回来的阿姨恰好看到这一幕，非常愤怒，两个人开始吵架，最后闹到要把对方推下河。"小都百屯一位村民说道。

（三）清澈乔老河又变浊

随着游客不断增加，乔老河的环境污染不断加剧。有些游客不注意环境卫生，顺手把水果皮、矿泉水瓶扔到乔老河里，甚至还有游客在河边大小便。谁来负责清理河里的垃圾，又成了新的争吵点。经营游船出租的村民认为，我在村里已经缴纳垃圾清运费，当然应该由村里承担清洁河道的任务；其他村民则认为，是游客把垃圾扔到河里的，既然你们赚了游客的钱，当然要你们自己处理，绝对不能用集体的钱来清理河道垃圾。

"没办法，碰到上级检查和节假日，我们只能要求村干部和小组长带头下河捡垃圾，但长期下去也不是个办法。当年我们想的是示范村建设成果大家共享。在环境整洁的基础上，先富的村民带领大家一起致富，但从目前来看，只有几户村民利用现有的示范村公共资源赚到了钱，恶性竞争和环境破坏问题越发严重，村民的矛盾也越来越深。乔老河变漂亮才能有钱赚，但现在大家都只忙着赚钱，把乔老河当作赚钱的工具，也不够爱惜了。"潘宏贤说道。

四 村级自治力不足，后盾支持帮纾困

（一）成立公司治理乔老河

为了实现"共建、共管、共享、共赢"的目标，解决无序竞争和乔老河垃圾清理问题，乔老村小都百屯召开"一组两会"，征集全屯村民的意见。"赚了钱的村民尝到了甜头，主动提出可以多出一点保洁费，但也不能太多；没赚到钱的村民则不乐意，他们认为之前自己拿出那么多土地流转，一心为了村子好，现在村子变漂亮了，自己出工又出力，凭什么啥也得不到？"潘宏贤说道。

开了几次会，经过激烈的讨论，最终，大家意见达成了一致——以村集体的名义成立旅游公司，统一开展乔老河游船项目。新成立的旅游公司负责乔老河和景区环境治理、扩建乔老河上的游船码头、收购之前村民购买的游船、购买新的游船等。

2015年10月，小都百式村级旅游合作项目拉开序幕：以村集体名义组建小都百旅游服务有限公司，以每股5000元的价格向村民定向发售股份，每户最多认购6股；没钱出资入股的村民经政府牵线，由当地银行向有意向入股的贫困户发放扶贫贴息贷款，确保贫困户不因筹不起本金无法入股；每股要配一个暂不领工资的劳动力，每个月在旅游公司工作一周。小都百旅游服务有限公司募集村民的原始股103股，筹集股金51.5万元，其中一部分资金用来增建游船码头，收购村民自有的游船，并增购了一批新的游船。旅游公司获得的收益除了用于支付运营成本、股东和群众分红、可持续发展外，还要负责乔老河和景区环境治理。

数字资源8-8 小都百旅游服务有限公司在乔老河上经营的游船项目

在不断摸索前进的过程中，小都百旅游服务有限公司也在根据实际情况不断优化运行模式，不断提升专业化和规范化水平。到2021年底，小都百旅游服务有限公司的股份增加到302股，且不再按股份提供免费劳动力，逐渐按照标准化公司进行运作：收益的10%专项用于河道和景区的垃圾处理、基础设施维护等；收益的50%为管理人员、值班人员和工作人员的工资薪酬；剩余40%用于分红。如果维护基础设施的钱提留得不够，则从股金和集体收入中拿一部分出来补充。

从此，乔老村村民"靠水吃上了水"。乔老河用她婀娜的身姿，为哺育的村民带来了财富。而她，并不图什么回报，只希望大家能够像爱护眼睛一样爱护她。

（二）上级支持污水清

在村规民约的约束下，在党员干部的带头作用下，更重要的是，在共同利益的引导下，乔老村村民逐渐改掉了向河里扔垃圾的陋习，保护环境已经成为所有村民的共识。但是，乔老河并未因此一直保持清澈。

"本来我们以为，只要村民不乱丢垃圾，乔老河就会一直干净。后来我们才发现，治理河水污染是个既复杂又专业的事情。比如，村民洗澡洗漱、洗衣洗菜的废水会随手泼到路上，农村家家都有旱厕，一旦下大雨，污水就会溢出来，再就是农民种田的农药和肥料等，这些都会污染土壤，最终这些脏东西都流进了乔老河，还是把河污染了。再比如，我们位于乔老河下游，虽然我们的村民能够不乱扔垃圾，但上游部分村民环保意识不强，随手扔掉的垃圾就顺着乔老河一路漂流，卡在拦河坝，如果发大水，垃圾就都被冲出来了。还有清理河底污泥，我一直以为找个大点的水泵直接把水底的脏东西抽出来就行了，后来我跟清淤施工队聊过才知道，清淤也有抓斗清淤、水泵清淤等不同方法。清淤方法不同，成本不同，效果也不同。还有就是，水草居然也是要种的，不同水草还有不同的效果，我们之前都认为河里长啥就是啥。"意识到乔老河治污是项非常复杂的系统性工作后，潘宏贤更加用心地学习河道治理相关知识，并积极争取外部力量的支持。

村民废水处理这一难题，乔老河畔的村级组织没有办法自己解决，最后，他们向上级政府部门求助，由政府出资为村屯建设了污水处理设备。"以我们乔老村为例，按照我们村的'十年规划'和乔老河'一河两岸'建设要求，首先为乔老村沿河的9个屯（后来扩展到所有屯）修建了污水处理设备，根据每个屯人口数量，为每个屯安装一个3级或5级化粪设备，污水经过净化沉淀过滤，达到标准后才能排入乔老河。这样解决了地面溢出污水对乔老河造成污染的问题。"潘宏贤介绍道。

（三）河长负责效能显

"针对上游经常往下漂垃圾这个事情，虽然我们去找过上游的村屯进行交涉，但没有人承认是自己村屯扔的，一直没有好的解决办法，直到我们县开始实施河长制，这个问题才有了较大的改观。"潘宏贤说道，"我也是乔老河乔老村段的第一任河长。"

2016年，中共中央办公厅、国务院办公厅联合印发了《关于全面推行河长制的意见》，以破解上游和下游、岸上和水底管理的脱节难题，通过加强管控机制，完善考核体系，对河湖污染情况进行综合治理。在借鉴《广西水资源保护规划》《南宁市全面推行河长制工作方案》的基础上，2017年，马山县政府出台了《马山县全面推行河长制工作方案》，开始在全县江河、湖泊、水库全面推行河长制，实施控源、截污、清淤、管理等一系列举措，旨在构建责任明确、协调有序、监管严格、保护有力的江河湖库的污染防控、管理保护机制。

乔老河流经古寨、古零、白山3个乡镇的8个村，共落实河长22名（其中乡镇级河长6名、村级河长16名），配备保洁员21名，沿岸安装了8块河长公示牌。实施行政区与流域相结合的县、乡、村三级河长制，对乔老河沿岸的排污口进行整治和规范，为乔老河全流域保护提供了支持和可能。"乔老村的巨大变化，都源于这条由浊变清的母亲河。实施河长分段负责制，对我们这种处于下游，特别还是靠旅游吃饭的村子帮助很大，从上游漂下来的垃圾明显少了。"现任乔老村党总支书记、乔老河乔老村段河长潘海崇表示，"我每天都有一项重要工作，就是带领水域巡查员巡河，确保乔老河里没有垃圾，水面清澈。虽然很辛苦，但很有价值。"

五 美丽乔老回馈丰，探寻长治久效方

（一）多元部门出对策

经过多年治理，乔老河得到了较好的保护和开发，也为沿岸群众带来了丰厚的收益。"总的来讲，乔老河的整体性发展还不够，首先是每个村的经济状况不一样，能拿出的资

金不同，比如有的村庄也想建旅游设施，但拿不出那么多钱。还有个征地难题，比如在建沿河自行车道和观光步道时，有的村子难以就占地赔偿问题与村民达成一致。此外，还存在污水排放、堤坝加固、河道清淤等许多问题。大家各管各段，导致乔老河的建设'东一榔头、西一棒槌'，没有形成有机整体。"古零镇政府工作人员说道。

在乔老河的治理过程中，马山县不同政府部门根据自己的职权，出台了一系列治理文件，例如2017年，相关负责单位印发了《马山县全面推行河长制工作方案》和《马山县河长制工作督察制度》，成立河长制工作领导小组，设立河长制办公室（设在县水利局），对马山县10个乡（镇）共92条河流、53座水库、5座水电站进行制度保护；马山县生态环境局牵头制定了《马山县环境保护"一岗双责"责任制实施办法》《马山县环境保护工作职责规定（试行）》《马山县国家生态文明建设示范县规划（2018—2025年）》等。在污水处理的分工中，县住建局负责生产生活污水的集中处理，县生态环境局负责确保乔老河水质达标率为100%，县水利局负责节水设备的普及推广。

（二）一核综治解难题

虽然很多政府部门参与了乔老河的治理，但由于不同部门职责不同、目标不同，经常出现政出多头、各说各话的问题，其中最典型的问题是"环保不下水，水利不上岸"。为了解决这个问题，2019年，在广西壮族自治区水利厅和南宁市委、市政府的牵头下，马山县委、县政府作为主责核心，启动了乔老河流域保护与水环境治理项目，将乔老河从古零镇西北角、乔老村伏凹屯至公条之间的河段进行统一规划治理，乔老河的治理终从"各村为战""各部门为战"转为"协同治理"。同年10月22日，乔老河综合治理工程开工现场会在乔老村的乔老半岛举行。在之后的1年多时间里，广西壮族自治区、南宁市、马山县等各级政府部门斥资2200多万元对乔老河进行综合整治。对之前各村难以解决的顽疾，进行全面清障，着力解决排污、固堤、清淤等问题，新建人行步道、亲水平台，实施绿化、美化工程，打造流域内休闲农业旅游一体化景观带等，让乔老河得到规范化、标准化、统一化管理。

乔老河河道综合治理工程分三期实施，起点位于三甲屯拦水坝下游320米、"十里桃园"上游约200米处，终点位于小都百屯东侧进村交通桥处，涉及河段总长6.5千米，主要是为了解决三大历史性难题。

一是绿化和排污难题。为了保护河流生态，由县政府牵头，水利、环保、相关乡镇政府等部门工作人员经过现场调研、开会分析，探索采用"生物接触氧化＋小型人工湿地"组合处理工艺，用美观的鹅卵石进行护岸，在岸边种植木棉、垂柳、七彩马尾铁等植物进行绿化美化，在水下种植美人蕉、花叶芦竹、海芋等既美观又能吸附和降解污染物质的水生植物，以达到既净化污水又不破坏河畔整体景观的目的。为了改变沿河各村以前污水和垃圾入河的问题，政府为沿线村庄配备了专职保洁员对河道进行清理和维护。

数字资源8-9
乔老河综合
治理工程
开工仪式

二是固堤护岸难题。为了解决喀斯特地貌水土流失严重的问题，保护农田基础设施，由水利部门牵头，从上游的羊山村一直到下游的小都百屯，把乔老河两岸容易水土流失的部分，拆除废弃堰坝、挖除围河池塘，采用砼齿墙、干砌石、植被岸坡等方法修砌新的坚固堤坝，这样既能防止水土流失，又能在一定程度上起到防洪作用。新建护岸总长度为4.5 千米。除了巩固堤坝、综合考虑美观性和实用性，还在乔老河上新建了跨河便桥、下河码头台阶、排水涵管、健身步道、亲水平台等。

三是清除淤泥难题。行政审批部门、水利部门、财政部门各司其职，通过公开招标，选择有资质的企业进行清淤施工，分段修筑围坝，抽排河道积水，使用高速水柱对河道污物进行切割、粉碎，使之湿化、崩解，形成泥浆和泥块的混合物，对河底淤泥进行冲刷破坏，再用泥浆泵将泥浆抽吸排至淤泥集中处理区进行处理，从根本上解决水体发臭、浑浊问题。

数字资源 8-10
乔老河上的玻璃便桥和亲水平台

（三）乔老河畔齐受益

水"活"了，全盘就都"活"了。清澈美丽的乔老河不仅哺育了乔老村的村民，还带动了河流周边村屯，辐射整个"大乔老"区域。目前，乔老河片区项目可以分为产业发展、基础设施、公共服务、生态环保等多个大类，通过"体育＋休闲农业＋旅游"特色发展模式和现有的产业基础，构建更加立体的乡村产业发展空间结构。

"那是 2017 年吧，镇政府让我们去开会，商讨做一个乔老村集体经济发展项目的试点，开发乔老村和羊山村挨着的乔老半岛，将乔老半岛打造成集生态农业、民族特色文化传承、生态休闲智慧旅游于一体的景区，在传统的旅游业基础上，因地制宜地探索发展攀岩运动等。我觉得这是一个好方案。"潘宏贤说。

2017 年 6 月，财政部、国家体育总局为马山县拨付 300 万元体育配套设施专项扶持资金，全国首个也是目前唯一一个攀岩特色体育小镇项目成功落户马山县古零镇。处在国家级攀岩运动休闲特色小镇规划核心区的乔老河流域村庄也借助之后举办的体育赛事，比如"环广西"国际公路自行车赛、中国-东盟山地马拉松赛（马山站）、中国-东盟山地户外体育旅游暨攀岩精英挑战赛等，吸引了大量客流。

数字资源 8-11
乔老河畔的攀岩项目

乔老河流域的村庄抓住了新的发展契机，通过成立合作社、引进外部旅游公司合作等，在乔老河畔建立和发展了星级汽车营地、青少年户外活动基地、中国弄拉景区等，游客可以在乔老河流域体验皮划艇、山地自行车、攀岩、民宿、现场研学等项目。这些发展项目大大增加了周边村集体和村民的收入。

除了旅游业和体育业，乔老河片区还大力发展休闲农业，目前已建成休闲农业核心示范区 1.81 万亩，培育和引进了 60 多家水果、蔬菜、中药材等种养专业合作社。同时，近年来深受顾客喜爱的沃柑、阳光玫瑰葡萄等特色农产品，也让当地百姓实现了经济增收，享受了发展红利。

数字资源 8-12
乔老河流域休闲农业核心示范区

六 结束语

为了净化乔老河这个片区发展的"灵魂",从 2012 年征集意见开始,到 2013 年开始村民自治、2015 年政府部门推出防治行动计划、2016—2017 年全面推行河长制、2018 年发布三年作战实施方案、2019 年开始各部门综合治理,如今的乔老河终于实现了净化。在她不断净化的过程中,沿线的乡村和群众也获得了实实在在的好处。自 2016 年以来,乔老村先后获得"中国十佳小康村""中国少数民族特色村寨""中国美丽乡村百佳示范""全国休闲农业和乡村旅游示范点""中国美丽休闲乡村"等荣誉称号。2019 年,乔老村小都百屯获评全国乡村旅游重点村、全国生态文化村;2020 年,古零镇乔老村、羊山村、乐平村及白山镇民族村获评国家森林乡村。

如今,山水相映、绿意盎然的乔老河片区已经发展成为集度假、美食、休闲、体育运动、观光旅游于一体的新型旅游区。以乔老村为例,村民通过土地流转、家门口就业创业、入股企业、提供服务、发展合作社和参与旅游开发等多种方式共享乔老河治理成果,村民人均年收入从 2013 年的 3200 元增至 2020 年的 12750 元。乔老河片区走出了一条经济与生态、人与自然和谐发展之路,成功地把"绿水青山"变成了"金山银山",为乡村振兴特别是喀斯特地貌区的农村发展,提供了范例和参考。

在乔老河的十年蝶变过程中,在乔老村担任十年党总支书记的潘宏贤功不可没。卸任乔老村党总支书记职务后,潘宏贤在乔老河畔的乔老半岛承包了房车基地,为游客提供烧烤、旅游等服务。"我是一名党员,当村支书这十年,虽然很辛苦,但一路走来,看到乔老河越来越美丽,村民生活越来越好,走在村里大家也都亲切地喊我一声'三哥',就觉得所有付出都是值得的。"潘宏贤说道。

旁边,美丽的乔老河在静静地流淌着……

第二节 案例分析

一 引言

我国许多农村沿河而建。河流为人们的生产生活带来了便利,其不仅承担着行洪排涝、农业生产灌溉、河道运输等重任,还在水生态环境恢复和环境保护等领域发挥着重要的作用。长期以来,农村河流面临无序管理和过度使用的问题,出现了严重淤积、垃圾乱丢、污水乱排的现象。但河流治理问题长期不受重视，在国家实施清洁乡村方案以前，河流治理问题成为阻碍农村经济发展、影响村民健康的重要因素。如果政府的管理和监督一直缺位，或是环境整治措施不恰当，则会导致人们为了追逐利益而不断地过度使用公共环境资源，造成不可逆转的环境破坏。因此，研究和探索农村河流环境治理，对于促进乡村振兴、推动农村经济发展、实现人与环境的和谐共处具有重要意义。

二　河流污染由来已久，公共资源管理缺位谁来负责

（一）乔老河公共资源污染的背景

本案例中，南宁市马山县乔老村之前属于偏远贫困山区，资源贫瘠，基础设施简陋，村里不仅经济条件落后，而且乔老河水质日益恶化、洪水隐患增多。乔老河蜿蜒穿过乔老村，村庄沿河而建。为了进行农业灌溉，村民在河道上架设了6座简易的拦河坝，但因年久失修，拦河坝崩塌阻塞河道，导致河道淤积严重，一到雨季就"水淹三村"；更为严重的是，村民为了生活方便，将生活污水、垃圾、家禽粪污未经任何处理就直接排入河流，水体生态污染愈发严重。河流属于公共资源，在生产水平低下时，村民的温饱问题尚难解决，更无暇顾及河流的治理，这也导致了河流污染和水患长期存在。

（二）科学问题界定

公共池塘资源是一类在资源系统的使用上具有非排他性，而在资源单位的获取上又具有竞争性的资源（Ostrom，1990）。如今，越来越多的学者将具有这种特征的资源统称为公共事物。公共资源在利用过程中会经常出现外部效应和公共物品供给失效的问题，特别是在环境领域总是出现环境恶化与生态破坏现象。如果公共资源一味地被免费使用，则不可避免地会出现"公地悲剧"，使得公共资源被肆意掠夺，生态失衡、环境恶化。公共池塘资源的非排他性主要包含两层含义：一是不能排除潜在用户对资源内资源单位的获取；二是不能排除潜在用户向资源系统内排放污染物。公共管理的关键是明晰公共资源的产权，赋予公共资源市场价值，实现公共资源的可持续利用，由此达到保护环境和维持生态平衡的目的。

本案例中，乔老河作为自然形成的河流，流经3个乡镇8个行政村，使得任何人都无法低成本地将潜在的使用者排除在外，比如任何人都无法低成本地将小而分散的村民排除在外，或监督其向河中排放污水。乔老河在资源性质上属于公共池塘资源。由于乔老河在排除潜在获益者方面存在困难，村民们竞相选择直接将生活废水和家禽粪污直接排放于乔老河中，致使河流超出了其生态循环的自然净化能力，水质遭到严重污染，最终使乔老河陷入了"公地悲剧"。

由于缺乏公共资源管理者的监督，也缺少对于乱丢、直排进行处罚的相关制度，"直

接排放"就成了村民的"纳什均衡"选择,由此产生的结果就是所有村民都选择将粪污直接排放,加上无人治理,导致乔老河被严重污染,最后所有村民都无法享受乔老河的生态环境。

乔老河的"公地悲剧"中包含如图 8-2 所示的村民边际效益与社会的边际效益差异,向乔老河这个公共池塘资源进行直排的村民降低了成本,而所产生的治理成本由社会来承担(负外部性),由此导致进行生产生活污水直排的村民总是在平均产出的基础上做出决策,由此村民的生产生活污水排放均衡数量总会大于乔老河对污染的容纳量,最终造成乔老河污染,无法实现自我净化清洁。

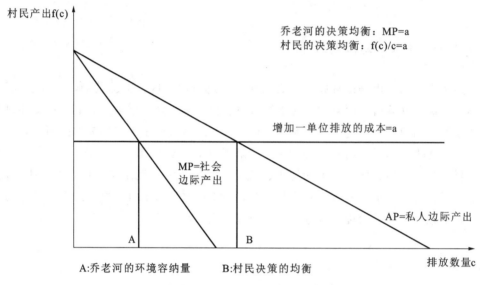

图 8-2　村民边际效益与社会的边际效益差异

三　案例的理论基础与适用性分析

(一)协同治理理论及其适用性

协同治理理论是在协同与治理理论的基础上发展起来的,它强调治理而非统治,强调多主体协同形成的力量比各个主体力量的简单相加大很多。综合国内外学者的观点,协同指的是协作一致,即所有参与主体在公平的基础上进行协作,采取共同的行动,实现一致的目标;治理指的是政府、市场、社会、公众等多元主体合力协作,对社会公共事务进行有效处理。协同治理强调的是,在对社会公共事务进行治理的过程中,政府与其他主体相互沟通、协调合作,形成共同的愿景,在此基础上采取必要的行动,最终实现协同的目标。Islam 等人通过对东南亚国家雾霾污染问题的研究,指出区域协同治理是解决环境问题的关键,也是生态经济可持续发展的保证。

农村水资源环境是典型的公共池塘资源,且具有非排他性和较强的正外部性,其治理涉及多元主体利益,容易导致水流域的"公地悲剧"。破解农村流域的"公地悲剧",需要整合政府、村委、民众、企业等多元主体。结合该领域前人的研究,本研究认为协同治理需要考虑多元主体、协同机制和制度保障。协同治理框架如图8-3所示。

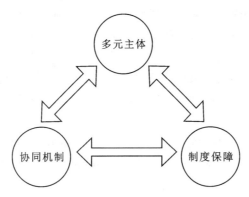

图 8-3 协同治理框架

1. 多元主体

多元主体重在"多元",尽管各方主体利益追求和价值导向的多元可能导致差异和冲突,但多元共治并非零和博弈,而是在协商中携手共进。在这个过程中要注意不同主体之间的异质性和共同性。

2. 协同机制

协同机制是不同主体(组织)之间合作联结的方式,既有自上而下的纵向协同机制,也有横向的平行合作协同机制。不论是树状组织的垂直关系,还是平行组织的水平关系,都需要构建协同机制。协同机制有利于构建良好的垂直关系和平行关系,促使权责明晰化,推动多元主体协同。

3. 制度保障

公共事务多元共治因主体利益不同等,容易使得共治模式散乱化。制度保障能够有力地促进多元主体进行合作,有利于公共事务治理的最终效益达到相对平衡的状态。因此,首先要完善社会认同制度,确保在同一治理区域,各主体的目标和利益从意识层面到行为层面形成总体趋向的一致;其次要完善监督制度,促使集体行动目标一致,使多元主体的利益得到有效保护,进而充分调动其治理积极性。

(二)政治势能理论及其适用性

"政治势能"是中国公共政策执行中比较优势的本土化经验总结和学理性表达。2011年,贺东航和孔繁斌提出了运用中国特色制度的"高位推动"(即工作领导小组机制)协调、整合多主体治理的中国经验。中国在公共政策中特有的"高位推动"无疑是公共政策执行的重大优势,这个政治优势与其他优势共同推动公共治理效能的实现。2019年,贺东航和孔繁斌在"高位推动"的基础上,进一步提出"政治势能"这一学术概念。他们认为,公共政策执行领域中不同主体之间存在势能差,并把由这种势差产生的动态能量定义为"政治势能"。"政治势能"是对中国特色治理经验"高位推动"的提取和凝练,外国学者评论其为"具有中国特色治理实践的学术总结"。

综合上述,本研究将"政治势能"的含义总结为以下三点:一是不同位阶的政治势能不同;二是政治势能可以影响政策执行的效率和效果,政治势能越强,政策执行的推进越快,效果越好;三是政治势能有利于解决我国公共政策执行过程中的一些特色问题以及跨部门跨区域治理问题。

钟时对贺东航和孔繁斌的政治势能理论进行了补充,指出政治势能有两种传导路径:一种是内部传导,其对象是下级党政机关;另一种是外部传导,其对象是社会民众(见图8-4)。

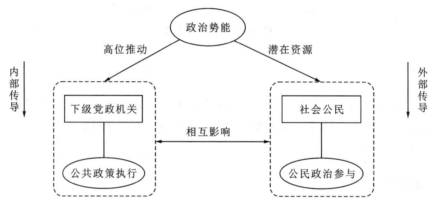

图 8-4 政治势能的两种传导路径

政治势能是基于中国治理场域总结提炼出的学术概念,有助于我们理解中国公共领域的真实治理情况。案例中乔老河治理是马山县"生态立县"的关键政策,经马山县最高层级权力位阶的确认和推动,带有巨大的政治势能。事实证明,该政策推动效果明显,政治势能有效地转化为政策执行力。具有中国特色的政治势能理论对于本案例具有一定的解释力。

一是关键推动力。中国治理场域的政治势能来自政治体制赋予的权力与位阶,政治势能越强,也就是位阶越高时,影响的下级部门就越多,政策的推动力就越足,下级的政策执行力度也就越大;相反,政治势能越弱,也就是位阶越低时,能影响的下级部门就越少,下级部门对政策的重视程度就越低,使得政策执行力度大打折扣。

二是资源整合力。在中国治理场域,政治势能越强,往往意味着对政治资源的掌握和调用能力越强,这些资源包含资金、人力、物力、宣传力等。实践证明,政治资源越丰富,就越容易整合力量,破解集体行动困境。

三是有效凝聚力。政治势能不仅能影响公共政策的执行主体,也能影响社会公民。在中国治理场域,政治位阶越高,社会民众对该位置的政府主体就越信任,也就越会积极参与相关政策。所以政治势能通过内外传导,可以有效凝聚公共政策中的多元治理主体,形成较强的合力。

(三)一核多元协同治理分析框架

从乔老河十年治理的实践可知,因村民自利、污染原因多样、治理主体多元等,乔老河综合治理的难度非常大,耗时长达十年之久。其中的任何一个主体都没有力量单独解决乔老河水污染的"公地悲剧"问题,致使治理行动陷入了集体行动困境。而破解乔老河水环境治理难题,需要多方协同参与。"火车跑得快,全靠车头带",在中国治理场域,政治势能对应的行政主体即"一核",它实际上也是推动政策落地的核心力量。因而本研究根据案例实际,结合协同治理理论和政治势能理论,提出一核多元协同治理分析框架,具体如图 8-5 所示。

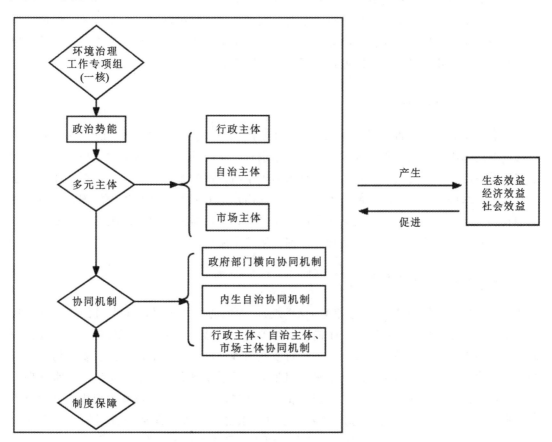

图 8-5 农村环境一核多元协同治理框架

四 乔老河水污染的十年治理挑战

想要实现河流水污染的有效治理,仅仅依靠某一方的力量是很难的,无论是采取多元主体参与河流治理模式,还是推行协同治理机制,河流的水污染治理都依然存在研究困境，比如公共事务的复杂性、协同治理成效的滞后性、政府干预的有效性和"搭便车"等。乔老河之所以治理长达十年之久，也是因为多元主体的协同治理存在诸多挑战。

（一）水污染处理的复杂性

1. 水利设施坍塌阻塞河道

农村基础设施薄弱，早年的河道水利设施基本是村民自己建造的，设施强度和耐用性无法跟现代社会的工程相比。乔老河的水利设施年久失修，河道架设的拦河坝不同程度受损，甚至坍塌坠河，日积月累，沙土堆积，河道淤堵，水平面上移，引发两岸水土流失，从而带动大量泥沙混入水中，河水浑浊不清；同时，河流沉积物过多，泥沙中的污染物引发一系列反应，破坏了水体自然净化功能，打破了生态平衡，造成水质下降。这为乔老河修复水体质量、建造景观生态产业形成了一定的阻碍。

2. 垃圾入河难以清理

乔老河所属的县域曾经是国家贫困县，长期经济不发达，2012年以前，乔老河当地农村甚至连基本的垃圾收集箱和垃圾收集池都没有，垃圾处理采用的是"垃圾靠风刮、污水靠蒸发"的"自生自灭"模式，两岸村民为了生活方便随意丢垃圾，无论是丢在地面还是直接扔入水中，一下大雨全部排入河流，这就出现了河流里面满是垃圾的现象。垃圾在水中长期浸泡腐烂之后，不仅会破坏水体生态平衡，也使得清理河面垃圾的工作变得十分困难，因此丢入河流的垃圾成为治理乔老河的第二个困境。

3. 粪污分流难以实现

河流两岸的村民日常会产生各类生活污水，养殖的家禽也会产生大量的粪污。2017年以前，这些生活污水是各家挖一个简易蓄粪池进行存储。由于地势相对低洼，蓄粪池中的污染物会随着雨水溢满冲入乔老河中。村委在治理河流的过程中也提出了安装污水处理装置、采取粪污与生活污水分流的措施，但是贫困的村庄自身难以承受昂贵的污水处理设施的费用。由于乔老河具有公共池塘资源属性，让村民承担额外的环境治理成本显然行不通，但村委又缺少资金为每家每户安装污水处理装置。因此，向河流排污的问题无法解决、"粪污分流"的条件非常有限，导致乔老河水污染长期得不到根治。

（二）水污染治理主体多元

1. 行政主体多元

乔老河治理的行政主体有住建局、生态环境局、水利局等。相关责任单位出台了《马山县全面推行河长制工作方案》和《马山县河长制工作督察制度》，切实用制度管好全县

10个乡（镇）共92条河流、53座水库、5座水电站，从源头上守护好绿水青山。马山生态环境局负责牵头制定的《马山县环境保护"一岗双责"责任制实施办法》《马山县环境保护工作职责规定（试行）》《马山县国家生态文明建设示范县规划（2018—2025年）》，完善了马山县生态保护红线划定方案。概括而言，住建局负责生产生活污水的集中处理，生态环境局负责乔老河水质达标率100%，水利局负责节水设备的普及推广。这三个部门责任划分有所重叠，如果出现部门间的推诿扯皮，就非常容易导致协同失灵。

2. 社会自治主体多元

社会自治主体包括村民、外来企业、游客等。乔老河沿河有8400多村民和农业生产者，2012年以前，不仅村民生活垃圾、生活污水都直接排放到乔老河中，而且农业化肥等流入水域造成水体富营养化，同时游客到访的随意性也增加了管理的难度。由于对河流缺乏行之有效的管理和监督，对社会多元主体的监督不到位，因此水污染的源头很难控制，即使是在治理之后，如果监督机制稍加松懈，仍会出现水污染的情况。

3. 市场主体多元

乔老河保洁员制度相当于村庄采购清洁服务，虽然请的是村里的人，但是主要通过市场化的方式介入治理，所以保洁员应该是市场主体。乔老河治污企业一般采用招标投标方式进行选择，有河段清淤处理企业，有生活污水处理企业，不同企业负责不同的事项。经过治理，乔老河成为旅游景点，每年接待游客数十万人。这些游客也是水污染的可能主体。

（三）协同治理机制不够健全

1. 跨部门协同机制缺失

我国的水治理主体主要是环保、水利等部门，但是二者在实际工作中往往会出现"环保不下水，水利不上岸"的怪象，致使水环保长期效益低下，各部门相互推诿责任。乔老河治理过程中的行政主体有住建局、生态环境局、水利局等部门。住建局负责生产生活污水的集中处理，生态环境局负责保证乔老河水质达标，可见，这两个部门的责任划分有所重叠，也有责任空白区，比如生态环境局要想让水质达标，就要估算最多可排放的污水量，然后转交给水利部门提供供水数据和指标等。两个部门工作的空白区与重叠导致协同治理效率的低下，也出现了部门间相互推诿的现象，存在协同失灵的情况。

2. 政府部门与村域协同机制缺失

多元主体共同参与协同治理时，通常由政府发挥主导作用，并对协同治理的主体进行适当干预。在乔老河的治理过程中，村委申请治河经费，以清除河流水利杂物、河道垃圾等，但是申请经费的过程艰难，或者是没有专项经费，或者是相关问题得不到重视。主体干预效果不理想，村民自发解决清淤工程量过大，这也影响了河流治理的进程。

3. 跨村域协同机制不健全

在跨村域治理过程中，国家推出了河长制协同治理模式。河长制的特点就是党政一把手担任河长，责任明确，这使得河长制的推行促进了河流治理的成功。然而，河长制由最初的省、市两级领导共同担任河长，发展到如今的村级河长，随着任务层层分解，协调者也在不断增加，协调者之间的协调也成为制约协同效果的额外变量。尽管明确了河长的职责，但是由于不同区域的河长同时对同一流域进行治理，也容易出现矛盾，造成责任难以追究。在乔老河流域中，有20多位分段河长，每位分段河长只负责乔老河的一小段，而河流治理的过程是动态的，有时候上游清理到位了，下游的工作自然变少，而有时候中游清理不到位，也会增加下游的清理负担，监管不到位可能引发滥竽充数的问题，也就出现了"搭便车"的现象。如果某一分段河长工作不力，就可能导致河长制的协同治理效果低下，使得河流治理成效减弱，目标难以完成。

（四）制度保障不够完善

1. 财务制度不够完善

根据生态环境治理相关文件要求，治理水污染，中央提供30%的资金，剩下的70%需要由市、县、乡三级分担。因此，水污染治理资金不足成为制约河流清理的一大难题。乔老河所属的县域马山县曾为国家级贫困县，即使在已完成脱贫攻坚的情况下，该县的经济发展水平依然比较落后。水污染治理涉及垃圾处理、生活生产污水处理、河道处理等，水污染治理投入较大。作为一个经济发展较为落后的地区，马山县的水污染资金缺口较大。

2. 监督机制缺失

虽然我国推出了河长制管理模式，由河长负责河流的管理和监督，但是在河长监督、监督机制制定等方面依然存在缺失。对河长的监督缺失，使得河长的考评不受约束，无法倒逼河长长效推进河流治理。同时，缺少对社会大众的监督和约束。在乔老河的监督过程中，对外来人员的监督比对同村人员的监督要严格得多，河流旁边树立了禁止乱丢垃圾的标语，但是村民在河边从事餐饮、旅游经营就可以对河流环境具有一定的"支配权"，是否丢垃圾完全取决于经营者的素质，而缺少了刚性的约束，这使得监督过程不够完善。

五 乔老河水环境一核多元协同治理模式形成

乔老河水环境治理并非一蹴而就的，而是通过十年探索，逐渐摸索出一核多元协同治理模式。乔老河治理之路如图8-6所示。

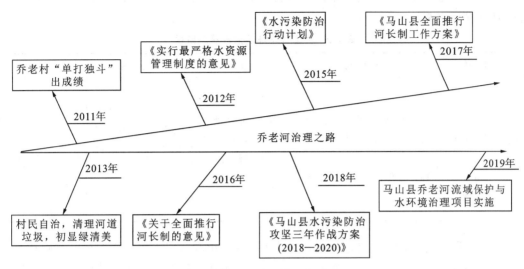

图 8-6 乔老河治理之路

(一) 第一阶段 (2011—2012 年): 乔老村内生自治协同模式产生

在这一阶段,乔老村书记潘宏贤带头发动村民自筹款,将生活垃圾集中回收,用土填埋。乔老河水环境治理第一阶段具体情况如表 8-1 所示。

表 8-1 乔老河水环境治理第一阶段

治理主体	协同机制	制度保障	生态效益	社会效益
乔老村村民委员会、各屯集体组织、村民、保洁员	乔老村村民委员会主导,村民缴纳垃圾清运费,各屯保洁员收集垃圾,统一放到小都百屯填埋	村规民约、财务监督制度	乔老河垃圾减少,但土地填埋存在隐患	引起上级关注,小都百屯成为新农村示范点

在这个阶段,乔老村单个村庄形成内部自治与市场主体(保洁员)协同机制,村域自治主体环境治理的主体性和自主性被激发,内生公共性形成,村民自觉自愿做好环境治理,集体行动得以达成,乔老河垃圾乱丢现象减少。可以说,这个时候乔老村"内生自治"的单打独斗取得了一定的成绩。但是,乔老河治理涉及的村庄较多,仅靠一个村的努力难以实现全流域水环境治理的目标。此时政府部门、其他沿河村落治理主体缺位,因此该阶段水污染问题没有得到根本性的解决。

(二) 第二阶段 (2013—2017 年): 内生自治吸引其他主体参与协同共治

在这一阶段,中央开始重视生态环境建设,乔老村垃圾处理自治模式获得当地政府关注,地方政府开始参与乔老河治理工作,并成为主导力量,在乔老村率先开展"村收、乡运、县处理"模式试点,并逐渐推广到乔老河流域的其他村庄。乔老河水环境治理第二阶段具体情况如表 8-2 所示。

表 8-2　乔老河水环境治理第二阶段

治理主体	协同机制	制度保障	生态效益	经济效益
县环保局、乡政府环保部门、乔老河流域村庄、村民、保洁员、治污企业	县环保局主导,县政府和村民共同出资,形成"村收、乡运、县处理"协作机制	垃圾回收处理制度、保洁员制度、村规民约、财务监督	乔老河垃圾得到全面清理,但生产生活污水排放问题未得到解决	乔老河开始形成旅游区域

这个阶段的特征是内生自治促进多元共治,即先出现村庄内生自治的社会基础和村民水污染治理的自发行动,然后,在此基础上,行政主体选择性地注入公共资源,将村庄内生自治提升为多元主体横纵向协同治理。在这个阶段,政府部门、乔老河沿岸所有村庄开始成为治理主体,既有村庄内部自治协同,也有跨村域、跨部门的横向协同,还有政府部门与村庄、市场主体的纵向协同。治理主体更多,协同机制也更加完善,向乔老河乱丢垃圾这一问题得到了很好的解决。但这个阶段的协同机制较为松散,乔老河的水污染问题未得到根本解决,生活生产污水处理因投资数额较大,各村村民、各政府部门参与处理生活生产污水的积极性不足。

(三) 第三阶段 (2018—2021 年) 一核多元协同治理模式正式形成

2018 年,马山县出台了《马山县水污染防治攻坚三年作战方案 (2018—2020)》,由县环境治理行动小组统一指挥协调多元主体共同处理乔老河水污染问题。乔老河水环境治理第三阶段具体情况如表 8-3 所示。

表 8-3　乔老河水环境治理第三阶段

治理主体	协同机制	制度保障	生态效益	经济效益	社会效益
县环境治理行动小组、县级相关部门、乡政府、河长制、村民、保洁员、治污企业、游客	县级部门合作机制、河长与村民合作机制、多元主体合作机制	中央生态环境保护督察、三年行动方案、河长制、垃圾回收处理制度、保洁员制度、村规民约、财务监督	乔老河水环境得到全面治理	乔老河流域成为著名景区,每年为村集体带来数百万元旅游收入	村庄美丽、乡风文明

本阶段形成了乔老河水环境一核多元协同治理模式，乔老河的治理主体进一步增多，因政治势能的推动，内生自治、纵向协同和横向协同机制的联系也更加紧密。因水污染成功治理，乔老河成为著名景区，自治主体获得了经济利益，内生自治的动力更足，也更支持由上到下的纵向协同。该区域的生态治理成绩获得了省市政府的认可，使得马山县政府各部门也受到了激励，推动纵向协同和部门间的横向协同力量更足。而水污染治理参与的各方市场主体（如治污企业、保洁员等）因为获得直接收入，参与的积极性很强。此时乔老河水环境治理取得阶段性胜利。

六 乔老河一核多元协同治理模式的关键要素及成效

一核多元协同治理模式清晰地展现了协同治理中的主体、机制、制度、效益四个关键要素。这四个关键要素有效循环互动，形成了乔老河一核多元协同治理的制度优势，推动实现乔老河水污染的有效治理。

（一）多元主体齐发力

由前文介绍的乔老河治理的三个阶段可知，相关治理主体缺位不利于水污染治理集体行动的达成。一核多元协同治理模式促使相关行政主体、自治主体、市场主体共同参与乔老河水污染的治理，实现了乔老河的全面治理。不同治理主体的能力和资源不同，意味着他们在水污染治理过程中可以形成互补优势，从而推动水污染实现全面有效的治理。

1. 行政主体的行政力

在中国治理场域，行政主体具有较多的行政资源，如财政资金、专业人员、宣传资源等。行政主体越多、行政主体的位阶越高，可以投入乔老河水污染治理的行政资源就越多，也就更容易促进水污染治理公共目标的实现。同时，行政主体有制定相关文件的权力，他们根据上级的要求、自身的专业素养，对乔老河的治理做出规划、制定奖惩措施等，这些无疑也可以推动乔老河水污染治理。

2. 自治主体的内生动力

乔老河沿畔村庄的自治主体也是乔老河水污染的主要来源，乔老河的治理能否获得成效，与村庄自治主体的自我约束程度有很大的关系。在乔老河水污染治理过程中，乔老村的村民率先实现了水污染的内生自治，乔老河的垃圾问题很快得到解决。之后，该模式经政府部门推广，在乔老河流域的村庄（社区）进一步推广，在更大范围内形成了村庄（社区）自治。

3. 市场主体的促进力

本案例涉及的相关市场主体有治污企业、保洁员和游客。其中，治污企业提供治污相关设备、治污服务，保洁员提供清洁服务，游客遵守卫生规范，为水污染的治理提供了技术支持和人力支持。

乔老河一核多元协同治理模式将行政主体的行政力、自治主体的内生动力、市场主体的促进力结合，实现"三力齐发"，共同推动乔老河水污染治理。

（二）多方协同机制有力

治理主体并非越多越好，如果没有合适的协同机制，即使治理主体变多，也无法发挥"人多力量大"的优势。乔老河一核多元协同治理模式构建了多方协同机制，实现了内生自治协同、跨村域（社区）协同、跨部门协同、上下联动协同。

1. 内生自治协同

在乔老河的水污染治理过程中，村庄自发设置村规民约，促进村民形成环境保护意识，让村民养成了垃圾处理、生产生活污水治理的良好习惯，改变了对乔老河无序排污的情况。之后，该模式向该流域村庄（社区）推广，形成内生自治协同机制（见图 8-7）。

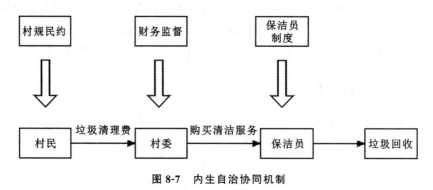

图 8-7 内生自治协同机制

2. 跨村域（社区）协同

乔老河沿畔村落较多，只有所有村落共同采取水环境保护措施才能彻底解决乔老河的水污染问题。而在现实情况中，在政府部门介入之前，乔老河沿畔各村各自为政，没有形成跨村域（社区）的合作协同。政府在乔老村开展"村收、乡运、县处理"垃圾处理试点成功后，通过政治位阶产生的政治势能，激发了其他村庄（社区）的学习动力。另外，乔老河的分段河长是乔老河沿岸各村的村长，在这些村长遇到需要其他村解决的问题时，上级部门可以进行推动和协调，使得跨村域的沟通更加便捷，最终使得跨村域（社区）协同得以达成（见图 8-8）。

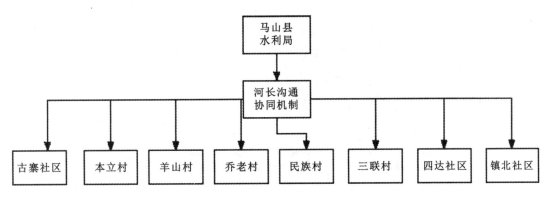

图 8-8 跨村域（社区）协同机制

3. 跨部门协同

中国的行政体制下设有不同层级的部门。如果相关的行政职权不同，但没有更高阶的政治势能，平级的政府部门就容易陷入集体行动困境。乔老河一核多元协同治理模式引入该县最高政治位阶，产生强有力的政治势能，推动跨部门合作形成（见图8-9）。

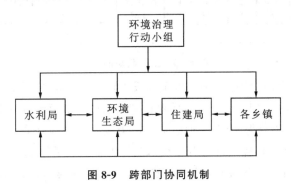

图 8-9 跨部门协同机制

4. 上下联动协同

乔老河一核多元协同治理模式的特色在于实现了自上而下的行政和村庄内生自治的结合，比单独的"行政指挥"和各村"单打独斗"具有明显的制度优势。这种上下联动协同机制，将多元主体融为一体，发挥不同治理主体的优势，大大促进了多元主体的集体行动（见图8-10）。

（三）多管齐下的制度措施

1. 实施资金分摊制度

水污染治理投入资金较多，乔老河水污染治理资金主要来自以下两个方面。

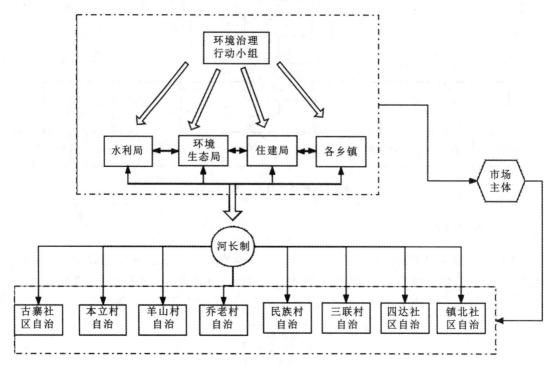

图 8-10 上下联动协同

一是政府拨款。河流的治理离不开资金的投入，乔老村面对河流治理的困境，积极向上级政府申请资金支持。2012 年获得后盾单位和政府的 1.3 万元经费支持，用于建造垃圾收集点（中心）；2013 年获得南宁市划拨的 1000 万元资金建设新农村示范点，推进乡村治理，改善基础设施，开展环境治理，开发生态旅游产业；在乔老村小都百屯被确定为南宁市综合示范村建设项目后，各级政府投入 480 万元修建产业路等基础配套设施，同时企业投资 600 多万元建造绿色产业基地，全力打造生态旅游新农村；2019 年，政府斥资 2200 多万元对乔老河进行综合整治，进行全面清障，着力解决排污、固堤、清淤等问题，新建人行步道、亲水平台，实施绿化、美化工程，打造流域内休闲农业旅游景观带等。可以发现，乡村治理离不开政府的主体参与，少不了政策资金的扶持。

二是村民自筹。在治理河流的过程中，村民的主体自筹资金也发挥了不可或缺的作用。2012 年开始，为了清理河流垃圾，实施垃圾清运，每家每户每年缴纳 12 元的垃圾清运费。尽管村民们每年缴纳的 3 万元垃圾费不足以满足垃圾清理的开支需求，但从侧面激发了村民积极参与河流垃圾治理的内生动力。

2. 完善制度建设机制

一是开展清洁乡村、生态环境保护大督察行动。河流治理的推动也得益于国家开展清洁乡村、生态环境保护大督察等行动，通过检查活动促使上下联动，共同做好生态环境的保护和建设工作，制定治理工作方案，完善治理措施，健全监督管理机制。2018 年，乔老村启动了生态环境保护大督察工作，对乔老河进行了综合彻底的整治，全面进行了河流的排污、固堤、清淤顽疾工作，同时实施绿化、美化工程，打造流域内休闲农业旅游景观带等，让乔老河真正得到规范化、标准化的治理。

二是实行村规民约约束管理。乔老村制定并落实环境卫生村规民约，成立环境卫生保洁工作领导小组及环境卫生保洁工作监督小组，与村民约法三章：搞好自家卫生，做到人畜分离，对死禽死畜进行深埋；搞好固体垃圾卫生，垃圾、粪土定点丢，不乱丢、不排河；搞好环境卫生，清理房前屋后杂草、积水。村规民约的建立不仅填补了相关制度的空缺，更是形成了提高村民素质、促进乡村文明道德建设的良好氛围。

三是推行股份公司制和财务监督制度。为了实现共管共治、共建共赢，乔老村成立了股份合作制旅游公司，以公司运营的方式来管理环境，从而利用生态环境产生效益促进村集体的发展。公司采取"土地租金＋劳力薪金＋信贷＋人力入股"的经营模式，选择资金入股的，可以以每股5000元的价格入股，每户最多认购6股；对于没钱出资入股的村民，经政府牵线，由当地银行向有意向入股的村民发放扶贫贴息贷款，确保村民不因筹不起本金而无法入股；每股配一个暂不领工资的劳动力，每个月在旅游公司工作一周。同时，还配套建立财务监督制度，确保利益得到规范的合法合理的分配。之后，逐渐按照标准化公司的方式进行运作：收益的10%专项用于河道和景区的垃圾处理、基础设施维护；收益的50%为管理人员、值班人员、工作人员的工资薪酬；剩余40%部分用于分红。如果基础设施的资金提留得不够，则从股金和集体收入中进行补充。公司模式的推出让被动参与河流治理的村民摇身一变成为主动服务生态环境建设的参与者，进一步激发了其河流治理的内在动力。

3. 建立奖惩机制

奖励办法包括：凡是发现乱扔禽畜死尸，能积极向村委举报，经核实属实后，村委及村环境监督小组保密地将对违反者罚款所得金额全部奖给举报者。

处罚办法包括：凡乱扔死畜尸体每只罚款100~200元；乱扔死鸡、鸭、鹅、老鼠等各类小死尸的，每具罚款50~100元；把垃圾丢下河道或不放到固定地点的，罚款50元。

（四）一核多元协同治理模式产生的效益

1. 经济效益

乔老村通过集体土地流转、当地就业创业、入股企业、发展合作社和产业化旅游开发等多种方式，将共建共享发展成果惠及全体村民。2013—2020年，村民人均收入从3200元增长至12750元，实现了家门口就业。乔老河的生态治理走出了一条经济与生态、人与自然和谐发展之路，成功地把"绿水青山"变成了"金山银山"。

2. 生态效益

通过采取一系列的河流治理措施，乔老村如今山水相映、绿意盎然，乔老河片区已经成为集度假、美食、休闲、体育运动、观光旅游于一体的新型旅游区，乔老河一带的产业主要围绕公共服务、基础设施、生态环保等开展，开创了"体育＋休闲农业＋旅游"的特色发展模式，打下了一体式产业基础，构建了更加立体多元的乡村产业发展结构。区级自行车赛、攀岩大赛等也将场地选在了这里。乔老河的水"活"了，生态效益辐射至整个乔老区域，全盘也就都"活"了。

3. 社会效益

河流的治理不仅为乔老村带来了经济效益，也将乔老村模范式的治理过程印成"名片"享誉全国。乔老村先后获得"中国十佳小康村""中国少数民族特色村寨""中国美丽乡村百佳示范""全国休闲农业和乡村旅游示范点""中国美丽休闲乡村"等荣誉称号。2019 年，乔老村的小都百屯荣获全国乡村旅游重点村、全国生态文化村。2020 年，古零镇乔老村、羊山村、乐平村及白山镇民族村获评国家森林乡村。在乔老河不断净化的过程中，流域内生态特色产业也在不断发展，社会的关注度也会越来越高，未来发展潜力必将越来越大。

七 案例启示

（一）充分调动广大村民的内生动力是实现乡村河流治理的重要途径

乔老村在人力、物力、财力紧缺的情况下实现了对乔老河的污染治理，除了践行"美丽广西、清洁乡村"活动外，还制定村规民约、财务制度等，实现了多方利益主体的共同参与，成功调动了乔老村村民参与共治的内生动力。我们看到，在"排污、固堤、清淤"治理阶段，参与主体由原来的村委变为政府、村委和村民，形成了多方参与、共同治理的新局面。乔老河一核多元协同治理模式最显著的效果，就是将治理成本进行了多方分担，由政府出资主导，村委、村民治理修建保养，共建美丽家园。因此，在公共治理过程中，通过共治共享的制度规则，充分调动广大人民群众的参与性、积极性，激发其内生动力，是在治理资源有限的情况下实现良好的公共治理的重要途径之一。

（二）推动多元主体协同参与是实现河流治理行之有效的措施

在精准扶贫和乡村振兴工作中，特别是本案例中乔老河处理的后期，单靠一个村的力量和提高村民的环保意识已经无法完全解决问题，这时候就需要后盾力量和上级部门综合统筹。在生态环境保护相关政策文件、方案的引导下，村干部引导村民、外来农业生产者以及游客提升环境保护意识，使得人们的生活生产垃圾不再随意丢弃至河中，同时通过治污企业参与，对生活污水和河段淤泥进行了有效的处理。由此可见，多元主体的有效协作配合，是推进社会公共事务治理的有效途径，也是实现公共事务稳定可持续发展的关键因素。

(三)推进河流治理与生态旅游产业协同发展是河流治理的长效机制

生态环境保护是旅游业发展的根基,乔老河在治理河水污染过程中解决了"垃圾入河""污水入河"等源头污染的关键性因素,使得乔老河的环境得到了很大的改善,进而推动了乔老河片区旅游业的发展,再加上独特的山水风貌,形成了"体育+休闲农业+旅游"的产业发展模式。同时,旅游产业的健康发展,也让村民意识到保护环境是能获得切实利益的,因此增强了自身的生态环境保护意识,并利用旅游业所带来的经济效益进一步保护乔老河的生态环境,两者相辅相成、共同推进,最终使得生态环境保护和经济发展同步实现。

八 结束语

农村河流流域较广、经济发展水平较低、污染来源较多,使得农村河流的治理十分困难。乔老河处于经济发展较为落后的西部县域,其治理难度更大,因而耗时长达十年之久。乔老河的治理离不开国家乡村振兴战略的推动。最终,乔老河形成一核多元协同治理模式,将行政主体、自治主体、市场主体通过有效的协作机制形成合力,解决了乔老河治理的问题。该治理模式将自上而下的行政力、村庄的内生动力、市场的促进力"三力结合",比单独的"行政指挥"和各村"单打独斗"具有明显的制度优势。其治理成效兼具生态效益、经济效益和社会效益,不仅完成了生态环境保护的目标,还给当地带来了巨大的经济收益以及乡风文明的社会效益。通过治理一条河达成多重行政目标,是该治理模式最大的特色,能够为我国乡村河流治理和乡村振兴提供借鉴。

 案例点评

本案例以乔老河的十年治理历程为背景,全面、生动地展示了乔老河通过治理从"臭水河"蝶变为著名旅游景点,最终实现良好的生态效益、经济效益、社会效益的曲折历程。课题组通过深入调研,从乔老河治理经验中提炼出其中应用的协同共治、政治势能等公共管理理论,并提出乔老河一核多元协同治理模式。乔老河的治理,是在习近平生态文明思想引领下,社会各方共同治理河流的典型成功经验,是"绿水青山就是金山银山"科学论断的正确实践,为我国农村河流治理和乡村生态宜居提供了有益借鉴。

参 考 文 献

[1] 大卫 R. 哈克斯. 曼昆经济学原理学习指南 [M]. 梁小民, 译. 北京: 机械工业出版社, 2004.

[2] 埃莉诺·奥斯特罗姆. 公共事物的治理之道 [M]. 余逊达, 陈旭东, 译. 上海: 上海三联出版社, 2000.

[3] 托马斯·R. 戴伊. 理解公共政策 [M]. 12 版. 谢明, 译. 北京: 中国人民大学出版社, 2011.

[4] 高培勇. 公共经济学 [M]. 3 版. 北京: 中国人民大学出版社, 2012.

[5] 洪功翔. 政治经济学 [M]. 合肥: 中国科学技术大学出版社, 2008.

[6] 张国庆. 公共政策分析 [M]. 上海: 复旦大学出版社, 2004.

[7] 丁煌. 林德布洛姆的渐进决策理论 [J]. 国际技术经济研究, 1999 (3): 20-27.

[8] 贺东航, 孔繁斌. 公共政策执行的中国经验 [J]. 中国社会科学, 2011 (5): 61-79, 220-221.

[9] 贺东航, 孔繁斌. 中国公共政策执行中的政治势能——基于近 20 年农村林改政策的分析 [J]. 中国社会科学, 2019 (4): 4-25, 204.

[10] 柴盈, 何自力, 王树春. 中国农村灌溉系统治理与制度创新研究 [J]. 贵州社会科学, 2007 (5): 30-40.

[11] 樊慧玲, 李军超. 嵌套性规则体系下的合作治理——政府社会性规制与企业社会责任契合的新视角 [J]. 天津社会科学, 2010 (6): 91-94.

[12] 杨雪锋, 王淼峰, 胡群. 垃圾分类: 行动困境、治理逻辑与政策路径 [J]. 治理研究, 2019 (6): 108-114.

[13] 姜利娜, 赵霞. 农村生活垃圾分类治理: 模式比较与政策启示——以北京市 4 个生态涵养区的治理案例为例 [J]. 中国农村观察, 2020 (2): 16-33.

[14] 贾亚娟, 赵敏娟. 环境关心和制度信任对农户参与农村生活垃圾治理意愿的影响 [J]. 资源科学, 2019 (8): 1500-1512.

[15] 许骞骞, 王成军, 张书赫. 农户参与对农村生活垃圾分类处理效果的影响 [J]. 农业资源与环境学报, 2021 (2): 223-231.

[16] 刘霁瑶，贾亚娟，池书瑶，等．污染认知、村庄情感对农户生活垃圾分类意愿的影响研究［J］．干旱区资源与环境，2021（10）：48-52．

[17] 伊庆山．乡村振兴战略背景下农村生活垃圾分类治理问题研究——基于s省试点实践调查［J］．云南社会科学，2019（3）：62-70．

[18] 蒋培．规训与惩罚：浙中农村生活垃圾分类处理的社会逻辑分析［J］．华中农业大学学报（社会科学版），2019（3）：103-110，163，164．

[19] 蒋培．互动型治理：农村垃圾分类机制建设的逻辑阐释［J］．华中农业大学学报（社会科学版），2020（5）：109-116，173．

[20] 王晓莉，何建莹．农民参与农业农村生态环境治理的内生动力研究——基于五个典型案例［J］．生态经济，2021（10）：200-206．

[19] 张焱琳．乡村振兴背景下激发内生脱贫动力的社会工作实践研究［J］．农村经济与科技，2021（18）：257-258．

[20] 郭献进，梁立新．参与式援助：民族自治地方发展的协同模式——基于景宁畲族自治县实践的考察［J］．浙江学刊，2015（2）：146-150．

[21] 杨发祥，郭儒鹏．从环境治理到组织化扶贫："十户一体"实践模式研究——基于内源性发展的分析视角［J］．新视野，2019（5）：46-53．

[22] 郭劲光，俎邵静．参与式模式下贫困农民内生发展能力培育研究［J］．华侨大学学报（哲学社会科学版），2018（4）：117-127．

[23] 柴茂，刘璇．跨域水污染协同治理SFIC修正模型研究——来自太湖流域的证据［J］．湘潭大学学报（哲学社会科学版），2023（1）：98-105．

[24] 罗必良．农地确权、交易含义与农业经营方式转型——科斯定理拓展与案例研究［J］．中国农村经济，2016（11）：2-16．

[25] 王亚华，高瑞，孟庆国．中国农村公共事务治理的危机与响应［J］．清华大学学报（哲学社会科学版），2016（2）：23-29，195．

[26] 刘文婧．混合扫描决策模型：理论与方法［J］．理论界，2014（1）：176-179．

[27] 黄健荣．决策理论中的理性主义与渐进主义及其适用性［J］．南京大学学报（哲学·人文科学·社会科学），2002（1）：55-62．

[28] 盛广耀．低碳城市建设的政策体系研究——基于混合扫描模型的视角［J］．生态经济，2017（5）：14-18，34．

[29] 贺卫，王浣尘．试论公共政策研究中的模型方法［J］．中国软科学，2000（1）：32-34．

[30] 王满船．公共政策手段的类型及其比较分析［J］．国家行政学院学报，2004（5）：34-37．

[31] 陈振明．政策分析的不同模式、理论和方法论［J］．岭南学刊，1995（2）：85-89．

[32] 张克中．公共治理之道：埃莉诺·奥斯特罗姆理论述评［J］．政治学研究，2009（6）：83-93．

[33] 袁方成，靳永广．封闭性公共池塘资源的多层级治理——一个情景化拓展的IAD框架 [J]．公共行政评论，2020 (1)：116-139，198，199．

[34] 王兴伦．多中心治理：一种新的公共管理理论 [J]．江苏行政学院学报，2005 (1)：96-100．

[35] 谭江涛，蔡晶晶，张铭．开放性公共池塘资源的多中心治理变革研究——以中国第一包江案的楠溪江为例 [J]．公共管理学报，2018 (3)：102-116，158-159．

[36] 谭江涛，彭淑红．农村"公共池塘"资源治理中的集体行动困境与制度分析——基于安徽桐城市青草镇黄砂资源过度采集问题的个案研究 [J]．公共管理学报，2013 (1)：79-90．

[37] 王惠娜．团体特征与灌溉自组织治理：两个村庄的比较研究 [J]．公共行政评论，2013 (6)：82-106，171．

[38] 王亚华，李星光．数字技术赋能乡村治理的制度分析与理论启示 [J]．中国农村经济，2022 (8)：132-144．

[39] 王亚华，臧良震．小农户的集体行动逻辑 [J]．农业经济问题，2020 (1)：59-67．

[40] 胡乃元，苏丫秋，朱玉春．河长制背景下村域河流治理的多中心格局何以形塑——基于汉江流域S村的案例考察 [J]．农业经济问题，2022 (3)：60-72．

[41] 陈鲁雁，吴童．柔性政策动员：乡村治理中农户参与的实现机制——以独龙江乡草果产业为例 [J]．云南民族大学学报（哲学社会科学版），2022 (3)：90-99．

[42] 耿亚东．历史发展中集体行动规则的演进——兼论大数据时代风险社会合作治理行动的规则 [J]．领导科学，2022 (5)：111-115．

[43] 钟时．政治势能依附与中国社会问责：一个公民行动策略的分析 [J]．广西师范大学学报（哲学社会科学版），2020 (4)：19-28．

[44] 郭晓鸣，张耀文，马少春．农村集体经济联营制：创新集体经济发展路径的新探索——基于四川省彭州市的试验分析 [J]．农村经济，2019 (4)：1-9．

[45] 王亚华．对制度分析与发展（IAD）框架的再评估 [J]．公共管理评论，2017 (1)：3-21．

[46] 苏毅清，秦明，王亚华．劳动力外流背景下土地流转对农村集体行动能力的影响——基于社会生态系统（SES）框架的研究 [J]．管理世界，2020，36 (7)：185-197．

[47] 侯涛，王亚华．县域非遗空间分布的文化生态影响因素——基于社会生态系统（SES）框架 [J]．华中师范大学学报（人文社会科学版），2022，61 (4)：75-85．

[48] Aderinto R, Alfonso J, Anoruo A O, et al. Can the tragedy of the commons be avoided in common-pool forage resource systems? An application to small-holder herding in the semi-arid grazing lands of Nigeria [J]. Sustainability, 2020 (15): 5947.

[49] Hardin G. The tragedy of the commons [J]. Science New Series, 1968 (12): 1243-1248.

[50] Dietz T, Ostrom E, Stern P C. The struggle to govern the commons [J]. Science, 2003, 302: 1907-1912.

[51] Cole D H, Epstein G, McGinnis M D. The utility of combining the IAD and SES frameworks [J]. International Journal of the Commons, 2019, 13 (1): 1-32.

[52] Ostrom E. Governing the Commons: The Evolution of Institutions for Collective Action [M]. Cambridge: Cambridge University Press, 1990.

[53] Ostrom E. Understanding Institutional Diversity [M]. Princeton: Princeton University Press, 2005.

[54] Araral E. Ostrom Hardin and the commons: A critical appreciation and a revisionist view [J]. Environmental Science & Policy, 2014, 36: 11-23.

[55] McGinnis M D, Ostrom E. Social-ecological system framework: Initial changes and continuing challenges [J]. Ecology and Society, 2014, 19 (2): 30.

[56] Ostrom E. A diagnostic approach for going beyond panaceas [J]. Proceedings of the National Academy of Sciences, 2007 (39): 15181-15187.

[57] Ostrom E, Gardner R. Coping with asymmetries in the commons: Self-governing irrigation systems can work [J]. Journal of Economic Perspectives, 1993 (4): 93-112.

[58] Ostrom E, Janssen M A, Anderies J M. Going beyond panaceas [J]. Proceedings of the National Academy of Sciences, 2007 (39): 15176-15178.

[59] Ostrom E. Background on the institutional analysis and development framework [J]. Policy Studies Journal, 2011 (1): 7-27.

[60] Ostrom E. Revisiting the commons: Local lessons, global challenges [J]. Science, 1999, 284: 278-282.

[61] Wang Y H, Wu J. An empirical examination on the role of water user associations for irrigation management in rural China [J]. Water Resources Research, 2018 (12): 9791-9811.

[62] Islam M S, Pei Y H, Mangharam S. Trans-boundary haze pollution in southeast Asia: Sustainability through plural environmental governance [J]. Sustainability, 2016 (5): 499-513.

[63] Ostrom E. A general framework for analyzing sustainability of social-ecological systems [J]. Science, 2009, 325: 419-422.

[64] Peters B G. Policy integrated fragmentation and the role of leading small groups in Chinese politics [J]. The China Journal, 2019 (1): 1-22.

[65] Wang Y H, Wu J. An empirical examination on the role of water user associations for irrigation management in rural China [J]. Water Resources Research, 2018 (12): 9791-9811.

后 记

广西大学公共管理学院本次组织编撰的《MPA专业案例精选（和美乡村篇）》紧扣2023年中央一号文件提出的"建设宜居宜业和美乡村"发展目标，是对乡村建设发展的进一步丰富和拓展。本教材的编写由学院领导统筹，组建包括覃志敏、黄六招、苏毅清、汪晗等百强案例指导教师在内的编撰团队，围绕宜居、宜业、美丽、和谐四大主题，从学院近些年参赛的优秀案例中选取8篇结集出版。其中，有4篇案例成功入选中国研究生公共管理案例大赛全国百强、荣获三等奖。每个案例都按照案例大赛的基本体例分为案例故事和案例分析两部分，另外在案例开篇和末尾分别增加了一个简短的案例导入和案例点评。

今后，广西大学公共管理学院将继续以中国研究生公共管理案例大赛为契机，进一步整合院内外资源，增进学校和多方机构的合作互动，开发更多具有时代性、创新性、可行性的优秀案例，推广案例教学方法，使公共管理教学科研与中国国家治理实践紧密结合，进一步推进公共管理学科高质量发展，加强培养具备良好理论素养和分析能力的高水平应用型人才，助力学校"双一流"建设。学院计划每两三年出版一本优秀案例集，这既能体现办学的延续性，也能让业界见证我们的成长。

仅以此存照，望全体同仁共勉！

2023年12月28日

与本书配套的二维码资源使用说明

本书部分课程及与纸质教材配套数字资源以二维码链接的形式呈现。利用手机微信扫码成功后提示微信登录，授权后进入注册页面，填写注册信息。按照提示输入手机号码，点击获取手机验证码，稍等片刻收到 4 位数的验证码短信，在提示位置输入验证码成功，再设置密码，选择相应专业，点击"立即登录"，注册成功。（若手机已经注册，则在"注册"页面底部选择"已有账号？立即登录"，进入"账号绑定"页面，直接输入手机号和密码登录）接着提示输入学习码，须刮开教材封面防伪涂层，输入 13 位学习码（正版图书拥有的一次性使用学习码），输入正确后提示绑定成功，即可查看二维码数字资源。手机第一次登录查看资源成功以后，再次使用二维码资源时，在微信端扫码即可登录进入查看（如申请二维码资源遇到问题，可联系宋焱：15827068411）。